Caldo de Pollo para el Alma.

Gracias, Mamá

101 historias de gratitud, amor y buenos tiempos

Caldo de Pollo para el Alma®

Gracias, Mamá

101 historias de gratitud, amor y buenos tiempos

Jack Canfield
Mark Victor Hansen
Wendy Walker

Prólogo de Joan Lunden

OCEANO exprés

Diseño de portada: Pneuma Books, LLC. iStockPhoto.com/
© Nancy Lovie (nano)
Fotografía de portada: Cortesía de Annie Watson Photography,
Greenwich, CT

CALDO DE POLLO PARA EL ALMA. GRACIAS MAMÁ
101 historias de gratitud, amor y buenos tiempos

Título original: CHICKEN SOUP FOR THE SOUL: THANKS MOM;
101 STORIES OF GRATITUDE, LOVE, AND GOOD TIMES

Traducción: Pilar Carril

© 2010, Chicken Soup for the Soul Publishing, LLC
Todos los derechos reservados

CSS, Caldo de Pollo Para el Alma, su logo y sellos son marcas
registradas de Chicken Soup for the Soul Publishing, LLC
www.chickensoup.com

El editor agradece a todas las editoriales y personas que
autorizaron a CHICKEN SOUP FOR THE SOUL/CALDO DE POLLO PARA EL ALMA
la reproducción de los textos citados.

D.R. © 2018, Editorial Océano de México, S.A. de C.V.
Homero 1500 - 402, Col. Polanco
Miguel Hidalgo, 11560, Ciudad de México
info@oceano.com.mx

Primera edición en Océano exprés: mayo, 2018

ISBN: 978-607-527-575-8

Impreso en México / Printed in Mexico

Índice

4

Momentos favoritos

5

Mamá al rescate

9

El legado de mi madre

Historia extra:

Prólogo

Puedes ser todo lo que quieras ser:
la palabra "imposible" no existe en nuestro diccionario.

GLADYCE BLUNDEN (MADRE DE JOAN)

Los primeros trece años de mi vida tuve una infancia idílica en una pequeña comunidad suburbana en el norte de California. Mi madre era ama de casa y cuidaba de mi hermano y de mí, mientras que mi padre era un médico prominente en la comunidad. Mis padres tuvieron muchos problemas para tener hijos y finalmente adoptaron a mi hermano Jeff, recién nacido. Trajeron a mi hermano a casa cuando tenía apenas tres días de nacido. Las amigas de mi madre llegaron a festejarla; sin embargo, ella estaba en el baño vomitando. ¡No sabía que estaba embarazada de mí! En cuanto dejó de intentar tener un bebé, debió de haberse sentido menos estresada, logró embarazarse y llevar el embarazo a término sin ninguna dificultad. Así que yo nací menos de ocho meses después de mi hermano Jeff y, en esencia, nos criaron como gemelos.

Mi padre era un ávido piloto privado y viajábamos mucho en familia en nuestro avión. Cuando yo tenía trece años, mi padre tuvo que hacer un viaje corto de trabajo al sur de California para hablar en una convención médica. Nos había pedido a mi madre, a mi hermano y a mí que lo acompañáramos, ya que iba a estrenar un flamante avión. Mamá dijo que no, pensando en que no debíamos faltar a la escuela. Luego cambió de parecer, tomó el automóvil, fue por nosotros y nos dirigimos al aeródromo (no había teléfonos móviles en aquellos tiempos para llamar y avisar que íbamos en camino). Quiso el destino que en el preciso momento en que llegábamos a la pista, el avión de mi padre despegara. No lo alcanzamos por un momento. Me quedé parada y me despedí de él con la mano, sin saber que esa era la última vez que vería a mi padre. Su avión se estrelló durante una tormenta en el Cañón de Malibú cuando volaba de regreso a casa.

Nunca olvidaré cuando la policía tocó la puerta a la mitad de la noche y un oficial nos informó que el avión de mi padre estaba perdido, pero que se temía lo peor. Mi madre llevaba toda la noche levantada esperando, preocupada, y en ese momento rompió a llorar sin control. La vida puede cambiar en un instante y aquella noche cambiaría a nuestra familia por siempre. Mi madre enviudó a los cuarenta años y se quedó con dos hijos adolescentes. Llevaba una vida activa en la comunidad, pero no tenía una carrera profesional; se había dedicado a criarnos. Sin embargo, ahora debía ser la jefa de familia y mantenernos también. Así que mientras luchaba con su duelo, regresó a la escuela, obtuvo su licencia para vender bienes raíces y se incorporó a las filas de las madres trabajadoras.

Éramos adolescentes típicos; sólo queríamos que la vida volviera a ser igual. Además, yo era una joven muy independiente y desafiaba a mi madre todo el tiempo. Cuando crecí y me convertí en madre trabajadora, y más tarde en madre soltera trabajadora, a menudo pensé en cuánto le compliqué las cosas a mi madre y lo dura que fui con ella. Así pues, esto no es sólo un "gracias, Mamá", sino también un "lo siento, Mamá".

Mamá siempre fue ferozmente protectora de nosotros; nuestra casa estaba rodeada por un muro muy alto, tal vez inspirado en las casas de México, donde mis padres solían ir de vacaciones. Mi hermano bromeaba acerca de que no teníamos permitido aventurarnos más allá del gran muro. Pero mi mamá se esforzó mucho para asegurarse de *exponernos* a muchas cosas: museos, ballet, teatro, circos, viajes y otros países. Ella quería que viéramos el mundo, que "ampliáramos nuestras fronteras". Esas eran sus palabras.

Mi madre también se aseguraba de hablar siempre de Papá, de cuántas vidas había salvado y de las numerosas familias que había cuidado, para que mi hermano y yo no perdiéramos su influencia sobre lo que debíamos hacer con nuestras vidas.

Mi padre nació en Australia, se crió en China antes de llegar a Estados Unidos, donde estudió oncología, y hablaba varios idiomas. Era un trotamundos; sin embargo, creo que fue *mi madre* quien me inculcó el espíritu aventurero que tengo. A menudo me decía que "enganchara mi vagón a una estrella". Quería que yo no conociera límites y que siempre tratara de alcanzar las estrellas. Mamá constantemente me decía que yo haría grandes cosas en la vida. Esas afirmaciones positivas tuvieron efecto a largo plazo. Un ingrediente importante del éxito es la confianza en uno mismo y mi madre me daba a diario una gran dosis de seguridad.

Aunque una madre, como es natural, quisiera mantener siempre cerca a sus hijos y protegerlos, es importante dejar ir a los hijos y exponerlos a nuevas cosas. Cuando me gradué de la preparatoria, mandé solicitudes de admisión a varias universidades. Sin embargo, mi madre tenía otros planes para mí. Sin que yo me enterara, mi mamá tomó mi ensayo para la universidad y llenó una solicitud por mí para que asistiera al World Campus Afloat, una universidad a bordo de un barco que viajaba alrededor del mundo. Me contó de su brillante idea cuando me aceptaron. Aquella experiencia de tres meses me cambió y también cambió drásticamente mis expectativas de la vida. Fue en realidad un acto muy generoso de una madre viuda. Había adelantado algunos años en la escuela, por lo que apenas tenía dieciséis cuando partí a la aventura universitaria alrededor del mundo y ella pudo haber intentado mantenerme cerca de casa. En cambio, se aseguró de que yo tuviera una increíble experiencia de crecimiento.

La influencia de mi madre sobre mi hermano y sobre mí fue formidable. Ella siempre quiso que tuviéramos una actitud positiva, que siempre intentáramos dar lo mejor de nosotros mismos. Los amigos de mi madre siempre le decían Hap, que era una abreviación de Happy (feliz en inglés). Y no es de extrañar; ella siempre veía el vaso medio lleno, y me enseñó a enfrentar cada día con una sonrisa. Mamá trató de enseñarnos a ser justos, considerados, íntegros y a pensar en grande.

Tal vez la cualidad que más le agradezco es que me haya enseñado a nunca guardar rencor. Es una pérdida total de tiempo valioso, un desgaste de energía que, para decirlo con franqueza, no resuelve nada. Mi mamá creía en hacer las paces y darse un beso, en perdonar y olvidar. Si teníamos algún desacuerdo, Mamá insistía en que habláramos al respecto, lo ventiláramos y lo olvidáramos, y nunca pasó mucho tiempo antes de que reapareciera con una sonrisa en el rostro, como si nada hubiera ocurrido. Me encantaba eso. Lo considero uno de los mejores atributos que heredé de mi mamá.

Cuando vemos que nuestra madre muestra fortaleza, nos sentimos más fuertes. Cuando vemos que nuestra madre "toma las cosas con serenidad", nos enseña paciencia y compasión. Cuando vemos que nuestra madre se impone retos e intenta nuevas cosas, aprendemos que nosotros también podemos esperar cosas mejores de nosotros mismos. ¡La maternidad es uno de los trabajos más difíciles e importantes del mundo! Las recompensas son muchas, pero las exigencias son abrumadoras. Cada día hacemos nuestro mejor esfuerzo por cuidar de nuestro hogar y nuestra familia y ayudarlos a ser felices, sanos y exitosos. Se ha dicho muchas veces que los niños "no vienen con instructivo". Muchas de nosotras nos sentimos sin preparación cuando llegamos a ser madres. Sin embargo, en realidad hemos pasado muchos años preparándonos bajo la tutela de nuestras madres. Hemos aprendido por el ejemplo y sabemos mucho más de lo que creemos.

Cuando yo era pequeña, mi mamá iba por mí a la escuela todos los días y me llevaba a la clase de baile, a la de piano o a la de canto. Ahora que lo pienso, era en realidad mi chofer particular. Tenía presentaciones, desfiles y recitales los fines de semana. Ella era mi estilista y mi asistente. No obstante, cuando llegábamos a casa, siempre olía bien. Cuando le pregunté a mi mamá cómo lo hacía, con todas esas idas y venidas por nosotros, me respondió: "En cuanto llegábamos a la casa, corría directo a la cocina a poner unas cebollas en una sartén con un poco de mantequilla y empezaba a cocinarlas. Eso hacía que toda la casa oliera rico". Esos son los pequeños detalles que recordamos.

Pienso que ser madre solía ser más sencillo, en general, ya que era algo más definido y las responsabilidades y papeles no se cuestionaban. Hoy en día no sabemos si debemos quedarnos en casa y cuidar de los niños, o tener un empleo y ayudar a sostener a la familia, o ambos. Y si hacemos las dos cosas, ¿cómo las hacemos y cómo logramos que ambos trabajos salgan bien? ¿Podemos ser tan buenas como nuestras madres que se dedicaron en exclusiva a cuidar de nosotros? Las madres de hoy tenemos que hacer malabares, arreglárnoslas con horarios abrumadores para que nuestros hijos puedan jugar todo tipo de deportes y tomar cada clase especial que existe, y a pesar de todo, sentimos que no pasamos el tiempo suficiente… con nuestros hijos, en nuestro trabajo o en actividades de voluntariado, con nuestras parejas, apoyando a nuestros padres ancianos o cuidando de nuestros hogares.

Ahora que lo tenemos todo, ¿cómo hacemos todo? Recuerdo mis primeros días en la televisión, antes de que las madres trabajadoras fueran tan comunes, cuando llevaba a mis bebés al trabajo porque tenía que amamantarlos. En aquellos días, empezaba como Joan Lunden en *Good Morning America*, ¡y terminaba el programa como Dolly Parton! Un día en particular estaba entrevistando a un senador estadounidense sobre el "efecto de derrame económico" de Ronald Reagan. Tal vez los lectores recuerden aquella teoría económica, pero lo que yo recuerdo de esa entrevista es que de pronto, supe lo que era inflación y "derrame" por experiencia propia. Era hora de darle de comer a mi bebé Jamie, y mis senos lo sabían. Nunca olvidaré la desesperación con la que intenté secar mi blusa de seda empapada durante el corte comercial.

Embarcarse en la maternidad es la quinta esencia de la "capacitación práctica en el trabajo" y del aprendizaje por ensayo y error, y eso, por supuesto, provoca estrés y frustración. Se presiona demasiado a las madres para que logren que todo funcione: la casa, las comidas, los niños. Y en el caso de muchas mujeres, deben hacer todo eso además de tener un empleo fuera de casa. Eso deja a muchas mujeres agotadas, tensas e infelices. Todos sabemos que cuando Mamá está feliz, todos estamos felices. Estudios recientes han demostrado que las madres felices tienen hijos felices. Por consiguiente, es importante que las madres reconozcan cuánto aportan y que eso es lo que aprendieron de sus propias madres. Es importante que las madres obtengan apoyo y ayuda de sus parejas. Es importante que encuentren formas de darse un respiro y pedir ayuda. Si nunca hablamos con nuestros esposos cuando nos sentimos abrumadas, y nunca pedimos una distribución equitativa de los quehaceres del hogar, seguiremos rencorosas y cansadas y nuestras familias pensarán que somos enojonas. ¡Es importante que las madres sepan que sus hijos y esposos están agradecidos con ellas!

Esa es una de las razones por las que estoy muy emocionada por este magnífico libro de la serie *Caldo de pollo para el alma* dedicado a las madres de todas las edades. Siempre me ha encantado la serie de libros de *Caldo de pollo para el alma*, y este me llama en especial, ya que soy una apasionada del tema: las madres necesitan sentirse valoradas, saber que realmente marcan la diferencia, que sus hijos de verdad las escuchan y aprenden de ellas habilidades y actitudes para salir adelante en la vida. Al leer estas 101 historias, participarás en las historias personales de todo tipo de hijos de todas las edades, que expresan amor y admiración por sus madres. Estos hijos reconocen lo duro que trabajan sus madres y las valoran como modelos de conducta, como líderes y como la principal influencia en su vida. Y lo que es más importante, estos hijos, ya sea que tengan dieciséis o sesenta años, aman y respetan a sus madres sin importar que algunas de ellas no sepan limpiar, otras no sepan cocinar y algunas no siempre hayan estado a su lado… sí, hay madres que no son "perfectas", ¡pero son perfectas para sus hijos!

Está bien no ser todo y no estar en todos lados; no es necesario ser "la madre perfecta". Si no puedes estar en la fila de autos esperando para recoger a tus hijos porque estás en el trabajo, no te preocupes. Mis hijas quizá no recuerden haberme visto todos los días en la fila de espera, pero sí me recuerdan en cada exhibición de equitación, cada recital, cada junta de maestros, todo lo que era importante. Y si eres la madre ama de casa que se arremanga, mientras que la amiga de tu hija tiene esa madre "sensacional" que hace algo, cualquier cosa, que *tú* no haces, no te preocupes por ello tampoco. Tu hija en verdad te prefiere.

Pienso que todas nos preguntamos alguna vez si somos buenas madres. Independientemente de que seas ama de casa o tengas un trabajo fuera, siempre te cuestionarás si pasas suficiente "tiempo valioso" con tus hijos, si les lees lo suficiente o si les enseñaste las lecciones de vida correctas. Sin importar lo organizada que seas, hay días en los que sientes que ya no puedes cocinar una cena más o lavar ropa en cantidad suficiente como para que todos tengan un par de prendas que combinen. La maternidad es difícil. Sé que en mi casa, con dos pares de gemelos, hay mucho ruido y mucho desorden y ajetreo. Kim y Jack tienen cinco años, y Max y Kate tienen seis. Y aún invierto mucho tiempo y energía mental en mis tres hijas grandes: Jamie, Lindsay y Sarah, que tienen más de veinte años de edad. Después de todos estos años y siete hijos, aún me pregunto todos los días si estaré haciendo bien las cosas.

Sólo recuerda, a pesar de la lucha, el difícil acto de equilibrio y el trabajo arduo, decidí tener una segunda ronda de hijos. Cuando busqué una nueva pareja, me aseguré de encontrar un hombre que amara a los niños y quisiera una familia. Mi esposo Jeff es diez años más joven que yo y tenemos a nuestros cuatro hijos pequeños, así que estoy de vuelta en la escuela, sentada en pupitres pequeños haciendo casitas de galletas de jengibre; tengo que buscar y comprar ropa cada seis meses para sus cuerpos en desarrollo, limpio narices y lágrimas y leo historias tontas. Me encanta el ruido de sus pequeños piececitos corriendo en el pasillo por las mañanas, que vienen a apretujarse con Mami y Papi. No imagino nada más fascinante que observar a los niños pequeños crecer, aprender y volverse personas.

A menudo me preguntan si todo esto no resulta agotador "a mi edad". Recuerdo que ofrecí una fiesta cuando nació mi segundo par de gemelos. Mis amigas tipo A, que en general tenían grandes trabajos, entraron y dijeron: "¡Ay, Dios mío! Me canso de solo verlos a todos". Pero los franceses del servicio de banquetes, que llegaron antes y vieron la misma escena, dijeron: "Mira, nunca envejecerás". Dos pares de ojos vieron lo mismo: los primeros vieron algo emocionante, mientras que el segundo par vio algo agotador. Mi madre me enseñó a ver la vida con el primer par de ojos, a *decidir* enfrentar cada situación con una sonrisa y una actitud positiva. Me enseñó a nunca ponerme límites y que nada es imposible. Amo cada momento de mi vida como madre de siete, como esposa, hija y mujer que trabaja, y agradezco a mi madre todos los días por esa actitud positiva.

JOAN LUNDEN.

Caldo de Pollo
para el Alma

1

CAPÍTULO

Tras sus pasos

1

Lo que mi madre me dio antes de morir

Ella es el tipo de mujer que diría: "Uf, pero qué deprimente funeral". Por eso, lo obvio es decir que quiero celebrar a mi madre. Pero lo que realmente quiero hacer es compartir a mi mamá. No a la persona que estuvo aquí en los últimos meses, sino a la mujer que estuvo aquí los últimos sesenta y tres años.

Mi madre luchó por tenerme. Intentó durante tres años quedar embarazada. Creo que esa lucha siempre la hizo sentirse agradecida por lo que tenía. Hasta este momento es la única forma racional de explicar el amor infinito que siempre me dio.

> Dios no podía estar en todas partes, por eso creó a las madres.
>
> PROVERBIO JUDÍO

Cuando entré a la primaria, mi padre, que ama el beisbol, me inscribió en la Liga Menor. Duré un año. Pero no fue sino hasta hace unos meses que me enteré de quién me salvó del segundo año. *Stewie, no lo obligues a jugar si no quiere hacerlo.* Incluso entonces, mi madre me conocía. Y durante toda mi infancia, me alentó, apoyó mi lado artístico y siempre se aseguró de que encontrara mi propia aventura. Y la cultivó con una de las mejores semillas para la imaginación: la televisión.

Esto puede parecer tonto y trillado, pero en honor a mi madre, no pediré disculpas por ello. Uno de mis recuerdos más claros de la infancia es sentarme en la cama de mi mamá, del lado que quedaba frente al televisor, y ver un programa tras otro con ella. Sólo para aclarar, la televisión no estaba para cuidarme. Ella no la prendía para poder irse a hacer otra cosa. Mi madre veía la televisión conmigo. O mejor dicho, yo veía la televisión con ella. Películas viejas como *Auntie Mame*, y clásicos modernos como *Taxi*, *Soap*, *MASH* y, por supuesto, nuestro favorito de los miércoles por la noche, *Dynasty* (por favor, ¿qué otra cosa se puede hacer con un hijo que no juega beisbol?). Algunas madres y sus hijos nunca encuentran algo que verdaderamente puedan compartir. Pero mi mamá siempre me trató como adulto; siempre me dejó quedarme hasta tarde para ver los programas buenos, y en aquellos momentos, hacía una de las mejores cosas que una madre puede hacer: compartió conmigo lo que le gustaba.

Cuando yo tenía trece años, mi madre enfrentó la peor tragedia de su vida: la muerte de su padre. Mi abue. Mi abue hacía lo que fuera por mi madre, y cuando murió, recuerdo haber asistido a su funeral. Mi mamá gritaba y lloraba sin control porque en la funeraria habían olvidado afeitarlo y ella quería que se viera bien. Era una faceta feroz que reservaba para la gente que se metía con su familia; era algo que yo nunca había visto antes y nunca más presenciaría. Y sé que ella plantó eso en mí también.

Cuando pienso en mi madre, más que en cualquier otra cosa, pienso en el amor puro, inconmensurable y casi loco que me tenía. Recuerdo cuando le di *The Tenth Justice*. Era mi primera novela publicada; la primera vez en la que mostraba un trabajo verdadero para que los demás pudieran verlo. Estaba aterrorizado cuando me dijo que lo había terminado. Entonces me vio directamente a los ojos y dijo: "Bradley, sé que soy tu madre, pero tengo que ser sincera contigo. Este libro... ¡es *el mejor libro de todos los tiempos*!"

Cuando alguien me volvía a contar esta historia hace unos días, llamó a mi madre la "reina de la hipérbole". Pero ahora que lo pienso, esta persona estaba equivocada. La hipérbole es una exageración deliberada. Mi madre nunca usaba hipérboles. Mi madre realmente *creía* en lo que decía. Para ella, yo había escrito en realidad el mejor libro de todos los tiempos.

Hace algunos años fui a las oficinas centrales de Borders Books en Ann Arbor. Cuando llegué, el comprador principal de Borders me dijo: —Adivina dónde se venden tus libros más que en cualquier otra parte. Ventas directas, ni siquiera per cápita.

Así que, por supuesto, respondí:

—En Nueva York —hay ocho millones de neoyorquinos en la ciudad.

—No

—¿Washington, D.C.? Escribo sobre D. C.

—No

—¿Chicago, el supermercado insignia?

—No.

El primer lugar de venta de mis libros era la librería Borders de Boca Ratón, a poco más de tres kilómetros de la tienda de muebles donde mi madre trabajaba. Eso significa que mi madre *por sí sola* venció a ocho millones de neoyorquinos. Meterse con el poder de una madre judía es una cosa, pero nunca había que meterse con el poder que tenía Teri Meltzer.

Por supuesto, lo que hacía a mi mamá *mi mamá*, era el hecho de que ese amor, aquel amor que ardía en ella más que cincuenta soles juntos, siempre estaba presente, incluso en las malas épocas. Cuando se publicó *The First Counsel*, *USA Today* me hizo una crítica despiadada. Era el tipo de crítica que se siente como humillación pública. El título de la crítica era: "Haz del primero tu último". Pero cuando mi madre lo vio, me dijo: "No te preocupes, nadie lee ese periódico de todas maneras". ¡Es el periódico más vendido en todo el país!

Y cuando la segunda novela fue un fracaso, y yo estaba aterrado, nunca olvidaré lo que mi madre me dijo por teléfono. Ella me dijo: "Te amaría aunque fueras recogedor de basura". Y hasta este día, CADA día que me siento a escribir estos libros, repito sus palabras: "Te amaría aunque fueras recogedor de basura". No me importa dónde esté; mi madre *siempre* está a mi lado apoyándome.

Permítanme ser claro: toda nuestra fuerza, confianza, cualquier éxito con el que mi hermana y yo hemos sido bendecidos, todos fueron cultivados y alimentados por la fortaleza que mi madre nos prodigó. Cuando me enteré de que mi último libro había llegado al primer lugar de la lista de mejor vendidos, la primera persona a la que llamé fue mi madre. Y por supuesto, mi madre comenzó a llorar como loca de felicidad. Estaba muy orgullosa. Cuando la oí llorar, desde luego, yo también empecé a llorar. En medio de este festín de lágrimas, le pregunté: "¿Dónde estás ahora mismo?" Entre sollozos me respondió: "Estoy en Marshall's".

Por supuesto que estaba en Marshall's, intentando, como siempre, comprar calcetines mal hechos por dos dólares. Fue la lección más valiosa de mi madre: nunca, nunca, nunca, nunca cambies por nadie. Y su segunda lección más valiosa: esa tienda Marshall's bien podría ser la mejor tienda de todo el planeta.

Al final, mi madre murió de la misma forma en la que vivió. Ella rio, sonrió y disfrutó todo lo que pudo de la vida y, sobre todo, de sus nietos. Ellos fueron el segundo amor más grande de su vida. Cuando cada uno de mis hijos nació, mi madre me dijo: "Ahora comprenderás cómo te quiero".

Tenía razón. Fue la primera vez que pude ver la vida a través de los ojos de mi madre.

No extraño momentos en particular con mi madre. Siempre los recordaré. Lo que extraño es a mi madre y sus reacciones; y cómo nunca vacilaba en decirte a quién detestaba o qué pensaba; y sobre todo, cómo me amó, a mí y a mi familia, con más amor de lo que una persona es capaz de amar.

Una vez ella me dijo: "Me cortaría el brazo por ti". Otra vez, no se trata de una exageración. Así era Teri Meltzer siendo Teri Meltzer.

Ese amor que mi madre me dio es mi fortaleza. Nunca jamás se tambalea. Es como el zumbido de la turbina de un avión. Está ahí y nunca cambia o cesa. Uno se acostumbra; se vuelve parte del viaje. Pero se daría cuenta en el instante en el que el ruido desapareciera. El amor de mi madre por nosotros nunca cesó.

Fue una constante.

Un cimiento.

Una ley.

Es el pilar que me acompaña donde vaya, el que me sostiene ahora mismo. Su amor fue un regalo que me dio. Es la parte de ella que espero pueda llevar conmigo cada vez que mi hijo o nieto me muestre un dibujo que coloreó; cada vez que le diga gracias a la persona que estaciona mi automóvil y cada maldita vez que pase por Marshall's.

Te extraño, Mamá. Y te doy las gracias. Te agradezco por haberme enseñado cómo un padre debe amar a su hijo. Espero que sepas que en eso y en tantas cosas más, vivirás para siempre.

Brad Meltzer

2

Las luchas son relativas

Parece extraño pensar en mamá ahora que me esfuerzo por subir esta cuesta al final de una carrera. Mentalmente vuelvo a vivir cuando tenía seis años de edad y lloré en los brazos de mi hermana mayor, mientras subían a mi madre a una ambulancia. Los doctores pensaban que estaba cada vez más débil debido a la gripe. Pero los exámenes revelaron una esclerosis múltiple exacerbada. La vista, oído y movimiento de mi madre desaparecieron ese día y permanecerían ausentes por meses. Esa noche cambió mi vida para siempre.

Comienzo a sentir cansadas las piernas en esta parte de la carrera. Pero sólo pensar en la alegría de mi madre a cada oportunidad de caminar me anima. Muevo con fuerza los brazos para impulsar mi cuerpo cansado. Mentalmente, la veo luchando para conseguir desplazarse de un cuarto a otro. Hay una curva en la siguiente pasada, así que inhalo profundamente, lista para enfrentar el siguiente obstáculo en el camino. Ella enfrenta obstáculos cada vez que respira.

> Y las madres son los modelos de conducta de las hijas, su guía biológica y emocional, el árbitro de todas sus relaciones.
>
> VICTORIA SECUNDA

Respiro de manera entrecortada, siento las pantorrillas duras. Ella habla de calambres y espasmos en las piernas por la falta de uso. Jadeo por falta de aire. Mamá a menudo tiene respiración agitada cuando el nivel de oxígeno en la sangre es bajo. Cierro los ojos, tratando con desesperación de hallar en las profundidades de mi cuerpo esa última pizca de energía. Ella encontraba la energía. De alguna forma, en algún lugar, la encontraba.

Un fugaz vistazo desde la cima de la colina revive mi esperanza. La línea de meta está muy cerca. Otra respiración entrecortada. Ella haría esto si pudiera. Entonces la escucho, en algún lugar a la distancia. Siempre está a mi lado apoyándome, sin importar cómo se sienta. Sabiendo que el siguiente relevo necesita correr su parte de los 5 kilómetros, acelero para cruzar la línea final. Mamá grita mi nombre. La carrera terminó. Me vuelvo para animar al resto de los corredores de la primera eliminatoria cuando conquistan la misma cima. Entonces miro a mi alrededor. Al principio, sólo puedo oírla, pero de pronto la veo. Ahí está, como siempre, en su silla, apoyándome.

Me impresionan los paralelos entre esta carrera y los obstáculos de la vida. Algunos obstáculos son más difíciles que otros, pero el valor ayuda a enfrentar los problemas directamente. La perseverancia ayuda a cruzar la línea final. Mi mamá me enseñó eso, con sólo vivir. Hace doce años que vive con esclerosis múltiple. Nuestra casa es un lugar de reunión de sillas de ruedas, carritos motorizados, muletas con apoyo de antebrazo y bastones coloridos. Por años, mi madre vivió exclusivamente en la silla de ruedas, que empujábamos sus tres hijos y su amante esposo. Como enfermera diplomada, tomaba decisiones sensatas sobre los medicamentos, la terapia física y la formación de un equipo médico meticuloso. No existe cura para la esclerosis múltiple, pero hay numerosos tratamientos. Gracias a la investigación, la experiencia y la fe, hace todo lo que es capaz de hacer para mantener su cuerpo saludable. Aunque hace doce años tenía periodos de ceguera, parálisis y pérdida de la audición, hoy en día mi madre puede caminar sin ayuda hasta media hora cada vez.

Por los estudios de resonancia magnética, ha descubierto que a pesar de que las lesiones de la esclerosis múltiple siguen presentes en el cerebro y la médula espinal, su "señal" es menos intensa. El equilibrio entre mente, cuerpo y espíritu parece haber "apagado" los disparos erráticos en su cerebro. Disfruta de la vida y me recuerda que yo también debo disfrutar de la mía. Durante la típica angustia existencial de adolescente en la escuela secundaria y preparatoria, usaba el ejemplo de mi madre para enfrentarme a la vida un día a la vez y centrarme en lo que era realmente importante.

Mi madre me enseñó la alegría de completar una tarea, sin importar lo trivial que parezca. Ella me mostró que las metas grandes se alcanzan a menudo con muchas tareas pequeñas y un corazón grande y agradecido.

Mamá me enseñó que el éxito individual es bueno y que la emoción de lograr algo trabajando con otros es magnífica. El trabajo en equipo significa mucho más cuando se siente el orgullo de ayudarse unos a otros. Mi madre me mostró que uno aprende mucho más por ensayo y error, por los pequeños fracasos y las tareas prosaicas que con el éxito fácil e inmediato.

Como corredora de fondo, me imagino a mi madre a mi lado en cada carrera, luchando a cada paso, fatigada y debilitada pero sin rendirse nunca. Juntas reconocemos el mejor camino para superar un reto; corremos con toda nuestra fuerza y damos todo lo que tenemos. El reto puede ser difícil, pero el éxito al final hace que todo el camino haya valido la pena. Juntas, somos conquistadoras, no víctimas.

DESIREE DIANA AMADEO

3

Una lección duradera

E ra la época de vacaciones, dos años antes de que el cáncer de pulmón se llevara a mi padre y doce años antes de que mi madre sucumbiera a una forma diferente de la misma enfermedad. Pero eso aún no sucedía. En ese momento, estábamos todos juntos y emocionados.

Mi mamá, mi papá, mis dos hermanas y yo nos disponíamos a salir de viaje. Las vacaciones eran un suceso extraordinario en nuestra familia. Teníamos amor y cuidado, apego y todos esos otros intangibles que hacen que valga la pena tener una familia. Lo que no teníamos era dinero. No teníamos automóvil; las comidas en restaurantes eran un lujo muy raro. Pero a los seis años de edad, dedicaba muy poco tiempo a pensar en esos asuntos.

> Mientras dure el mundo, existirán males, y si ningún hombre protestara y ningún hombre se revelara, esos males durarían por siempre.
>
> CLARENCE DARROW

Mis hermanas, de nueve y once años en ese tiempo, y yo teníamos comida, buena ropa que ponernos y un lugar seguro y cómodo donde vivir. También teníamos a los mejores papás.

Era un momento de feliz anticipación. Los padres de mi mamá se habían mudado a Florida y nos invitaron a que los visitáramos. Y aunque yo era el más emocionado por el viaje en tren, acabaría el viaje habiendo aprendido la lección más profunda de mi madre, que permanecería conmigo por siempre.

Con frecuencia tardamos años en comprender el significado de las lecciones de mi madre. Muchas veces no nos dábamos cuenta de que nos estaba enseñando una lección, no hasta que experimentamos más cosas de la vida, no hasta que tuvimos nuestras propias familias, nuestras propias crisis y nuestros propios pesares. La ironía de esta forma de enseñar y aprender es que no creo que ella se diera cuenta alguna vez del valioso entrenamiento que nos estaba transmitiendo.

Ella enseñaba sobre todo con el ejemplo, al vivir su vida de una forma que era inflexible en su compromiso con los valores que consideraba verdaderos e importantes. Aprendimos la honestidad, el respeto por los demás, la importancia de la educación; aprendimos a enfrentar los desastres con determinación y esperanza, a cuándo tener miedo y cuándo ser temerarios. Todo esto lo aprendimos con sólo observar cómo vivió esta mujer sencilla y, sin embargo, especial.

El viaje a Florida fue tan emocionante como podía esperar cualquier niño de seis años: los resplandecientes vagones del tren, las ciudades, granjas y campos abiertos que veía pasar rápidamente por la ventana; dormir en asientos reclinables afelpados, nuestras cabezas descansando en almohadas grandes y mullidas; oír al conductor gritar los nombres de las diversas paradas. Todas estas cosas son recuerdos maravillosos, pero hubo un incidente que siempre sobresaldrá. Este "incidente" no es algo que haya aparecido en la primera plana de los periódicos o que haya provocado furor de algún tipo. En realidad, es poco probable que alguien, aparte de mis hermanas o yo, recuerde lo ocurrido. Es, sin embargo, algo que finalmente formaría muchas de mis opiniones respecto a los prejuicios, el odio, la torpeza, y sobre mi madre.

Era un día caluroso en Florida, y habíamos salido a regañadientes en una misión con mi mamá. No recuerdo a dónde íbamos, pero recuerdo que mi padre había conseguido astutamente librarse de ir. Como no teníamos automóvil, nos dirigimos a la parada de autobús más cercana y esperamos a que llegara nuestro medio de transporte. Cuando el autobús se detuvo, el conductor tiró de una palanca y las puertas se abrieron. Nos precipitamos a subir antes que mi mamá, saltamos los escalones que llevaban al asiento del conductor y de inmediato comprobamos si nuestros asientos favoritos estaban libres. Así era. Mientras nuestra madre introducía monedas en la caja de cobro, corrimos al fondo del autobús.

Llegamos al último asiento, que en aquellos días estaba diseñado al estilo de una banca que ocupaba toda la parte posterior del autobús. Sentarse ahí era deseable por dos razones: la ventana trasera y la manera en que rebotábamos. Si nos poníamos de rodillas sobre el asiento mirando hacia atrás, podíamos hacerle caras a la gente que venía en los automóviles detrás de nosotros. El rebote era resultado de un sistema primitivo de absorción de impacto que se utilizaba en aquella época. Si el autobús pasaba por un bache de buen tamaño en el camino o por un agujero suficientemente grande, la sacudida resultante hacía que todo el autobús rebotara. Esta sensación se percibía con mayor fuerza en la parte de atrás. Un buen golpe podía levantarnos algunos centímetros por encima del asiento y, a veces, hasta unos treinta centímetros en esas raras ocasiones en las que un autobús en mal estado se topaba con una imperfección en el camino de tamaño considerable.

El asiento trasero estaba desocupado ese día y corrimos a apartar nuestros lugares. Mamá tomó un asiento en la fila delante de nosotros. El conductor cerró la puerta, pero en lugar de alejarse de la parada, se levantó y caminó por el pasillo, cosa que nos causó gran molestia a mis hermanas y a mí, ya que estábamos impacientes por que comenzara la diversión. El conductor se detuvo frente a nuestro pequeño grupo y, por increíble que parezca, nos informó que teníamos que mudarnos al frente del autobús. Mi madre respondió que nos sentaríamos donde quisiéramos. Estábamos perfectamente bien donde estábamos y no queríamos movernos.

A juzgar por el acento norteño de mi mamá, el conductor dedujo, al parecer, que éramos "foráneos". Explicó que los asientos traseros eran donde se sentaba "la gente de color". Los blancos se sentaban al frente. Mi madre se negó a moverse. El conductor dijo que no movería el autobús hasta que nos cambiáramos de asiento. Pero ella se mantuvo firme. No fue sino hasta que el conductor la amenazó con llamar a la policía que finalmente cedió.

Hasta el día de hoy estoy convencido de que si no hubiera sido por la presencia de sus hijos en el autobús, ella habría mantenido su postura. De hecho, varios años después, la veía enfrentarse a unos policías de Nueva York que ella pensaba que se comportaban de manera inapropiada al rehusarse a hacerse para atrás, incluso después de que amenazaron con arrestarla.

Desde luego, a los seis años no tenía ni idea de las raíces de la lucha por venir por los derechos civiles que comenzaría a corregir tantas cosas que estaban mal. Por mi parte, simplemente estaba enojado con estas personas de Florida que de alguna forma habían logrado usurpar los mejores asientos del autobús para su uso exclusivo.

Mi reacción puede parecer irónica ahora, pero contiene una lección muy valiosa: aprendí que cuando se limitan los derechos y las libertades de los demás, todos resultamos afectados. Aunque tal segregación ya no puede legislarse, aún padecemos los efectos de la mentalidad que la creó. Gracias, Mamá, por darme el regalo del entendimiento.

JIM DOW

4

Mi inspiración

Cuando me levanto a las siete de la mañana, bajo las escaleras y encuentro a mi mamá sentada en su lugar habitual en el sofá con el televisor prendido en el mismo canal que sintoniza cada mañana desde que tengo memoria: QVC. Mi madre, por lo general cautivada con algún nuevo atuendo de Sport Savvy o con una joya exquisita de Diamonique, oye atentamente la descripción detallada del artículo en exhibición y decide si debe realizar otra compra.

–¿Es algo que yo me pondría? –me pregunta.

–No sé… Supongo –respondo, con tono de disgusto en la voz.

–Michelle, no te molestes conmigo.

–Lo sé, lo siento.

A veces olvido que mi mamá no puede ver. Mi mamá es legalmente ciega, y lo ha sido toda mi vida. Nació con una enfermedad llamada retinitis pigmentaria, un trastorno que le afectó la vista desde el día en que nació. Olvidando a menudo que no ve, me frustro rápidamente cuando me pregunta cosas sencillas. No es sino hasta que las palabras odiosas salen de mi boca que me doy cuenta de lo que acabo de decir y entonces me arrepiento de haberlas dicho.

> Cuando está suficientemente oscuro, se pueden ver las estrellas.
>
> RALPH WALDO EMERSON

Sé que la falta de comprensión que con frecuencia demuestro es el resultado de un profundo resentimiento que tengo dentro. No se trata de un resentimiento contra mi mamá, sino contra Dios. Resiento que haya privado a mi madre de la vista. Sin embargo, esta tragedia sólo ha hecho a mi madre más fuerte que cualquier otra mujer que conozco, y su fortaleza es una de las muchas razones por las que la amo y la admiro tanto.

Bromeo con mi madre todo el tiempo sobre su "adicción a QVC". Todos los días (literalmente), un nuevo paquete llega a nuestra puerta, inconfundible por su envoltura amarilla y rojo brillante de QVC; el mensajero de UPS ya debe de conocer la ruta a nuestra casa de memoria. Mi mamá se pondrá un nuevo conjunto o usará un fino artículo de cocina, y antes de decirme dónde lo compró, yo diré: "Déjame adivinar, ¿QVC?" Sin embargo, me he dado cuenta de que QVC es la forma de mi mamá de "salir de compras". En vez de depender de los demás para que la lleven al centro comercial, QVC le lleva el centro comercial a la casa.

Mi padre, mi hermana y yo hacemos lo que podemos por mi mamá, cuando podemos. No obstante, su constante dependencia de nosotros tres a veces es todo un reto. Yo siempre he sido los ojos de mi madre y hago lo que ella no puede hacer por sí misma. De niña la asistía con las cosas pequeñas, como separar la ropa para lavar o leer recetas cuando cocinaba. Al crecer, las tareas aumentaron. La vida se volvió más sencilla para mi mamá cuando cumplí dieciséis y pude conducir. Con gusto me ofrecía a ir de compras por alimentos y a hacer otras tareas que mi mamá no podía hacer cuando mi papá estaba en el trabajo.

Mentiría si dijera que tener una madre ciega no influyó en que mi vida fuera algo distinta de la de mis amigos. Yo no tuve una mamá que me llevara al centro comercial, o que me dejara faltar a clase un día sólo para que fuéramos a almorzar. No pienso en ello a menudo, pero a veces me doy cuenta de que, en verdad, mi madre nunca me ha visto. Cuando fui a comprar mi vestido de graduación de la preparatoria, tenía que limpiarme las lágrimas que me saltaban de los ojos al ver los vestidos de la tienda y ver a otras chicas de la preparatoria con sus madres, que todo el tiempo exclamaban: "¡Te ves hermosa!", o "¡Ah, qué linda!" Cómo deseaba oír esas palabras de mi madre. Ella palpaba todos los vestidos que me probaba, pasaba las manos por los patrones intrincados de gemas y lentejuelas. "¡Ojalá pudiera ver lo bonita que te ves en este momento!", me decía. Pienso en mi boda y en que mi madre no me verá caminar por el pasillo de la iglesia en un maravilloso vestido blanco, o que nunca verá a sus nietos.

Sin embargo, cuando yo era niña, mi madre asistió a cada juego de futbol, apoyándome desde las bandas. Se sentaba feliz en cada recital de baile, orgullosa de que yo, su hija, estuviera en el escenario, aunque no pudiera verme. Mi mamá siempre ha sido mi más grande admiradora, y aún me apoya en todas mis empresas; tiene una fe inquebrantable en que soy capaz de realizar todos mis sueños.

La vida de mi madre, con esta discapacidad física, ha sido todo menos negativa. Tal vez sea físicamente diferente de la mayoría de las personas a su alrededor, pero lo que en realidad la distingue es su rechazo a perder el tiempo lamentándose por su ceguera. En cambio, interpreta su discapacidad como un reto que Dios le dio, que la incita a vivir una vida normal y productiva. En mis veintidós años de vida, nunca he visto que permita que su discapacidad la desanime. Mi mamá aprecia lo que tiene en su vida, en lugar de pensar en lo que le falta: la vista.

Mi mamá es mi heroína y, aunque sea un lugar común, ella es el viento que impulsa mis alas. Me ha transmitido muchos conocimientos a lo largo de los años, pero algo que se me quedó grabado hasta este día es su creencia en el valor de la vida. Recuerdo un día que volví a casa después de una jornada agotadora de mucho trabajo cuando estaba en la preparatoria. Agobiada, grité: "¿Por qué las cosas siempre tienen que ser tan difíciles y estresantes? ¡Odio mi vida!" Al oír aquel arrebato de ira, mi madre me dijo con firmeza: "Michelle, yo prefiero fijarme en las cosas con las que estoy satisfecha en la vida, en lugar de pensar sólo en las cosas con las que no estoy contenta".

Cuando enfrento un obstáculo difícil en la vida, pienso en las sabias palabras de mi madre.

August Wilson una vez dijo:

Confronta las partes oscuras dentro de ti, y esfuérzate para hacerlas desaparecer con iluminación y perdón. Tu voluntad de luchar con tus demonios hará que tus ángeles canten. Utiliza el dolor como combustible, como un recordatorio de tu fortaleza.

El combustible de mi madre es la ceguera. Le ha dado la fuerza para ser la mujer que es el día de hoy.

Michelle Anglin

5

Despertar de la adolescencia

Cuando era niña, yo quería ser igual a mi mamá. Ella era bondadosa y compasiva. La gente siempre parecía sentirse cómoda en su presencia. Por años trabajó como voluntaria en nuestra comunidad. Me encantaba ir con ella al asilo de ancianos de la localidad a ayudarle mientras daba clases de cerámica a los residentes. Los ojos de los ancianos brillaban cuando Mamá atravesaba la puerta. Las señoras, con los labios pintados de rojo, contaban chismes y reían con disimulo mientras pintaban sus vasijas. Esperaba con impaciencia esos días. Hasta que llegué a la pubertad. De pronto, estaba demasiado ocupada en mi mundo adolescente como para preocuparme por ayudar a los demás. Un día particular de verano, cuando tenía doce años, Mamá entró en mi habitación, me dijo que me levantara, me vistiera y la esperara en el automóvil.

> A menudo damos por sentadas las cosas que más merecen nuestra gratitud.
>
> CYNTHIA OZICK

Yo tenía planeado pasar todo el día con mis amigos en el lago. ¿Por qué tenía que arruinar todo? A regañadientes, salí de la casa. El sol era sofocante. Me imaginaba el agua tibia y fresca del lago refrescando mi piel sudorosa. Irritada, subí al automóvil y azoté la puerta. Nos sentamos en silencio. Estaba demasiado molesta como para entablar una conversación.

—Tasha, ¿te gustaría saber a dónde vamos? —Mamá preguntó sin perder la calma.

–Bueno –respondí de mala gana.

–Cariño, vamos a hacer trabajo de voluntariado en una casa hogar hoy. He estado ahí antes y creo que puede ser de provecho para ti que lo visites –explicó.

Sentí que un nudo se me formaba lentamente en el estómago. ¿Cómo habría yo de ayudar en ese lugar?

Cuando llegamos a la casa hogar, me sorprendí. Era una espaciosa casa blanca de estilo victoriano. Al aproximarnos al enorme pórtico, noté un columpio y varias mecedoras. Unas campanillas de viento tocaban una melodía apacible, mientras que unos helechos colgantes nos daban la bienvenida. Tal vez la visita no estaría tan mal.

Mamá tocó el timbre. Mientras esperábamos, las manos me empezaron a sudar. No estaba segura de si era el calor veraniego o la expectación ante lo que me iba a enfrentar. Momentos después, la pesada puerta de roble se abrió y nos recibió una mujer robusta de brillante cabello rojo y ojos color zafiro. Nos condujo a la estancia, donde todos los niños jugaban. Había juguetes tirados por todo el piso. Vi a una bebé cuyo cuerpo estaba marcado con cicatrices que dejó un hierro candente. Me contaron que la quemaron porque no dejaba de llorar. Me quedé petrificada de sólo imaginarlo. La mayoría de los niños tenían cicatrices físicas que saltaban a la vista, como moretones negros, arañazos profundos y quemaduras con ámpulas. Otros escondían sus heridas emocionales.

Mientras observaba a mi alrededor, sentí un leve tirón en mi camiseta. Me volví y vi a una niña pequeña de ojos castaños que me miraba.

–Hola, soy Ashley. ¿Quieres jugar conmigo a las muñecas? –preguntó, con expresión radiante en el rostro de querubín.

Miré a mi madre en busca de aprobación. Ella sonrió y asintió con la cabeza.

Me volví hacia la niña y le respondí en voz baja: "Claro, me encantaría jugar a las muñecas".

Alzó la mano pequeña para tomar la mía, como para darme seguridad, y caminamos juntas hacia la casa de muñecas.

Mi mamá me enseñó una valiosa lección ese verano. Regresé a la casa hogar con ella en varias ocasiones. Durante aquellas visitas, algunos de los niños me contaron su pasado problemático con lujo de detalle y aprendí a agradecer todo lo que tenía. Hoy en día, que trato de inculcar valores y moral en mi propio hijo, reflexiono sobre aquella experiencia. Fue un momento que tuvo un impacto profundo en mi joven vida que nunca olvidaré.

Tasha Mitchell

6

Hacer lo correcto

He llegado a darme cuenta de que al ir creciendo, algunas de las lecciones que mejor deberíamos haber aprendido son a menudo las que no apreciamos sino hasta después en la vida. Dejen que comparta con ustedes una lección de este tipo que aprendí.

Cuando tenía diecisiete años, encontré un reloj de pulsera mientras caminaba por el pasillo de mi preparatoria. El reloj parecía lujoso, con hoja de oro y perlas. Cuando lo recogí, la codicia me invadió y en lugar de llevar el reloj a la oficina y entregarlo como debía, decidí quedármelo.

Cuando regresé a casa de la escuela, encontré a mi madre preparando la cena en la cocina. Pensando que la impresionaría, le enseñé con orgullo mi trofeo para que lo viera. Sin embargo, mi madre distaba mucho de estar impresionada. En su lugar, se enojó porque me había quedado con el reloj en lugar de llevarlo a la oficina. Mi mamá me ordenó entonces que tomara el auto y regresara de inmediato a la escuela a entregar el reloj a alguien de la oficina. Comencé a discutir, pero después de fijarme bien en la expresión de mi madre, me di cuenta de que no tenía ningún sentido seguir discutiendo. No me quedaba más remedio que obedecer.

> Uno no cría héroes, cría hijos. Y si los tratas como hijos, resultarán ser héroes, aunque sólo lo sean ante tus ojos.
>
> WALTER M. SCHIRRA, SR.

Tengo que admitir que estaba muy enojado con Mamá por obligarme a devolver el reloj. Yo pensaba que era mío por derecho, ya que me lo había encontrado. Sí, sabía que ella tenía razón, pero la codicia me había convencido de quedarme el reloj y ahora el orgullo no me permitía admitir que había hecho mal. El tiempo pasó y olvidé el asunto del reloj hasta que ocurrió un incidente cuatro años después.

Cuando estudiaba en la universidad, logré conseguir un trabajo en Walmart recogiendo los carritos de compras del estacionamiento para llevarlos de vuelta a la tienda. Una mañana encontré una chequera que alguien olvidó en un carrito de compras. De inmediato la llevé al mostrador de servicios al cliente y se la entregué al empleado que atendía para que el cliente que la había perdido pudiera recogerla.

Más tarde, mientras yo estaba afuera empujando carritos, un hombre se me acercó y me dijo que su esposa había dejado su chequera en un carrito de compras la noche anterior. Me di cuenta de que él era el dueño de la chequera que había encontrado. Le expliqué que había encontrado su chequera esa mañana y que podía pasar a reclamarla en el área de servicios al cliente.

La mirada del hombre era una mezcla de gratitud y alivio. Sacó su billetera y me ofreció dinero, pero lo rechacé. Estaba orgulloso de mí, más orgulloso de lo que me había sentido en un largo tiempo y no iba a dejar que algo como el dinero lo echara a perder.

Mientras observaba al hombre recoger su chequera, pensé en aquel día que Mamá me obligó a regresar el reloj. De pronto, entendí con toda claridad la lección que mi madre me enseñó aquel día.

Mamá no intentaba ser mala cuando me obligó a devolver el reloj. Quería asegurarse de que su hijo siempre fuera honrado y nunca tomara lo que no le pertenecía. Gracias a ella, hice lo correcto cuando encontré la chequera. Gracias a ella, mi recompensa fue un extraordinario sentimiento de autoestima que ninguna cantidad de dinero podía comprar.

Gracias, Mamá, por enseñarme a hacer lo correcto.

Steve Chapman

7

Una carta a mi madre

Querida Mamá:

¿Cómo puede un hijo decir gracias cuando su madre se fue hace más de veinte años? Me pregunto, ahora que me encuentro en el crepúsculo de mi vida, si alguna vez supiste cuánto apreciaba todo lo que me diste, pese a que muchas veces yo dijera simplemente: "Gracias, Mamá". Esas palabras suenan tan trilladas y huecas dadas las circunstancias.

De niño nunca le di importancia al hecho de que sólo tuvieras un brazo y una pierna, porque tú siempre hiciste que todo se viera muy sencillo. El que no tuvieras esos miembros me parecía normal. Cuando era pequeño, creía que no era la gran cosa que me ataras los cordones de los zapatos. No tenía la menor idea de lo que debió de haberte costado aprender esa habilidad.

> La perseverancia es el trabajo duro que haces después de cansarte de hacer el trabajo duro que ya hiciste.
>
> NEWT GINGRICH

Tampoco pensé mucho en ti cuando eras una pequeña de tres años y te atropelló aquel tranvía, ni en esas ruedas de acero que te cercenaron la pierna izquierda. O el terrible momento cuando el conductor del tranvía, presa del pánico, echó el carro hacia atrás y te aplastó el brazo izquierdo, arrancándolo por abajo del codo. No podía comprender la agonía que tu madre y tu padre debieron de haber sentido al verte tendida, rota y destruida, en la cama del hospital.

Después, por supuesto, supe apreciar todo lo que tuviste que pasar. Lloré cuando mi abuela me contó la historia de tu tío que te llevó a nadar un año después del accidente. Estabas impaciente por llegar a la piscina pública, pero tu entusiasmo se apagó cuando muchos de los bañistas adultos te miraron fijamente y los niños te señalaron. Y te sentiste muy mortificada cuando tu tío te levantó en brazos y les gritó a los curiosos: "¡Mírenla bien!" Eras demasiado joven para darte cuenta de que sólo intentaba protegerte, pero por mucho tiempo, te sentiste tan avergonzada que no querías ir a ningún lado, ni siquiera a contestar al timbre sin antes colocarte tu prótesis de brazo.

Tampoco pude apreciar la alegría que de seguro sintieron un día de visita, cuando se acercaban al ala de amputados y oyeron tu voz cantando en voz alta "When It's Apple Blossom Time in Normandy". En ese momento debieron saber que eras una luchadora, que tu disposición luminosa le daría aliento a tu vida y brillaría en quienes tuvieran la fortuna de conocerte.

Por supuesto, como era sólo un niño, no te asocié con la pequeña niña que bailó profesionalmente con sus hermanas en el escenario del Teatro Curran. No te vi como la música consumada que, a la edad de dieciséis años, se convirtió en miembro de la orquesta sinfónica de niñas de San Francisco. Tampoco pude ver a la adolescente que aprendió a conducir un automóvil estándar en las pronunciadas calles de San Francisco.

Gracias por enseñarme a vivir con tu ejemplo. Me enseñaste que nada es imposible si lo deseas con fuerza suficiente y persigues tu sueño con tenacidad. Leo tus sentimientos ahora que tengo ante mí el artículo y la fotografía del *San Francisco Examiner*. El artículo cita a una adolescente de dieciséis años que sostiene su trompeta con la mano derecha mientras sonríe a la cámara y pronuncia esas palabras. Palabras que recuerdo y he puesto en práctica en el transcurso de la vida. Son palabras que trato de transmitir a mis hijos.

De niño, tenía carácter rebelde. Tal vez no lo sepas, pero la abuela siempre dijo que heredé la rebeldía de ti. Me contó que cuando eras pequeña, llegabas a casa con sangre seca en los pantalones porque te habías caído al intentar patinar con tu pierna artificial. Pero nunca lloraste por temor a que te quitaran los patines. En cambio, apretaste los dientes mientras te limpiaban las heridas de las rodillas. Entonces volvías a salir, te ponías los patines y lo intentabas de nuevo. ¡Nada te iba a detener!

En tu duodécimo cumpleaños, cuando el abuelo te regaló tu primera trompeta, no tenías forma de saber que transmitirías a tu hijo un intenso amor por la música y por el piano. Siempre me dijiste que si el conductor del tranvía no hubiera dado marcha atrás al vehículo, habrías sido pianista. Pero no me lo dijiste sino hasta que yo era adolescente y ya llevaba cuatro años de tomar clases. Supongo que no querías influenciarme de ninguna manera. Pero una vez que decidí que quería aprender a tocar, no me dejaste rendirme cuando me sentía decepcionado. En su lugar, te sentabas en una silla junto a mí para corregir mis errores de ritmo y expresión, además de que muchas veces hiciste que fuera divertido. Sin embargo, rendirse no era una opción. Tú nunca te diste por vencida en nada durante tu vida y no ibas a permitir que tu hijo lo hiciera. Me dijiste que tocar el piano sería algo que me reconfortaría en tiempos difíciles. Me apoyé en ese talento muchas veces en mi vida durante esos primeros años en que el dinero escaseaba. El piano fue incluso parte de cómo cortejé a mi esposa. Por eso, Mamá, te agradezco de nuevo.

Quizá no te hayas dado cuenta, pero cuando las cosas que intentaba eran muy difíciles, siempre pensaba en las innumerables dificultades que transformaste en triunfos. Me sentía como tonto en aquellos momentos en los que me quejaba.

Cuando me alisté en las Fuerzas Especiales del Ejército, el entrenamiento era riguroso y extenuante, por lo que muchas veces estuve tentado a darme por vencido. Pero entonces recordaba la fotografía de aquella niña de dieciséis años sosteniendo su trompeta y pensaba en lo que le dijiste al reportero hace tantos años: "Nada es imposible si lo deseas con suficiente fuerza y persigues tu sueño con tenacidad".

Mamá, espero fervientemente, por el tiempo que Dios nos permitió estar juntos, que hayas sabido cuánto significas para mí, lo agradecido que estoy por tu guía y cuánto te amo por ser mi madre.

Gracias desde el fondo de mi corazón.

Tu hijo.

GARY B. LUERDING

8

La vida sencilla

M i madre siempre ha vivido de conformidad con reglas muy sencillas: ve a la iglesia todos los domingos, ayuda a la gente necesitada, no te preocupes por las cosas que no puedes cambiar y hornea una tarta de manzana cuando necesites sentirte mejor. Estas simples reglas le han permitido llevar una vida sencilla y satisfactoria, y con ello puso el ejemplo para que sus hijos lo siguieran.

Por supuesto, yo había roto todas estas reglas cuando partí a la universidad.

Era septiembre, y debería haberme sentido eufórica de felicidad al despedirme de mis padres en el campus de mi universidad. Los otros chicos de mi clase sonreían y se despedían de sus padres agitando la mano, impacientes por emprender su nueva vida independiente. Yo, por otro lado, lloraba en silencio, aferrándome con desesperación a lo que conocía, petrificada ante el momento inminente en que mis padres subieran al automóvil y partieran. Nunca había estado lejos de casa sin mi familia. Yo era una de cinco hijos y aunque quería escapar de nuestro pequeño y abarrotado hogar, nunca quise estar lejos de mi mamá. Me quedé inmóvil, no estaba preparada para ese momento. Me sentía como idiota, pero eso no impedía que las lágrimas siguieran brotando. Mi madre trató en vano de tranquilizarme: "¡Vendremos por ti el próximo fin de semana y podrás ir a casa a visitarnos!"

> Los niños necesitan amor, especialmente cuando no se lo merecen.
>
> HAROLD HULBERT

Me aferré a esa promesa como si mi vida dependiera de ello.

La nostalgia de mi hogar hizo que mi primer año en la universidad fuera difícil, por lo que traté de consolarme concentrándome en mis estudios. Pasaba todo el tiempo estudiando, incluso los fines de semana, mientras que los demás iban a fiestas y hacían nuevas amistades. Siempre había sido buena estudiante. De hecho, era una perfeccionista cuando se trataba de mis calificaciones. No me conformaba con nada menos que un 10 y cuando obtuve un promedio perfecto en el primer semestre, una amiga me dijo: "¡Te felicito, pero de aquí sólo se puede ir hacia abajo!" De pronto, me sentí aún más determinada que antes.

Mi mamá estaba preocupada por mi vida social. Estaba contenta de que tuviera buenas calificaciones, pero siempre me dijo que había mucho más en la vida. ¿Qué hay de la fe? ¿Y de ayudar a los demás? ¿Qué pasa con todas las preocupaciones? Me alentó a asistir a la iglesia. Creía que la asistencia semanal era la respuesta a mi lamentable situación social. Si pudiera conocer aunque fuera a un par de luteranos agradables, todo estaría mejor.

Durante las vacaciones de Pascua, decidí quedarme en la universidad para avanzar con un trabajo final y otros proyectos que me darían una buena ventaja cuando las clases comenzaran de nuevo. Me pareció una buena idea en ese momento y, además, le ahorraría a mi mamá el viaje increíblemente largo. Ella insistía en preguntarme si estaba segura de que hacía bien en quedarme sola durante las vacaciones, cuando casi todo el mundo estaba fuera. Le aseguré que estaría bien, muy ocupada con mis tareas. Y estaba bien, hasta que todos se marcharon de verdad y el campus quedó solo y desierto. Entonces llegó el día de Pascua. No podía creer que estuviera completamente sola.

Todavía tengo un recuerdo muy vívido de esa ocasión. Estaba hablando por teléfono con mi mamá, llorando porque no podía mantenerme tranquila ni un minuto más. El fin de semana estaba por terminar, por lo que era demasiado tarde para cambiar de decisión. Me compadecía de mí misma y contaba las horas que faltaban para que mis amigos regresaran al campus. El comedor estaba cerrado, así que tuve que comer alimentos enlatados que compré en la tienda de abarrotes, el único lugar que estaba a una distancia razonable del campus para ir caminando. Estaba literalmente atrapada, porque no tenía automóvil. Mi madre no dudó un instante del otro lado de la línea. Me ordenó con decisión: "Haz una reservación para cenar en el restaurante más elegante del lugar. ¡Voy hacia allá para llevarte a cenar!" Era una absoluta locura, pero fue exactamente lo que hizo. Tres horas después, disfrutamos juntas de una deliciosa cena de Pascua. Después subió al automóvil y regresó a casa.

Nunca he olvidado ese asombroso acto de amor y generosidad. Mi madre tenía la justificación perfecta para usar esto como una lección. La próxima vez, de seguro tomaría una mejor decisión. Pero mi madre no podía soportar verme sufrir. Habría tiempo para lecciones más adelante.

Algunas veces critico el modo de ser sencillo de mi madre. Con tres hijos y un horario apretado es difícil ir a la iglesia todos los domingos. Y aunque admiro la disposición de mi madre a ayudar a cuanta persona necesitada encuentra, me quejo de que yo no tengo tanto tiempo como quisiera para seguir su ejemplo. Me preocupo por todo lo demás (algunas cosas nunca cambian), aunque desearía que no fuese así. Intuyo que mi madre cuestiona mis prioridades y mi fe, tanto en Dios como en mí misma, pero nunca me juzga. Se mantiene centrada. Ve las cosas con claridad. Tiene mucha fortaleza en sus propósitos. Es la misma mujer que recorrió ese largo camino para llegar a mí aquella noche de abril hace tantos años. Sus reglas sencillas le han servido bien, y aunque no las sigo como debería, están ahí como guía, llamándome a que las siga. Y tal vez algún día lo haga.

Por el momento, creo que iré a hornear una tarta de manzana.

JULIE BRADFORD BRAND

9

Mi madre, la patriota

La lluvia, el viento, el aguanieve en la cara… Nunca olvidaré estar parada ahí, en el frío que me calaba los huesos, con mi impermeable y mis botas, repartiendo volantes a los electores fatigados que cruzaban las puertas rojas de la escuela por la que pasaba todos los días. Hoy esas puertas representan el cambio y los principios estadunidenses.

A mi lado, también tiritando de frío, estaba mi madre. Al volverme a mirarla, la vi sonriendo con afabilidad mientras saludaba y conversaba con nuestros vecinos y residentes de la comunidad. Aunque la lluvia le escurría por la cara y goteaba de sus pestañas, no cesaba de trabajar, promover y hablar de los asuntos políticos que representaban sus candidatos favoritos. Yo no comprendía nada de esas conversaciones. Sólo sabía que eran importantes y que todo ese proceso era patriótico.

Nos rodeaban los políticos locales que saludaban de mano a la gente esperanzada que quería lo mejor para la comunidad. Entre ellos estaba el director de mi escuela, que era candidato para algún cargo de cierta distinción con el que pretendía mejorar las políticas educativas. También vi al abogado del barrio, al propietario de la tienda local, al agente de seguros que visitaba nuestra casa empeñado en vender pólizas a mi padre; incluso nuestro médico de la colonia estaba ahí. También estaban algunos amigos de mi padre, esposos de las amigas de mi madre; hombres que tenían la esperanza de mejorar sus

> Ama más a su país quien se
> esfuerza por hacerlo mejor.
>
> ROGER G. INGERSOLL

vidas y las del resto de nosotros que vivíamos en un vecindario en decadencia que enfrentaba la ruina provocada por los cambios económicos. Yo era pequeña; la única niña ahí, pero me encantaba ser parte del cambio y hacer algo por mejorar las cosas.

Ahora que soy adulta, mientras repartía volantes en esta pasada elección presidencial, reflexioné de nuevo sobre el porqué estaba aquel día parada en la lluvia con mi impermeable y botas. La imagen de mi madre me vino a la mente: hija de inmigrantes; una hija abandonada por su madre, que poco después quedó huérfana al morir su padre; víctima de la Gran Depresión económica; una madre tan leal a Estados Unidos que obligaba a sus hijos a ponerse de pie y saludar cuando el presidente dirigía un discurso a la nación por televisión, y una ciudadana que agradecía profundamente vivir en Estados Unidos. La imagen de mi madre cruzó por mi mente: un ama de casa que intentaba mantener fuerte a Estados Unidos de la única forma que sabía hacerlo: tratando de proteger a sus hijos, su casa y su comunidad. ¡Vaya, pero si era típico de ella! Me inculcó el patriotismo a una edad muy temprana porque me enseñó con el ejemplo, me demostró el amor que sentía por su país y trabajó por lo que consideraba justo.

Gracias, Mamá, por darme esta pasión, este impulso, este entusiasmo, esta voluntad de hacer lo que pueda por mantener los valores que mi país representa. Gracias por transmitirme el aprecio por haber nacido en Estados Unidos y la determinación de hacer todo lo que esté en mis manos para ayudar a preservar la libertad para mis hijos y mis nietos. Gracias por hacerme patriota, también.

TERRILYNNE WALKER

10

La admiración de un hijo

dmiro a mi madre por comprometerse con una carrera como enfermera y, posteriormente, como enfermera clínica diplomada. Esa profesión es la expresión perfecta de su naturaleza protectora y pasión por el servicio y la curación. Con su trabajo, puso un extraordinario ejemplo a sus tres hijos.

En un nivel más práctico, estoy agradecido por lo conveniente que resultó su carrera para mi hermano y para mí, que figurativa y literalmente crecimos a empujones y trompicones. Muy a menudo, mi madre era empleada del hospital donde iban a dejarnos a mi hermano o a mí cuando necesitábamos atención médica por algo estúpido, valiente o atlético que uno o ambos habíamos hecho.

Mi hermana siempre ha enfrentado la vida con cierta dignidad y reserva, mismas que brillaban por su ausencia en sus hermanos. Ella es una distinguida profesional de la salud debido en parte a la influencia de mi madre y nunca hizo uso de las visitas al servicio de urgencias donde mi hermano y yo encontrábamos todo lo que nos hacía falta.

> Existen dos legados duraderos que podemos dejarle a nuestros hijos. Uno es raíces. El otro es alas.
>
> HODDING CARTER, JR.

Mi hermano (atleta intrépido hasta la universidad) y yo (aspirante a concertista de piano hasta la universidad) calculamos que de niños acumulamos 105 suturas, seis huesos rotos, cuatro pares de muletas e innumerables esguinces, torceduras y otros tipos de lastimaduras. Todo esto se dio en al menos quince visitas al servicio de urgencias. Por supuesto, la mayoría de estas visitas sucedieron cuando tanto mi madre como mi padre estaban trabajando. Mi madre sólo necesitaba dirigirse con calma a la sala de urgencias para encontrar a su achacoso hijo, lo que era muy conveniente para toda la familia.

Aunque mi hermano puede jactarse de tener cinco suturas en la cara, yo tengo el récord en ese rubro. Cuando tenía diez años, me caí por una rejilla de hierro oxidado y me corté seriamente. Me llevaron al hospital donde mi madre trabajaba en ese momento. Estaba muy asustado. Era una cortadura fea, llena de sangre, que necesitó cincuenta y siete suturas para cerrar la herida.

Durante todo el proceso de curación, un largo día de agujas y suturas, mi madre mantuvo la serenidad y se mostró muy cariñosa, mientras me aseguraba que todo estaría bien y que me amaba. Aún tengo una cicatriz impresionante que se asemeja a las vías del ferrocarril, y por extraño que parezca, los recuerdos de ese día son buenos. No es sólo el halo rosado de la juventud que colorea esas reminiscencias; es también la imagen nítida de mi madre sosteniendo mi mano mientras me confortaba.

Alrededor de diez años después, cuando mi madre trabajaba como enfermera a domicilio de una institución para enfermos terminales, nos invitaron a la cena de Navidad en la casa de uno de los pacientes de mi madre. El paciente había vivido con mieloma múltiple por mucho tiempo, y mi madre le daba tratamientos de quimioterapia en su casa. Por ser hijo de mi madre, aquella Navidad me recibieron como si fuera de la familia en el hogar de ese hombre que vivía con una enfermedad terminal. Eso por sí solo habría sido extraordinario, pero lo que realmente destaca en mi recuerdo es la alegría que imperó toda la velada y la forma en la que la familia anfitriona parecía amar y ser amada por mi madre. En aquel momento, la fortaleza silenciosa de mi madre parecía no tener límites.

Siempre he tenido problemas para comprender cómo puede hacer mi madre ese trabajo, en especial cuando era niño. Mi padre y ella se las ingeniaban para coordinar sus carreras exigentes, la educación y actividades de sus hijos y los estudios de mi madre como enfermera. No es que su trabajo no la afecte; por supuesto que sí. Recuerdo que llegaba a casa exhausta, enojada, triste, llena de energía y feliz; algunas veces con todas esas emociones al mismo tiempo. Ahora trabaja como enfermera clínica en cuidados paliativos y se centra en el control del dolor y los síntomas de la enfermedad, por lo que con frecuencia trata a la gente al final de sus vidas.

El mantra de mi madre es "esperanza". La ha estudiado, escrito al respecto y la vive. Ve el dolor en los ojos de sus pacientes, pero también ve el potencial de curación (ya sea física, espiritual o las dos) y el valor extraordinario y único de la travesía por la vida cada ser humano que conoce. Mi madre permite que la toque cada vida que ella, a su vez, toca. Saca su fortaleza silenciosa y aplomo de ese proceso. Así es como puede enfrentar su trabajo, y su vida entera, con lo que parece ser una compasión sin límites, una esperanza sin fronteras.

Mi hermana, mi hermano y yo seguimos los pasos de mi madre y escogimos carreras en el cuidado de la salud. Mi hermana es enfermera clínica avanzada y mi hermano es administrador de salud comunitaria, como también lo fui yo cerca de diez años. Hace dos años, a la edad de treinta y dos años, regresé a la música, mi primer amor, y ahora soy el director ejecutivo de una escuela comunitaria de música en Brooklyn, Nueva York. Amo mi trabajo. Es fuente de increíble alegría en mi vida y espero que también lo sea en las vidas de los miles de estudiantes que llegan a la escuela.

Aun así, hay momentos, cuando enfrento un reto (o una multitud de retos), en los que pienso: "No tengo idea de cómo enfrentar esto". Sin embargo, nunca dudo que encontraré la forma de resolver lo que se me presente. Al final del día, puedo llegar a casa exhausto, enojado, triste, lleno de energía, feliz, o todo al mismo tiempo como mi madre, pero también como ella (de hecho, gracias a ella), debo mi propia fortaleza silenciosa a mi trabajo y a quienes me rodean.

Agradezco a mi madre por infundirme tanta esperanza, tanta fortaleza silente y tanto amor.

AARON FELDER

11

Alguien a quien le importa

ue en algún momento entre la primavera y el verano; el Sol brillaba apenas lo suficiente para que el día fuera cálido, pero no para que hiciera un calor sofocante.

Mi mamá y yo íbamos en automóvil por el campo; llevábamos las ventanas abiertas y la brisa hacía revolotear nuestro cabello largo.

Nos hallábamos lejos de casa, pero eso no importaba. Era muy agradable disfrutar de nuestra mutua compañía durante el largo trayecto. Yo tenía sólo unos ocho o nueve años, pero el camino de la casa de la abuela, que discurría a orillas del lago, de regreso a nuestra casa en los suburbios de la ciudad no me era extraño.

Llevábamos una maceta de flores en el asiento trasero, que yo había olvidado desde hacía mucho tiempo, aunque su fragante aroma llenaba el automóvil todo lo que era posible con el aire que entraba por las ventanas abiertas. Las flores no me importaban; eran sólo algo que alguien le había obsequiado a mi mamá.

> Las acciones generosas y nobles son las páginas más radiantes en las biografías de las almas.
>
> David Thomas

De repente, en medio de la nada, mi mamá detuvo el automóvil.

–¿Qué estás haciendo? –pregunté, temerosa de que el automóvil se hubiera averiado y tuviéramos que quedarnos ahí varadas, tan lejos de casa.

Pero no era eso.

Mi mamá saltó del automóvil y tomó las flores del asiento trasero.

—Sólo tardaré un minuto —alcancé a oír a través de la ventana abierta.

Mientras se alejaba, reparé en el pequeño y humilde edificio escondido tras de un cerco, más allá de una zanja. Escudriñé con rapidez la orilla del camino hasta que me fijé en un pequeño letrero que decía que era un asilo.

Me volví hacia el edificio, totalmente confundida, cuando mi mamá regresó con las manos vacías. Subió al automóvil y seguimos adelante sin decir una sola palabra.

Luego de recorrer uno o dos kilómetros, pregunté:

—¿Conoces a alguien ahí, Mamá?

Ella negó distraídamente con la cabeza, mientras veía el espejo retrovisor.

—Entonces, ¿qué hiciste con las flores?

Esbozó una leve sonrisa.

—Se las di a la recepcionista.

—Ah —reflexioné un momento—. ¿Le diste las flores a la recepcionista?

Ella rio al notar mi confusión.

—No, se las llevé a la recepcionista para que se las diera a alguien que ella considerara que realmente las necesitaba; alguien que no hubiera recibido flores en mucho tiempo.

Guardé silencio por un momento, pensando en lo que mi madre acababa de decir, antes de hablar de nuevo.

—¿Dejaste tu nombre?

—No —respondió de inmediato—. La recepcionista preguntó, pero yo solamente contesté: "alguien a quien le importa".

Esta vez me apresuré a preguntar:

—Pero, ¿por qué? —no se me había ocurrido nunca que la gente pudiera dar regalos sin escribir deliberadamente su nombre—. ¿Cómo te van a dar las gracias?

Mi madre sonrió de nuevo y habló como si se tratara de la respuesta más natural del mundo.

—Porque dejar flores para alguien que las apreciará más que nosotras me hace sentir bien. Saber que esas flores harán sonreír a alguien es agradecimiento suficiente para mí.

Mi madre hizo caso omiso de mi asombro, mientras la miraba fijamente sin poder decir palabra por un buen rato.

Para ella, fue un acto sencillo que realizó sin siquiera pensarlo.

Pero para mí, fue un recuerdo y una lección que perduraría por el resto de mi vida; los más grandes regalos no sólo vienen del corazón, sino que se dan sin esperar nada a cambio.

JANELLE IN'T VELDT

12

Compras de descuento

La localidad de Belfast, Maine en mi juventud no era el pueblo costero turístico que es en la actualidad. En ese tiempo, Belfast era todavía un pueblo de obreros, donde Maplewood and Penobscot Poultry (una compañía procesadora de pollo) y la fábrica de zapatos eran los grandes empleadores. McDonald's todavía no llegaba al pueblo.

Antes de que existieran los supermercados, existía Cottle's, un mercado de productores independientes donde trabajaba mi papá. Y Cottle's era donde mi madre hacía sus compras una vez a la semana. Debido a que vivíamos a unos kilómetros tierra adentro de Belfast, por lo general combinábamos el viaje a comprar comida con una visita a casa de la abuela. Como es lógico, la abuela Stairs SIEMPRE tenía galletas preparadas para sus nietos.

> Un gramo de madre vale más que un kilo de clérigo.
>
> PROVERBIO ESPAÑOL

En un día de compras particular en Cottle's, me hallaba detrás de mi madre mientras ella sacaba las cosas del carrito de compras para pagarlas en la caja registradora. Los exhibidores de dulces en ambos lados estaban llenos de Salvavidas, caramelos de mantequilla de maní, Clark Bars, Tootsie Rolls, Sugar Babies ¡y cualquier otra marca de dulces imaginable!

–¿Podemos llevar dulces? –pregunté.

Mi madre rara vez se desviaba de su lista de compras, por lo que su respuesta no me sorprendió.

—No.

Si algo sabía yo con plena certeza era esto: "no" siempre significaba "no". No tenía sentido preguntar por segunda ocasión. ¡Pero de verdad me moría por esos dulces!

Tomé un paquete de Sugar Babies. Mi madre no se dio cuenta. Por eso pensé que tal vez tampoco se daría cuenta si discretamente los introducía en mi bolsillo. Continuamos pasando los artículos por la caja registradora y caminamos con el niño que nos ayudó a llevar las bolsas hacia el automóvil, donde él acomodó las bolsas en la cajuela. Nadie se dio cuenta de lo que hice: ni mi madre, ni la cajera, ni el niño que llevó las bolsas, ¡nadie! ¡Lo logré! ¡Increíble! ¡Mi primer robo! ¡Un verdadero hurto! ¡Qué emocionante! ¡Qué sencillo! ¡Qué gratificante! ¡Obtuve mis dulces y no tuve que pagar un centavo por ellos!

Me senté en el asiento trasero mientras mi madre conducía por un puente en dirección de donde vivía mi abuela. Muy despacio, para no hacer ningún ruido innecesario, abrí mi botín y con cuidado me metí un Sugar Baby a la boca. ¡Nunca un dulce me había sabido tan delicioso! Mi madre había dicho "no", pero yo dije "sí", ¡y mira quién ganó al final!

Cuando nos estacionamos en la entrada de automóviles de la casa de mi abuela, entendí que me había salido con la mía. Varios kilómetros y minutos me separaban de Cottle's. Al prepararme para abrir la puerta del automóvil, me metí más dulces a la boca con confianza. Me bastarían hasta que entrara y llegara al frasco de galletas de la abuela Stairs.

Craso error.

—Keith, ¿qué tienes en la boca? —alcé la mirada hacia el espejo retrovisor y vi el reflejo de los ojos de mi madre observándome fijamente—. ¡Te hice una pregunta! ¿Qué tienes en la boca?

Aunque muy recientemente me había vuelto diestro en el arte de robar, no había dominado aún el arte de dar falso testimonio.

—Eeeh… sólo unos Sugar Babies.

—¿Sugar Babies? ¿De dónde sacaste dinero para comprarlos?

¿Por qué me hacía esa pregunta tan tonta? Ella sabía muy bien que no los había comprado. Ni que fuera la gran cosa. Nadie me había visto tomarlos. Era sólo un pequeño paquete de Sugar Babies. ¿Por qué no mejor olvidábamos el asunto y entrábamos en casa de la abuela?

—Yo… hum… en realidad no los compré.

—¡Eso es lo que pensé!

Y luego, en lugar de entrar en casa de la abuela, darme una buena reprimenda y ya, dio marcha atrás en el automóvil. Evidentemente, el mismo Dios que dictó los Diez Mandamientos a Moisés y los israelitas al pie del Monte Sinaí (como se recordará, el séptimo mandamiento es "No robarás"), inspiró a mi madre ese día con "No criarás un hijo ladrón". Y saltaba a la vista por el ceño, los dientes apretados y los labios fruncidos de mi madre que el cuarto mandamiento también tenía una gran prioridad en su libro de normas: "Honrarás... a tu madre, para que tus días sean largos sobre la tierra".

Al ver que nos alejábamos de la casa de la abuela y volvíamos a cruzar el puente, me di cuenta exactamente de a dónde nos dirigíamos. ¡Íbamos de vuelta a Cottle's! ¡Esto era lo más estúpido del mundo! ¡No eran más de veinticinco centavos! En mi opinión, regresar era un desperdicio absurdo de gasolina y tiempo. ¿Por qué mi madre estaba convirtiendo una nadería en un drama emocional de tal magnitud? ¿Qué quería probar?

No pasó mucho tiempo para que lo averiguara.

Mi madre se estacionó en Cottle's, me lanzó otra mirada fulminante y con firme resolución me condujo a la tienda. A continuación, comenzó a buscar al señor Proulx, ¡el gerente de la tienda! ¿Por qué habría de molestar a un hombre tan importante como el señor Proulx para decirle que yo tenía que pagar unos dulces que cualquier cajera bien podría haber cobrado?

Una vez que lo localizó y obtuvo toda su atención, mi madre me ordenó en un tono de voz que podía oírse a tres pasillos de distancia:

—¡Dile al señor Proulx lo que hiciste!

Yo conocía al señor Proulx. Me agradaba el señor Proulx. Pero ese día el señor Proulx optó por seguir al pie de la letra el ejemplo de mi madre. No había lugar a dudas... ¡Me estaban enjuiciando y el señor Proulx era juez y jurado! Con lágrimas en los ojos, admití lo que había hecho y pedí perdón. Mi madre colocó una moneda de veinticinco centavos en mi mano para que se la diera al señor Proulx, que escuchó y aceptó mis disculpas, junto con los veinticinco centavos. Luego me dio una severa advertencia para explicar las consecuencias que habría si el incidente se repetía. Mientras gimoteaba, profundamente avergonzado, comprendí el significado de mis actos y a lo que podrían llevarme si no se me ponía un alto desde el principio: Sugar Babies el día de hoy, robo de automóviles mañana.

Mi madre parecía satisfecha de que hubiera aprendido mi lección, ya que prefirió llevarme a casa en lugar de dejarme en la cárcel del condado

de Waldo para que reflexionara durante una noche o dos con mis com-
pinches delincuentes.

Hasta el día de hoy, a menudo cuando estoy en la fila de la caja
registradora del supermercado, cerca del estante de dulces, pienso en la
lección que aprendí de mi madre. Gracias, Mamá, por evitar que cayera
en una vida de delincuencia.

KEITH SMITH

Caldo de Pollo para el Alma

2

CAPÍTULO

Mamá sabe
lo que te conviene

13

Pequeña actriz

—Ya no puedo seguir con esto, Mamá.

—Claro que puedes.

—Tengo veintiocho años —comencé a llorar—. He estado en esto desde siempre. Sólo quiero ir a casa.

—No —insistió ella—. Este era tu sueño.

—Por favor, mamá, pídeme que regrese a casa.

—No.

A la edad de veintiocho años, mi madre ya llevaba casada seis años y tenía cuatro hijos.

Antes de establecerse, su papá quería que su única hija fuera médica, pero ella soñaba con ser bailarina y la pasaba muy mal en el propedéutico de medicina. Abandonó la universidad para conducir camiones del ejército en la Segunda Guerra Mundial.

> Supongamos que intentaste y fallaste una y otra vez. Puedes empezar de nuevo cuando quieras, porque esto que llamamos "fracaso" no es caer, sino no levantarse.
>
> MARY PICKFORD

Se fue al oeste, de Ohio a Los Ángeles, para quedarse con sus abuelos, trabajar en la tienda de su tío cerca de la base del ejército y esperar en Schwab's a que la descubrieran, como se piensa que sucedió con Lana Turner. Tomó lecciones de ballet cuatro noches a la semana y los fines de semana servía ponche y café en el club de United Service Organizations

(USO). Y bailaba. Todos los soldados querían bailar con mi bella y grácil madre.

Tuvo una audición, para *Vanities* de Earl Carroll. El anuncio de la audición especificaba: "Bailarinas con estatura mínima de 1.75 m". Mamá apenas medía 1.52 m, pero sabía que no podía fallar. Se veía como Barbara Stanwyck y bailaba como Rita Hayworth. Se gastó el salario de tres semanas en un nuevo atuendo y en arreglarse las uñas en un elegante salón y dedicó horas a arreglarse el cabello y a maquillarse. Bajó del autobús en Hollywood y entró en el estudio de baile justo a la hora citada.

–Muy baja de estatura. ¡Gracias! ¡La que sigue!

Años después, cuando me contó la historia, me di cuenta de que la herida aún no sanaba.

–Ni siquiera me dejaron bailar…

No volvió a ir a otra audición. Nunca más.

Mi primer recuerdo es de cuando vi una película de Fred Astaire y Ginger Rogers en la televisión con mi madre. Yo aún estaba aprendiendo a comer y a vestirme por mí misma cuando supe que malgastaría mi vida en la visión del paraíso de Busby Berkeley. Nada me detendría. Como Ruby Keeler en *42nd Street*, yo era una pequeña actriz. Nunca me rendiría. Nunca. Ningún sacrificio sería demasiado grande si, al final de todo, pudiera estar ahí bajo los reflectores cuando el telón se levantara.

A los veintitrés años, dejé Los Ángeles y me mudé a Nueva York para asistir a Juilliard. Había una tina pegada a la pared de mi departamento de un solo cuarto hasta arriba de un edificio de cinco pisos, sin ascensor, cerca del río del Este. Un radiador de vapor silbaba en la esquina. El inodoro borboteaba en el clóset debajo de un tanque roto del que escurrían hilos de agua marrón anaranjado a lo largo de la pared descascarada. Del techo que tenía más de un siglo se filtraba agua sucia de lluvia que mojaba casi todas mis pertenencias cada vez que la precipitación duraba más de una hora.

La zona había sido alguna vez un distrito encantador llamado German Town. Un gran número de alemanes de antes de la Guerra vivían en el vecindario en razón de la pobreza y el control de las rentas. Cada día, su gran actividad consistía en encerrarse en su casa antes del crepúsculo debido a la embestida de jóvenes merodeadores que aparecían al anochecer.

Aprendí a no usar reloj y a no llevar bolso. Aprendí a cubrirme con ropa de segunda mano por encima de mi mejor ropa. Aprendí a adoptar una pose despreocupada y a silbar alguna tonada alegre. Poco a poco, mi reticencia de clase media desapareció y, aunque apenas medía 1.62 m, comencé a tener confianza en mi habilidad para defenderme. Es muy bueno tener confianza si eres actor. La farándula no es para los pusilánimes.

A veces faltaba a clases y me aventuraba a ir a audiciones masivas para espectáculos en gira.

—Buen ritmo, pero se nos hace tarde. Gracias. ¡La siguiente!

—La cara está bien, pero ¡ay Dios! Ese peinado…

—La voz está bien, pero ¡ay Dios! ¿Quién la vistió?

—Demasiado pequeña, gracias. Demasiado alta, gracias. ¡La siguiente! Demasiado regordeta, demasiado delgada, demasiado joven, demasiado vieja, gracias, la siguiente. La siguiente. ¡LA SIGUIENTE!

Pero yo era valiente. Nada me detendría. Resistiría y daría todo lo que tengo. Decidí que si no lograba nada para cuando tuviera treinta y cinco años, me dedicaría a otra cosa.

Los años pasaron. Una tarde, todo se me vino encima. Había llovido todo el día y el techo goteaba mucho. Coloqué sartenes y ollas por toda la habitación para que cayera el agua. También puse una lona sobre mi cama.

Estaba ensayando frente a un espejo de cuerpo entero para otra audición humillante, para otro estupendo papel que no iba a conseguir. Las gotas de agua sucia de lluvia me caían en la cabeza. De pronto, ya no pude seguir engañándome. No tenía esperanza. Ahora sabía que el paraíso de Busby Berkeley era un cruel engaño. La fantasía de la infancia que había sido mi salvavidas lentamente se desinfló y se hundió, ahogándose en años de rechazo acumulados.

Había jurado que soportaría la situación hasta que tuviera treinta y cinco años. En ese entonces, apenas tenía veintiocho. Tenía siete años más para seguir intentándolo.

Llamé a casa de mis padres.

—Ya no puedo seguir con esto, Mamá.

—Claro que puedes.

—Por favor, Mamá, pídeme que regrese a casa.

Hubo un largo momento de silencio.

—No —repuso ella, y colgó el teléfono.

Preparé la tina para darme un baño de agua caliente, encendí unas velas en conmemoración de mi carrera que nunca llegaría a ser y observé en el espejo el rostro de la persona que nunca actuaría en el Palace. Una ilusión provocada por la luz parpadeante de las velas, y me pareció como si una película muda empezara a correr…

Me pavoneaba entre plumas de avestruz y lentejuelas brillantes…

El público de Broadway caía rendido a mis pies, conquistado por el magnetismo de mi personalidad y mi vestido de gasa...

Mientras caminaba por el resplandeciente distrito teatral, Fred Astaire se materializó y bailamos uno en brazos del otro...

Música a todo volumen. Se levanta el telón. Aplausos atronadores.

¡Estaba en la ciudad de Nueva York, la Tierra Prometida donde una actriz como yo podía alcanzar el éxito solamente con agallas y talento puro! ¡Me había prometido que soportaría todo esto y, por Dios, que lo haría!

Transcurrieron otros seis meses mientras tomaba clases de actuación y canto e iba de una audición a otra. Cuando cumplí veintinueve años, estaba cantando como soprano principal en la Ópera de la ciudad de Nueva York e interpretando papeles protagónicos en obras fuera de Broadway.

Cuando hice mi debut en Broadway, mi madre se sentó junto a mi padre en el centro de la octava fila. Cuando canté el teatro se vino abajo. Entre los aplausos, alcancé a oírla gritando: "¡Bravo! ¡Bravo!" En mi camerino, al terminar la función, mi madre pronunció las palabras que había esperado treinta años para decir:

"Intentar y fallar, es saber que por lo menos lo intentaste. No intentarlo es nunca saber lo que pudo ser. Nunca renuncies a tus sueños. Nunca".

En las décadas siguientes, de vez en cuando me he sentido tentada por la decepción o el desconsuelo a tirar la toalla. Entonces, las palabras de mi madre me levantan, me hacen ver hacia el horizonte y me dan el valor para seguir dando un paso tras otro durante todo el tiempo que sea necesario, o para siempre.

PENNY ORLOFF

14

Drama de labios

—Emily, me dijeron que Adam te va a besar hoy —Brittany me susurró al oído cuando entrábamos a la clase de matemáticas de la señora Cox.

—¿Qué? ¿Estás segura? Solamente hemos estado juntos una semana.

Brittany se inclinó hacia adelante mientras sonaba la campana.

—Le dijo a Ashton que te iba a besar cuando te acompañe al autobús esta tarde.

La señora Cox comenzó su clase, pero yo no aprendí nada el resto del día. Mi mente estaba sobresaltada por la emoción. ¿Hoy? ¿Era demasiado pronto? ¿Querría decir un beso de verdad? Tal vez sólo era un rumor.

> Madre: es el banco donde depositamos todas nuestras heridas y preocupaciones.
>
> T. DEWITT TALMAGE

Por lo visto, no. Para la quinta clase, todo el séptimo grado parecía estar al tanto del secreto. Pequeñas notas de chicos que apenas conocía llegaban volando a mi escritorio. Oí murmullos mientras caminaba hacia mi casillero, y sentí que incluso el director me veía disgustado con la ceja enarcada. Era como si el noticiario matutino hubiera anunciado a todo el mundo que hoy era el día en que Emily McClanahan recibiría su primer beso. Todos los chicos de preparatoria y secundaria estaban sentados cerca de los autobuses. Era el sitio destinado. Todos estarían observando.

Me pareció que era demasiada presión, así que entré en pánico. Cuando sonó la última campanada del día, hice lo único que se me ocurrió: me escondí en el baño.

Incluso ahora, veinte años después, puedo oír a Adam fuera del baño preguntando: "¿Han visto a Emily? ¿Ya se fue?" Me quedé en el sanitario con los pies apoyados en la puerta hasta que estuve segura de que no había nadie afuera.

Esa noche, acostada en la cama, pensé en nuestro momento mágico mientras miraba fijamente el techo. "Mañana es el gran día. Me van a dar mi primer beso de verdad. Tal vez deba practicar con el oso de peluche o con mi brazo. No, qué tonta. Estoy segura de que todo saldrá bien. La gente se besa desde el principio de los tiempos. ¿Qué tan difícil puede ser? Además, Adam tiene experiencia. Creo que ha besado a dos o tres niñas. Él sabrá qué hacer".

Al día siguiente, religiosamente a las 3:05 de la tarde, Adam se reunió conmigo frente a mi casillero. Una pequeña multitud se formó a nuestro alrededor y nos siguió cuando bajamos las escaleras, salimos y cruzamos las canchas de basquetbol hasta llegar a las filas de los autobuses. Cuando llegamos al autobús número doce, me detuve como siempre lo hago. Por lo general, le doy un abrazo rápido. Pero no fue así en esta ocasión. Esta vez, sólo me volví a mirarlo y esperé.

Se acercó y cerré los ojos. Me preparé para la magia. Pero no fue mágico en absoluto. Se asemejó más a besar a un Golden Retriever.

Todavía faltaba lo peor: Adam dio unos pasos para atrás y se fue con sus amigos, que esperaban con impaciencia sus comentarios. Los miró y esbozó una sonrisa burlona: "Ni siquiera lo hizo bien". Toda la multitud reventó en carcajadas. Humillada, subí corriendo al autobús tan rápido como pude.

Cuando el autobús comenzó a avanzar, yo estaba histérica. Ni siquiera intenté ocultar mis lágrimas frente a mi hermano, que insistía en preguntar qué me pasaba, pero no le hice caso. En cuanto llegamos a casa, mi hermano arrojó la mochila al suelo e informó a Mamá:

—Algo le pasa a Emily. Habla con ella. Dijo que iba a saltar del techo.

Yo ya había decidido que no le iba a contar nada a mi madre. Mamá y yo hablábamos de todo, pero sabía que no lo comprendería. Era el peor día de mi vida.

Mamá vio mi cara encendida. Se dio cuenta de que algo había ocurrido.

—Em, ¿estás bien?

–Estoy bien. Tu hijo es un lunático. No me ocurre nada. Voy a salir a tomar un poco de sol.

–Está bien. Creo que iré contigo.

Ah, buen intento. ¿Creyó que sucumbiría sólo porque iba a sentarse a mi lado? Sería como una roca. Nunca dejaría que supiera lo que ocurrió. Planeaba llevarme ese horrible secreto a la tumba.

–Cuéntame de la escuela, cariño.

–No voy a hablar al respecto, Mamá. Podemos hablar de cualquier otra cosa, ¿sí?

–Está bien. No tienes que hablar del motivo por el que estás molesta. Sólo cuéntame algo más. ¿Te fue bien en tu examen de hoy?

Las lágrimas comenzaron a brotar de mis ojos.

–Sí.

–¿Tienes mucha tarea?

Más sollozos aún.

–No mucha.

Me abrazó.

–Aquí estoy. Cuéntame si quieres. Si no, solamente me quedaré aquí contigo.

–Adam me besó, cerca del autobús.

–Bueno, de seguro no fue un buen beso si te hizo llorar. Tal vez deba practicar para mejorar su técnica.

–¡Mamá! –ella siempre sabía cómo hacerme reír cuando tenía ganas de llorar.

–En realidad, soy yo la que no tenía idea de lo que hacía. ¡Les dijo a sus amigos que lo hice mal!

No recuerdo cada palabra que mi madre me dijo esa tarde en el jardín. Recuerdo que se rio conmigo, escuchó y no me castigó por besar a un niño en la escuela. Nunca me juzgó, ni me dijo que había hecho algo malo. Sólo me acompañó.

Nuestra conversación en el jardín trasero ese día se interrumpió por una llamada telefónica de Adam. La catástrofe terminó. Se resolvió por sí sola. No salté del techo. Pero decidí que no estaba lista para muestras públicas de afecto en la escuela. De alguna forma, Mamá me hizo pensar que era idea mía.

La secundaria estuvo llena de dramas y Mamá lo tomó todo con verdadera calma y paciencia. Recuerdo infinidad de días y noches en que ella entraba en mi habitación y hablaba hasta que lograba que le confesara qué era lo que en realidad ocurría en mi vida. Nunca lo exigió. Solamente le importó lo suficiente para quedarse conmigo hasta que la verdad aflorara. Siempre me sentí mejor después de que Mamá se enteraba de lo que me pasaba.

Gracias, Mamá, por apoyarme durante el drama que definió mis años de secundaria. Tu presencia fue un ancla a la que pude aferrarme cuando el mundo se movía tan rápido a mi alrededor que todo me parecía borroso. Tú siempre has sido mi suelo firme.

EMILY OSBURNE

15

Mi madre, mi maestra

Mi madre es maestra, una maestra fabulosa. Lo sé porque la he observado en su salón de clases cuando enseña a sus alumnos. No sólo le apasiona enseñar alemán a alumnos de secundaria, sino también el amor a la lengua y la cultura alemanas. Ella ha dado clases incansablemente a alumnos de sexto a noveno grado desde hace más de veintiséis años, y ha sido mi maestra durante casi treinta años.

En el jardín de niños, cuando nos preguntaban qué queríamos ser de grandes, yo contestaba que quería ser maestra. Entendí que mi mamá influía positivamente en sus alumnos y colegas y que a pesar de que llegaba a casa exhausta al final de la jornada, esperaba con entusiasmo el día siguiente. Por supuesto, como una niña precoz de jardín de niños, estos pensamientos complejos no eran precisamente lo que tenía en mente cuando respondía a la pregunta, pero en algún lugar dentro de mí, siempre supe que a mi madre le encantaba ser maestra tanto como le encantaba ser mi mamá.

> Nadie en el mundo puede ocupar el lugar de tu madre. Para bien o para mal, desde su perspectiva, siempre estarás en lo correcto. Podrá regañarte por las cosas pequeñas, pero nunca por las grandes.
>
> HARRY TRUMAN

Los años pasaron y cuando llegué a la universidad entré con grandes aspiraciones de convertirme en una famosa diseñadora de modas. No quería tener nada que ver con ser maestra. ¡De ningún modo iba a seguir los pasos de mi madre! Quería ser tan diferente de ella como pudiera. Ahora sé que pude haber dicho que quería hacer una carrera tejiendo cestas y que mi mamá me habría dado todo su apoyo. Cuando la idea de volverme diseñadora de modas no salió exactamente en la forma en la que lo había planeado, mi mamá sugirió con delicadeza que dedicara mi talento artístico a la enseñanza de las artes. No imaginaba siquiera que ese pequeño estímulo me llevaría a la profesión que hoy amo. Supongo que mi mamá me estaba enseñando que se pueden cometer errores y que siempre esperaría con paciencia a que yo tomara las decisiones que ella sabía desde el principio que eran las correctas para mí.

El amor de mi madre y su paciencia me sostuvieron durante un matrimonio y un divorcio difíciles. Abrió su corazón y su casa a una hija y una nieta asustadas y golpeadas e hizo todo lo posible por cuidarnos hasta que yo recobrara la cordura. Hubo momentos en los que estoy segura que se sentía emocionalmente agotada, pero nunca había visto tanta fortaleza en una persona en tantos sentidos. No dejaba de asegurarme que aunque fuera difícil entenderlo en ese momento, Dios tenía un plan y una razón para todo.

Sin embargo, su lección más importante me la enseñó hace poco durante el desayuno. Me hallaba sentada a la mesa con mi hija de diecinueve meses, determinada a que ella comiera más de dos cucharadas de cereal. Por supuesto, mi hija tenía otros planes. Mi madre previó la inminente lucha de voluntades que estaba a punto de ocurrir y sus años de experiencia con una hija terca, o sea yo, entraron en juego. ¡Su sabio consejo fue que dejara a mi hija comer cuando estuviera lista! Bueno, para una novata, esto era ridículo. Sin embargo, momentos después de darme por vencida, la lucha cesó y mi hija comenzó a comer por sí sola. Me quedé impresionada y de nuevo me di cuenta (muy a mi pesar) que mi madre sabe más que yo. Mi madre ha sido mi maestra casi treinta años. Espero que continúe dándome "lecciones" al menos treinta años más.

JESSICA GAUTHIER

16

El traje de pantalón

Mi madre y yo vamos a ir a Carolina del Norte a la graduación de mi sobrina de la escuela de medicina. Una semana antes del viaje recibí una llamada.

–¿Tienes suficiente ropa para llevar al viaje? –pregunta mi madre.

–Sí, estoy bien –respondo con un suspiro. Estoy seguro de que mi madre ha empacado y vuelto a empacar su maleta por lo menos tres veces hasta ahora. La idea de qué voy a empacar ni siquiera me ha cruzado por la mente. Probablemente mis pantalones que tienen más de diez años y mi única chaqueta decente, regalo de mis sobrinas, que casi coordinan con los pantalones. Un par de blusas. Lo que sea.

> He visto a mi hijo entrar en la cocina por la mañana con una vestimenta a la que sólo le falta un accesorio: una botella vacía de ginebra.
>
> ERMA BOMBECK

Como si me leyera la mente, mi madre continúa:

–¿Estás segura de que no necesitas blusas? ¿Tal vez un traje de pantalón?

Mi suspiro se vuelve cada vez más largo y más fuerte. Me sorprende que haya esperado tanto tiempo para sacar a colación el temido traje de pantalón.

–Estoy bien –repito, sintiendo que los músculos de la mandíbula se tensan. Ha intentado convencerme de que me compre el traje de pantalón durante años. Yo he opuesto resistencia el mismo tiempo.

—Bueno —acepta resignada, y luego de un momento de silencio añade—: Tal vez empaque un par de blusas extra para ti, sólo por si acaso.

Cierro los ojos y cuento hasta diez.

—Tengo que colgar —me despido—. Creo que los gatos se están peleando —cuelgo con suavidad y miro furiosa el teléfono por un momento.

Aunque me parezca a mi madre, cuando se trata de estilo soy definitivamente como un camaleón. Los años que mi madre dedicó a enseñarme algo sobre la calidad y la moda cayeron en oídos sordos. Ella compra en tiendas de lujo, yo compro en tiendas de segunda mano. Aunque sonrío cuando me dice un cumplido sobre "lo que encuentro", nunca admito que compro ropa usada. En cambio, respondo con desenfado que lo conseguí en una tienda local.

Para mi madre, las palabras "traje de pantalón" no son solamente un pantalón que hace juego con una chaqueta. Se trata de una especie de clave que significa ponerse un atuendo presentable; es su manera cortés de decir que mi estilo deja mucho que desear; que mis pantalones son muy holgados, mis suéteres de fibra sintética y mis zapatos útiles, en el mejor de los casos.

Mi falta de estilo se ha vuelto una broma familiar de la que he aprendido a sacar ventaja. Cuando visito a mi madre, dejo mucho espacio en mi maleta, pues sé bien que podré "ir de compras" a su clóset, alentada por ella misma. A mi madre le encantan los estampados brillantes y los motivos florales que yo odio, así que me dirijo a las blusas de color liso que tienen la tonalidad de una gema, los suéteres y cuellos de tortuga. Rara vez regreso a casa sin algunas nuevas adquisiciones para mi guardarropa, aunque me aseguro de escoger ropa que ella ha usado algunos años.

—Eso es lo que yo llamo servicio de compras desde el hogar —una vez le comenté.

Recuerdo que movió la cabeza para expresar su desaprobación, lamentando no haber podido transmitirme su amor por la buena ropa.

Dos días antes del viaje a Carolina del Norte, reviso mi ropa, la doblo, apilo y la preparo para empacarla. Pantalones, sí. Chaqueta casi coordinada, sí. Zapatos, sí. He subido poco más de cuatro kilos, así que algunas de mis mejores blusas, o mejor dicho, de mi madre, me quedan ajustadas. Encuentro una de mis viejas blusas que no se ve demasiado gastada y la pongo en mi pequeña pila de ropa.

La maleta está llena hasta la mitad, lo que es adecuado.

Mi madre llega al día siguiente para pasar la noche en mi casa antes de que tomemos juntas el avión para ir a la graduación en Carolina del Norte. Su maleta es por lo menos del doble de tamaño que la mía. Levanto la maleta y la pongo sobre la cama del cuarto de huéspedes; no me sorprende que el colchón rechine. Dos gatos saltan a la cama para observar; un tercero se sienta en una silla cercana.

Ella abre su maleta y mi gato más pequeño lo toma como una invitación a saltar dentro. Mi madre empuja al gato en un intento por defender su ropa de los pelos del gato.

Yo quito algunos pelos del gato de mis propios pantalones y espero la revelación.

Por un minuto, me preocupa que saque un traje de pantalón con motivos florales brillantes para mí. En cambio, me pasa una blusa estampada en blanco y negro.

—Pensé que te gustaría —me dice. Entonces agrega un suéter negro de manga corta, una blusa gris de mangas de tres cuartos y una blusa rojo oscuro a mi pila de ropa—. Tal vez cuando lleguemos a Carolina del Norte podamos encontrarte un traje de pantalón.

Sonrío.

—Uno nunca sabe, Mamá. Este puede ser el año del traje de pantalón después de todo.

Harriet Cooper

17

Gracias por no empujar

Pujido, rechinido, rechinido… pujido, rechinido, rechinido…
Impulsaba las piernas para delante y para atrás. Estaba aplicando toda mi fuerza para llevar ese columpio hasta los cielos. Parecía imposible.

—Mamá, ¿puedes darme otro empujón? –pregunté.

—¿Lo dices en serio? Tú puedes hacerlo. Sólo concéntrate y sigue impulsándote con las piernas.

Miré a mi alrededor y vi a todas las otras mamás y papás en el parque empujando a sus pequeños hijos en el abrasador calor de junio. Me pregunté por qué mi mamá no podía hacer lo mismo. Pero nunca me atrevía a cuestionarla. Hacía todo lo que podía por evitar "la mirada". Ya saben, esa mirada que ponen los padres cuando sienten que su autoridad se pone en tela de juicio.

—Bueno –respondí entre dientes. No pensé que pudiera lograrlo. Pero Mamá nunca parecía dudar de mí. Apreté las manos pequeñas alrededor de las cadenas de metal, me coloqué en posición, me eché para atrás y comencé a columpiarme.

> No vuelvas inválidos a tus hijos al hacerles fácil la vida.
>
> ROBERT A. HEINLEIN

—¡Ahora sólo sigue impulsándote con las piernas para delante y para atrás, pequeña! ¡Tú puedes! –me alentó mi madre. Parecía que quería que lo lograra aún más que yo. No quería decepcionarla, así que seguí intentándolo. Después de un rato, logré llegar tan alto que las puntas de mis zapatos tocaban las nubes. Esbocé una sonrisa de oreja a oreja. Había logrado lo imposible. Volé.

Salté del columpio y enterré los pies en la cálida arena.

—Mamá, ¿me viste? ¿Me viste? –pregunté.

—Por supuesto que sí. ¡No te quité la vista de encima ni un segundo! –sonrió.

En ese entonces, no comprendía por qué mi mamá me obligaba a hacer todo por mí misma. Si yo no podía impulsar el columpio, ¿qué le quitaba con empujarme?

A lo largo de los años, mi madre me ha dado el más grande regalo que una madre puede dar a su hija: amor fuerte, libertad e independencia. Ella me enseñó a enfrentar los retos por mí misma. Me preparó para el futuro. Y me ha dado mucho amor y compasión, además de ser mi maestra, dos padres en uno y mi mejor amiga.

Cada vez que me oía decir: "No puedo", una sonrisa se dibujaba en su rostro porque estaba segura de que sí podía. Si ella me hubiera empujado en el columpio, nunca habría saltado de él sintiéndome tan increíblemente capaz.

CHRISTY BARGE

18

El cofre

Se ha ido perdiendo con el tiempo, pero el recuerdo de haberlo recibido sigue fresco en mi mente, como si hubiera pasado ayer. Hablo del cofre de la esperanza que mi mamá me compró cuando aún estaba en la universidad.

Ese año realizamos nuestro paseo veraniego anual en un bello suburbio lejos de Chicago. El pueblo pequeño y pintoresco estaba junto a un río, bordeado de árboles frondosos. Tenía un toque mágico.

Siempre era un viaje que yo ansiaba porque lo realizábamos sólo mi mamá y yo. Pasábamos el día ahí, lejos de toda la testosterona que pululaba en nuestra casa. Yo era su única hija.

Mi mamá y yo entramos y salimos de las tiendas, vimos ropa y chucherías, mientras disfrutábamos del cálido día soleado. Mi madre casi siempre me compraba una prenda de ropa. Siempre se lo agradecí, en especial porque me habían enseñado a comprender el valor del dinero.

> Un hijo es un hijo hasta que se casa, una hija es una hija toda la vida.
>
> DICHO IRLANDÉS.

En esta excursión, nos aventuramos en una tienda de muebles. Cada pieza en ese lugar estaba hecha a mano. Todos los muebles eran preciosos. Recuerdo el fuerte olor del aceite de tung con el que untaban las piezas y la calidez del sol de mediodía que se filtraba en la tienda. Las virutas nuevas estaban desperdigadas por el viejo piso de tablones de madera. Yo tenía poco interés en los muebles, pero seguí a mi mamá por la tienda, ya que ella parecía fascinada. Caminó más despacio y se detuvo frente a un cofre rectangular simple, hecho de madera tallada de pino y tenía bases y manijas sólidas, sin adornos. Era utilitario, pero de alguna forma resultaba atractivo por su falta de motivos decorativos.

–¿No te parece bonito? ¿Qué opinas, cariño? ¿Te gusta?

–Está lindo, Mamá –contesté, sin saber por qué me preguntaba–. ¿Qué es?

–¡Vaya!, pues es un cofre de la esperanza –me di cuenta de que estaba emocionada y pensativa.

–¿Y qué es eso?

–Bueno, pues ahí guardas las cosas que coleccionas antes de casarte, como la ropa de cama y otros artículos.

Me quedé perpleja, pues apenas había empezado a salir con mi novio el otoño pasado. Ahora era junio y ella ya estaba pensando en matrimonio. Él me agradaba mucho, ¿pero amor? No estaba segura. ¿Matrimonio? De ninguna manera.

Mamá sonrió.

–¡Quiero regalártelo, cariño!

La miré con absoluta sorpresa.

–Mamá, no creo que quepa en el automóvil –respondí.

–Claro que sí –repuso ella con una sonrisa tranquilizadora.

Asentí con la cabeza y acepté su regalo.

–Gracias, Mamá.

Pagó el cofre y lo subimos al automóvil. Apenas cupo.

A través de los años, ese cofre me ha acompañado: cuando seguí con mi maestría y cuando tuve que mudarme de un estado a otro por motivos de trabajo. Fue mi primer mueble. Me ha servido para guardar muchas cosas: libros, ropa y todo tipo de cachivaches. Sirve también como mesa auxiliar, mesita de café y reposapiés. Cuidando de no mancharlo o maltratarlo de ninguna manera, le untaba aceite y lo desempolvaba, y con el tiempo observé cómo el color miel fue cambiando hasta adquirir un rico matiz bruñido amarillo cereza.

Finalmente lo utilicé como mi madre había planeado, como cofre de la esperanza cuando me preparaba para casarme con el novio con el que salía cuando mi mamá me lo compró. De alguna manera ella supo que él era "el bueno" antes de que yo misma me diera cuenta. Tiempo después, sirvió para guardar los artículos de bebé de nuestros hijos mientras esperábamos su llegada.

El cofre está ahora en mi habitación, al lado de mi sillón para leer; un recordatorio de las esperanzas y sueños que mi mamá tenía para mí.

El cofre guarda tesoros, objetos que representan memorias de vida y amor familiar; y también del amor de una madre por su hija.

JUDY M. MILLER

19

Por si acaso

Si "te amo" son las dos palabras más bellas del idioma español, entonces "por si acaso" deben ser las tres más irritantes. Casi siempre van seguidas por otras tres: "uno nunca sabe…", las cuales implican toda una serie de horrores si no se acepta la idea de "por si acaso".

De seguro, el primer "por si acaso" que habrán oído en la vida vino de su madre. ¿Recuerdan: "Siempre asegúrate de que tu ropa interior esté limpia, por si acaso"? Uno preguntaba: "¿En caso de qué?" Y ella respondía: "Uno nunca sabe". Si uno insistía en preguntar, ella finalmente pronunciaba las ominosas palabras: "Podrías sufrir un accidente". No decía que había que usar ropa interior limpia porque así era como debía ser, no, tenía que usar la amenaza de "por si acaso".

> La seguridad no es sólo un dicho, es una forma de vida.
>
> AUTOR DESCONOCIDO

A lo largo de la mayoría de los años escolares, además de libros, bolígrafos, etcétera, había que cargar con un suéter grueso, ponerse protector solar y llevar un impermeable, por si acaso enfriaba, hacía calor o llovía. Nos volvimos paranoicos. Gracias a Mamá; "por si acaso" dominaba nuestra vida. Rodeábamos las escaleras, no porque fuéramos supersticiosos, sino por si acaso. Lo mismo sucedía con las golosinas en Halloween.

—No los comas hasta que Mamá o Papá los examinen, por si acaso.

—¿Acaso qué? —preguntábamos.

—Uno nunca sabe.

–¿Saber qué?

Y luego venía la amenaza que aseguraba que dejáramos que Mamá y Papá se comieran nuestros dulces, simplemente porque nos amaban tanto y querían protegernos del peligro.

–Podrían estar envenenados.

El hecho de que no conozca un solo caso comprobado de dulces envenenados en Halloween desde que Ichabod Crane comenzó a cabalgar, no importa un comino. Tampoco he podido encontrar ningún caso registrado y autentificado de drogas en los dulces o bebidas adicionadas, pero eso no cambia en nada el argumento. Es sólido como una roca e igualmente inamovible.

A medida que nos hacemos mayores, el hábito queda tan arraigado que nosotros mismos nos flagelamos. Partimos rumbo al aeropuerto para tomar un vuelo media hora antes de que el avión salga de su destino anterior, por si acaso nos topamos con tráfico muy pesado. Y hablando de vuelos, qué me dicen de esas plegarias apresuradas que musitamos como una especie de seguro mientras el avión despega, o durante una turbulencia inesperada… "por si acaso". La frase está tan integrada en nuestras vidas que compramos suficientes seguros para mantener a esas compañías nadando en dinero por toda la eternidad. No estoy hablando de los seguros comunes y corrientes de casa o automóvil, sino de los pequeños extras que los agentes de seguros nos convencen de adquirir, como la cobertura adicional por cuatro dólares a la semana por si acaso nos atacan unas lagartijas asesinas, o nos tienen que hospitalizar por una forma particularmente rara de dedo de atleta (un padecimiento contraído a causa de los agujeros sucios de las bolas de boliche, me parece). Cuando el agente de seguros remata con aquellas palabras inmortales: "por si acaso", quedamos enganchados y firmamos. Las lecciones de Mamá no se olvidan con facilidad.

Voy a imprimir este artículo ahora, pero también lo guardaré en el disco duro, y por si acaso mi computadora deja de funcionar, también lo guardaré en un disco, y por si acaso el disco se daña, lo guardaré en una unidad USB. Bueno… es que uno nunca sabe. ¡Muchas gracias, Mamá!

ANN O'FARRELL

20

Siempre serás "Mamá"

La primera vez que me perdí en un supermercado fue un día muy confuso para mí. Cuando el gerente de la tienda me preguntó cómo se llamaba mi mamá para vocearla, respondí que se llamaba "Mamá". Me explicó: "Ya sé que es tu mamá, pero ¿cómo se llama?" Lo miré sin tener idea de qué decir. Mi hermano y yo llamábamos "Mamá" a Mamá, e incluso mi papá la llamaba "Mamá", como cuando decía: "Pregúntale a Mamá". Nunca había oído que alguien la llamara de forma distinta.

Tratando de ayudar al gerente de la tienda, le dije que se llamaba "Mamá Hill", así que la voceó como "señora Hill". Cuando mi madre fue a recogerme, el gerente le advirtió que debía enseñarme su nombre. Mi mamá me miró con sorpresa y dijo: "Becky, ¿no sabes que me llamo Kandy?" Eso me confundió aún más. Sabía lo que eran los dulces (*candy*, homófono de Kandy, significa dulce en inglés), pero, ¿por qué mi mamá se llamaba dulce? Ella aclaró: "Es Kandy con K". Yo aún no sabía deletrear, así que eso tampoco ayudó.

> Siempre me han encantado los nombres estadunidenses; aquellos nombres ingeniosos y adustos que nunca engordan.
>
> STEPHEN VINCENT BENET

De camino a casa le pregunté si el nombre de Papá era "Papá". Ella dijo que no, que su nombre era "Don". Me sentí traicionada. ¿Por qué me habían mentido y usaban nombres falsos? Cuando llegamos a casa pregunté si el nombre de mi hermano Matt era realmente "Matt". Mi mamá dijo: "No, Matt se llama Donald en realidad. Matt es su segundo nombre". Así que todo ese tiempo había pensado que vivía con Mamá, Papá y Matt, cuando en realidad vivía con Kandy, Don y Donald.

A la mañana siguiente, le pregunté a mi mamá si mi nombre era realmente "Becky". Ella dijo: "No, en realidad te llamas Rebecca". La miré con gran desconfianza. Mi mamá me explicó que "Becky" era un diminutivo de "Rebecca". Esto requería un salto de fe, pero decidí creerle porque esta "persona mamá", esta "Kandy con K", quienquiera que fuere, siempre había sido buena conmigo y era, de hecho, mi favorita y la persona en la que más confiaba en el mundo.

Esa fue la primera vez, pero ciertamente no la última, que mi mamá me tuvo que explicar las sutilezas de la vida. Con los años mi mamá también tuvo que explicarme que los monos voladores de *El mago de Oz* eran falsos y que no había forma de que entraran volando por la ventana a raptarme. También tuvo que explicarme que los corazones rotos sanan con el tiempo y que algún día conocería a un buen hombre; alguien que fuera mucho mejor y más atractivo que el chico por el que lloraba. Y hace muy poco tiempo, tuvo que tomar un avión para ir al otro lado del país a explicarme en persona que ciertos medicamentos pueden vencer, y de hecho en algún momento vencerían, una enfermedad autoinmune que atacaba mis ojos. En todos estos casos se requería un salto de fe, pero de nuevo, opté por creerle y (afortunadamente) en todos esos casos, ¡ella tenía razón!

Por eso quiero agradecer a mi madre que siempre haya estado ahí para aclarar las cosas, en especial cuando la vida me resultaba más confusa. Ahora que tengo cuarenta años sé que el nombre de mi madre es "Kandy", pero el nombre que siempre será entrañable para mí es "Mamá".

REBECCA HILL

21

Nuestra madre

—Mamá, ¿duele tener un bebé?

Mamá sonríe. Toma una rebanada de zanahoria y me la da. La tomo como un tesoro porque viene de ella.

Nuestra madre, siempre sabe algo que nosotros no.

—Ven conmigo —pide, al tiempo que levanta una canasta llena de ropa—. Ayúdame a colgar esta ropa.

Los pañales llenan el tendedero del patio trasero.

Nuestra madre, siempre enseñándonos responsabilidades.

—Siéntate en el sofá y podrás cargarlo —dice Mamá.

Mamá coloca al bebé recién nacido en mis brazos. Una oleada de júbilo me invade cuando arrullo al bebé en mis brazos.

Nuestra madre, enseñándonos las alegrías de la maternidad.

Vaciamos el armario de nuestros juguetes, quitamos las repisas para armar un tren con todo y literas, asientos y efectos de sonido. Pasea la mirada por el desorden. Nos observa, sonríe y nos llama a cenar.

Nuestra madre, nutriendo nuestra imaginación.

Llega a casa después de salir por la noche con Papá. Yo finjo estar dormida, pero tengo los ojos entrecerrados para poder ver cómo me arropan y se abrazan.

> Mi madre era de cuerpo pequeño y delgado, pero tenía un gran corazón; un corazón tan grande que las alegrías de todos eran bien recibidas en él y encontraban alojamiento hospitalario.
> —Mark Twain

Mi madre, haciéndonos sentir seguros.

Un pequeño huerto, un manzano, un peral y algunas petunias de color rosa alegran nuestro patio trasero.

–¡Hoy te toca recoger los ejotes y pasar la azada por el huerto! –dice Mamá.

–¿Hoy me toca? –acepto el privilegio con honor.

Nuestra madre, enseñándonos las alegrías del trabajo duro haciéndolo parecer divertido.

Llevo a casa a mi primer bebé del hospital.

–Mira –dice Mamá mientras unta loción en el pequeño brazo de mi hija y la envuelve en una manta. Me entrega a mi bebé.

–Serás una buena madre –asegura.

Nuestra madre, siempre con una actitud positiva (y demasiado optimista, tal vez).

Arrodillados en la iglesia el domingo, veo un hermoso bebé en brazos de su madre. Los ojos se me llenan de lágrimas al recordar a la bebé que acabo de perder. Mamá entiende cómo me duele. Yo no sabía que el amor podía doler tanto así. Mamá me toca el brazo y suspira.

–¡Vayamos a un festival hoy!

Nuestra madre, siempre encontrando alegría en épocas de dolor.

La madre de mi esposo muere a medianoche. Despierto a mi madre para avisarle. Ayudamos a la enfermera del asilo y nos despedimos.

–Vamos a preparar un poco de café –propone Mamá. Horneamos galletas de chocolate.

Ella sabe lo que es perder a alguien especial.

Nuestra madre, siempre solidaria en tiempos de necesidad.

Mamá se sienta al lado de la cama de Papá. Él está débil, agonizante.

–Le gusta la crema de trigo –con cuidado, le da cucharadas en la boca. Lo vuelve de costado y le da un amoroso beso de buenas noches.

Nuestra madre, siempre con actos de amor generosos y comprometida con la familia.

Es una fría mañana de enero. Mamá prepara panqueques y salchichas. La visitamos entusiasmados.

–¿Quién va a tener a ese bebé? –ríe.

Sabe que mi esposo y yo pronto conoceremos la dicha de ser abuelos.

Nuestra madre, será una magnífica bisabuela.

¿Que si duele tener un bebé?

¡Uf, vaya que duele! El dolor y la alegría están en nuestros corazones. Nuestros hijos son nuestros corazones que caminan fuera de nuestros cuerpos.

Nuestra madre, gracias por respondernos siempre con una sonrisa.

SANDRA R. BISHOP

22

Yo tengo el poder

Nunca pensé que sería víctima de acoso en la escuela. A lo largo de mi vida, había sido yo quien defendía a mis amigos, sin detenerme hasta que la persona que los molestaba dejaba de hacerlo. Pero cuando llegué a la preparatoria, todo cambió.

Era una noche típica. Llegué a casa exhausta de mi práctica de lacrosse. Después de ducharme y apurarme a hacer mi tarea, revisé mi correo electrónico y mandé mensajes instantáneos a mis amigos. Estaba viendo los mensajes de ellos, cuando uno me llamó la atención. "Aditi = lo contrario de Mary. Mary = persona fabulosa. Entonces, ¿en qué te conviertes eso, Aditi?" Los ojos se me nublaron por las lágrimas. No era la primera vez que Randy, que había sido mi mejor amigo en la secundaria, publicaba mensajes maliciosos sobre mí, pero esta vez yo no había hecho nada. Ni siquiera había hablado con él desde hacía varias semanas. ¿Qué podía haberle hecho?

> Los problemas de la adolescencia desaparecen a la larga; son como un resfriado largo y terrible.
>
> DAWN RUELAS

En un arranque de ira dejé mi computadora portátil abierta y corrí al baño a recobrar la compostura antes de comenzar a llorar. Pero mientras me fui, mi mamá pasó y vio el mensaje de Randy. Me preguntó qué ocurría y por primera ocasión no le di la respuesta acostumbrada de que nada ocurría para que se olvidara del asunto. Esa vez le conté todo a mi madre: las semanas de ridículo público, los meses de burlas; ya no sabía qué hacer.

Mi madre se mostró comprensiva, pero también firme. Resulta que ella tuvo que enfrentar un problema similar en la preparatoria donde había un muchacho que siempre se burlaba de ella y la humillaba. Me aconsejó que lo ignorara por completo, y pronto se acabaría el problema. Pero eso era precisamente lo que había estado intentando durante meses y nada había funcionado. Al ver mi expresión de dolor, decidió llamar a la mamá de Randy, que era su amiga. Al principio protesté, pero al final accedí, cuando entendí que quizá no me quedaba más remedio.

Después de una charla sincera con la mamá de Randy, mi mamá se sentó a hablar conmigo. Me contó que los padres de Randy se habían sorprendido mucho del comportamiento de su hijo y que le habían pedido que les avisara de inmediato si Randy volvía a portarse mal en el futuro. También me advirtió que, pase lo que pase, siempre habrá personas que abusan de los débiles, pero que yo tenía que saber que era mejor que ellas y actuar en consecuencia. A la mañana siguiente, antes de ir a la escuela, Mamá me dio un collar con una nota. El collar decía: "Alcanza las estrellas". En la nota escribió:

Hola, mi niña:

Espero que tengas un buen día. Nada ni nadie puede molestarte a menos que tú lo permitas. Recuerda eso. Sé fuerte y piensa muy bien antes de actuar. Cuídate.

Con amor,

Mami

Hablar con mi mamá aquel día me ayudó a poner todo en perspectiva. Ahora las pequeñas cosas de la vida no me parecen tan abrumadoras porque, gracias a mi madre, sé cómo enfrentarlas. No puedo decir que Randy haya dejado de hablar mal de mí a mis espaldas o que haya dejado de esparcir rumores falsos sobre mí, pero puedo asegurar que gracias a mi madre ya no me molesta. Nada de lo que él diga o haga puede lastimarme, porque estoy por encima de esas mezquindades. Gracias, Mamá, por enseñarme que tengo el poder para superar cualquier cosa. Te amo.

Aditi Ashok, 15 años

23

Flores de sabiduría

A mi madre le fascinan las flores. En cuanto empieza a hacer buen tiempo, se pone a sembrar, abona las plantas, las riega, desmaleza el jardín y cuida de todo, desde tulipanes hasta crisantemos. Varios años vivimos lado a lado y ella pasaba tanto tiempo en mi jardín como en el suyo. Cuando las flores estaban en su punto cada verano, cortaba ramos coloridos para disfrutarlos dentro de la casa, tanto la suya como la mía. A menudo llegaba a casa del trabajo y encontraba un hermoso arreglo de flores frescas en mi mesa de café o en el tocador del baño.

Un año, poco antes de Navidad, una florería puso una oferta anual de un ramo por mes. Me pareció un regalo ideal para Mamá; una gran forma de agradecerle todas las flores que ella me había dado durante años. ¡Estaba impaciente por que llegara la Navidad para dárselo!

> Prefiero tener rosas en mi mesa que diamantes en mi cuello.
>
> EMMA GOLDMAN

Después de las fiestas decembrinas, a principios de enero, la llevé a la florería a recoger el ramo del primer mes. El ramo de flores combinadas que la florista le entregó, aunque se veía fresco y lleno de color, difícilmente llenaría un florero pequeño.

Me sentí muy avergonzada.

Sin embargo, todo es del color del cristal con que se mira, y las madres se especializan en reconfortar a sus hijos. Cuando regresamos a casa, mi madre empezó a arreglar la media docena de flores que había recibido.

–Mamá, lo siento –me disculpé–. No puedo creer que el ramo tenga tan pocas flores.

Ella me miró y sonrió.

–No te preocupes –respondió, mientras arreglaba las flores–. Así puedo disfrutar más de la belleza de cada flor.

Me quedé muda ante la profundidad de su comentario, porque demostraba cuánto le gustaban las flores; todas y cada una de ellas. Sin embargo, también se relacionaba, de manera muy conmovedora, con la vida en general y me ayudó a comprender algo más grande e importante: que cuando tenemos demasiadas cosas buenas, a veces no sabemos disfrutar de la belleza de cada una de ellas.

Gracias, Mamá, por ayudarme a entender que a veces menos es más.

Kathy Harris

24

¿Alguien se murió?

M i madre les dirá que tuvo una vida llena de bendiciones.

En cierto sentido, es verdad. Tiene tres hijos sanos y ocho nietos que la adoran; ha sido muy exitosa en su trabajo, tiene una casa muy agradable y amigos que la quieren.

Desde otra perspectiva, esto es una ilusión. Creció en una familia disfuncional. A la edad de veintinueve años se quedó viuda con tres hijos pequeños. Perdió a su segundo esposo a causa de un tumor cerebral. Se rompió la espalda cuando yo estaba en la universidad y la lesión aún le causa dolor. Tiene diabetes, provocada en parte por el estrés de cuidar a su segundo esposo durante su enfermedad.

Sin embargo, mi madre no se centra en lo negativo. No es que no sienta el dolor. Claro que lo siente profundamente. Pero nunca le ha impedido vivir su vida. Su más grande regalo fue enseñarme a nunca darme por vencida, a seguir adelante; a saber que aunque la vida está llena de tragedias, también está llena de alegrías.

> Tal vez no lo entiendas cuando sucede, pero una patada en los dientes puede ser lo mejor que te suceda en la vida.
>
> WALT DISNEY

Solamente tres años después de que mi padre muriera, mi mamá planeó un viaje para los cuatro a Disney World. Era una viuda con tres hijos, de doce, once y ocho años. Ella tenía apenas treinta y dos años. Hizo todos los arreglos y nos preparó para partir sin mostrar una sola preocupación. Nos divertimos muchísimo.

Incluso un automóvil alquilado descompuesto era algo que podía enfrentar. Pasamos todo el día en Disney World y salimos muy tarde del parque. Cuando por fin llegamos al automóvil, el estacionamiento estaba vacío y estábamos exhaustos y malhumorados.

Además, el automóvil no encendía.

Así que ahí estábamos, muchos años antes de que se inventaran los teléfonos móviles; mi mamá se encontraba en un estacionamiento grande y vacío con tres niños cansados y un automóvil que no funcionaba. Ya era casi de noche.

Nada de qué preocuparse.

Ella había prestado atención a un anuncio en los tranvías que indicaba cómo solicitar ayuda al personal de Disney si se presentaban problemas con el automóvil. El personal actuó con presteza, reportó el problema por nosotros a la compañía de alquiler de autos y nos dijo que esperáramos a que llegara el reemplazo.

Así que esperamos y esperamos. Pasaron horas.

Recuerdo que estaba un poco preocupada porque estaba muy oscuro. Todo estaba muy callado, ya que el lugar estaba cerrado durante la noche, y aquello me parecía como un mal presagio. No había dónde sentarnos más que en el automóvil.

Si mi madre estaba asustada, nunca lo demostró. No recuerdo exactamente qué hizo para mantenernos ocupados mientras esperábamos. Creo que nos contó cuentos o jugamos a las adivinanzas; o tal vez hablamos de lo que nos gustaba más de las vacaciones.

Recuerdo que nos decía: "No pasa nada… tengan paciencia… esto se arreglará". Y cuando al fin llegó el automóvil de reemplazo, nos alegramos.

Durante el resto de las vacaciones, el automóvil averiado se volvió una broma común; algo de qué reírnos. Ella enfrenta cada obstáculo en su vida de esta manera. Si es algo menor que finalmente se resolverá con paciencia, no hay problema. Si se trata de algo más amenazador que parece imposible de superar, dice: "¿Acaso hay alguien enfermo? ¿Alguien se murió?" Y si no era el caso, bueno, pues había otras opciones, incluso si no podíamos verlas en el momento.

Recuerdo el día que anuncié que quería ser escritora. Era pequeña y es probable que ella oyera a sus hijos decir este tipo de cosas todo el tiempo. Pero al instante exclamó: "¡Creo que serás grandiosa!" Y lo decía de corazón. De seguro habría obstáculos. Teníamos poco dinero. Mis padres venían de familias en las que nadie había ido a la universidad. Yo quería estudiar periodismo, muy mal pagado entonces y peor ahora.

Pero ella nunca veía los problemas como tales. Nunca oí una palabra negativa de ella al respecto. Lo que escuché fue: "Eres una gran escritora; eres talentosa; sigue escribiendo y verás que serás sensacional".

Lo que recalcó fue que si quería hacer algo, debía trabajar duro y nunca darme por vencida; debía saber que cometería errores, que la práctica era importante y que nada llegaría fácilmente. Sin embargo, lo más importante era seguir adelante, seguir aprendiendo. Incluso si las probabilidades no eran buenas, incluso si ocurrían tragedias.

Ahora tengo cuatro hijos, y uno de ellos tiene "necesidades especiales". Hemos pasado por problemas serios a lo largo de los años para pagar los gastos médicos. Sin embargo, pienso en lo que mi madre enfrentó y aún debe enfrentar y me pregunto: "¿Hay alguien enfermo de gravedad? ¿Alguien se murió?" Y si no es así, sigo adelante.

La gente me pregunta en ocasiones cómo enfrento las dificultades en mi vida. Yo respondo: "Lo aprendí de mi mamá".

CORRINA LAWSON

Caldo de Pollo
para el Alma

3

CAPÍTULO

Hacer sacrificios

25

Siete piezas

Bueno, finalmente llegó… fue uno de los días más emocionantes de mi juventud: ¡mi primer viaje a la universidad! Doce años de escuela me habían llevado a ese día tan importante para mí. No estoy segura de quién estaba más emocionada, si mi mamá o yo. El hecho de ir a la universidad era un verdadero milagro, ya que mi padre había muerto tres años antes.

Siempre supe que, después de que él murió, el dinero escaseaba en la casa. Pero Mamá se las arregló de alguna manera para sostenernos. Creí que comprendía el alcance de los sacrificios que ella había hecho por nosotros, pero fue hasta ese día, mientras iba en el auto con mi madre rumbo a la universidad, que aprendí una de las lecciones más importantes de mi vida.

> Una madre es la persona que al ver que sólo hay cuatro rebanadas de pastel para cinco personas, se apresura a anunciar que a ella no le gusta el pastel.
>
> TENNEVA JORDAN

En el camino no me dio ningún consejo importante; no dijo nada sobre la seguridad o la responsabilidad financiera, tampoco mencionó ninguna otra cosa de importancia. En realidad, no había necesidad de tales conversaciones durante el viaje porque esas charlas habían tenido lugar tiempo antes. En su lugar, la lección llegó en la forma de unas pocas palabras reveladoras que dijo mientras escuchábamos canciones en la radio.

—San, ¿tienes chicles? —preguntó mi madre.

Mi madre nunca, jamás mascaba chicle. Como yo iba conduciendo, le dije que los buscara en mi bolso. Me sorprendí todavía más cuando Mamá sacó los chicles de mi bolso y dijo:

—Anda, cariño, pero si estos son mis chicles favoritos. Desde que era niña, siempre me encantaron estos chicles.

En ese momento me quedé estupefacta. ¿No sólo masticaba chicle, sino que tenía un chicle favorito? ¿Cómo era posible que esta maravillosa mujer que me crió disfrutara de un placer tan simple en la vida y yo no lo supiera? Al observar a mi madre sacar el chicle de su envoltura metálica y comenzar a mascar, decidí que debía averiguar la verdad sobre el chicle.

—Mamá, debo preguntar. ¿Cómo es que yo no estaba enterada siquiera de que mascabas chicle?

Antes de que tuviera oportunidad de responder, empecé a reflexionar sobre lo que recordaba de cuando era niña. Dondequiera que fuéramos como familia, nos apilábamos en la camioneta de Papi; Mami y Papi en el frente y los seis hermanos atrás. Como una tradición grabada en piedra, Papi siempre se detenía a comprar tres coca—colas de botella; una para compartir con Mamá, una para las tres niñas y una para mis tres hermanos. Además de las coca—colas, Papi siempre compraba un paquete de chicles, y eran del mismo sabor que mi madre acababa de tomar de mi bolso.

Cuando terminé de divagar, mi madre sólo sonrió y dijo:

—Cariño, el paquete sólo tenía siete piezas.

Fue en ese preciso momento que caí en la cuenta de que mi maravillosa madre había tomado esa decisión hace muchos años: nos había dado una pieza a cada hijo y una a Papá; siete piezas era todo lo que contenía el paquete; no quedaba nada para ella.

Quizá a algunos no les parezca que es un gran sacrificio por un ser querido. Pero darme cuenta de que mi madre pasó años sacrificando incluso los placeres más sencillos por nosotros cambió por siempre mi corazón. Ese día entendí que, aunque mi madre hizo sacrificios enormes por nosotros, también hizo un millón de pequeños sacrificios que nos pasaron inadvertidos.

Se dice que estar en el lugar correcto en el momento adecuado es el secreto del éxito. Lo único que sé es que una pieza de chicle abrió un mundo de conocimiento sobre alguien que había conocido y amado toda mi vida y sobre los sacrificios callados que había hecho a lo largo de los años.

Hasta este día, estoy muy agradecida por la educación universitaria que recibí hace muchos años. Pero es mi mamá la que me enseñó las lecciones del corazón.

Por cierto, cada año desde entonces, siempre incluyo un paquete de sus chicles favoritos en el lazo que adorna su regalo de Navidad.

SANDY M. SMITH

26

Creer en el escritor
dentro de mí

Ha habido momentos en mi carrera de escritor en los que me he sentido como un escritor de verdad: cuando vendí mi primer cuento a una revista; cuando vi mi texto publicado por primera vez; cuando publiqué mi primer libro. Todos estos momentos me hicieron sentir como si fuera algo más que alguien que cree ser escritor. Estos momentos probaron que lo era. Pero ninguno de ellos sería posible si no fuera por el momento en el que alguien me demostró que creía que yo era escritor.

Tenía doce años cuando decidí que iba a ser escritor. No simplemente alguien que escribe sus memorias o que lleva un diario, o incluso alguien que escribe historias y luego las guarda en el cajón del escritorio para no volver a verlas. Yo iba a ser un escritor profesional; alguien que escribe y publica historias en libros y revistas. Tanto mi hermano como yo teníamos el mismo sueño, y cada noche nos sentábamos a escribir narraciones de viajes espaciales, misterio, intriga y aventura.

> Llena las hojas con los suspiros de tu corazón.
>
> WILLIAM WORDSWORTH

Como éramos muy jóvenes, no sabíamos nada sobre escribir, ni sobre las reglas de gramática o cómo preparar un manuscrito para enviarlo a un editor. Practicábamos nuestra escritura con lápices y tabletas, garabateando y borrajeando nuestras obras maestras literarias. Después de escribir las historias, nos sentábamos y nos las leíamos el uno al otro o a nuestra hermana y mamá con la esperanza de lograr que ellas, nuestras primeras lectoras, se emocionaran con los viajes por el cosmos de nuestra más reciente historia de ciencia ficción, o siguiendo las pistas para encontrar al culpable en nuestra última historia de misterio.

Éramos lo suficientemente listos como para pensar que el lugar donde nos podían publicar era en las revistas que nos encantaba leer. Por eso buscamos la dirección de varias revistas de misterio, fantasía y ciencia ficción. Entonces, tomábamos nuestras páginas escritas a mano, las metíamos en un sobre y las mandábamos a los editores. Semana tras semana esperábamos recibir una carta de los editores diciéndonos cuánto les habían gustado nuestras historias y que, por supuesto, querían publicarlas todas. Soñábamos con alcanzar el éxito de inmediato.

Pero eso no sucedió. En cambio, semana tras semana nos devolvían nuestras historias con una carta de rechazo. Por lo general se trataba de una plantilla de rechazo que no nos daba idea alguna de lo que estábamos haciendo mal. En ocasiones, recibíamos una nota escrita a mano diciéndonos que mandáramos las historias escritas a máquina si de verdad queríamos ser escritores. Ya que no teníamos dinero para comprar una máquina de escribir, simplemente hacíamos caso omiso del consejo y seguíamos escribiendo y mandando nuestras historias. Los rechazos siguieron llegando.

Nuestra madre sabía que queríamos ser escritores. También sabía que sólo éramos unos niños y que nos faltaba un largo camino por recorrer antes de ser lo suficientemente buenos como para ser considerados profesionales. Además, sabía que no íbamos a llegar a ningún lado mandando historias escritas a lápiz o bolígrafo. Un día leyó una carta de rechazo que llegó en la que nos decían que esperáramos a crecer para perseguir nuestros sueños. Se dio cuenta de que estábamos perdiendo la fe en nosotros mismos.

En ese entonces no teníamos dinero para gastar en algo como una máquina de escribir. Mi madre apenas podía con los gastos de la casa. Trabajaba duro para darnos de comer y un lugar donde vivir. Mi hermano y yo decidimos que tendríamos que dejar de lado nuestro sueño y enfrentar la realidad de la vida. Ya habría tiempo para soñar con ser escritores algún día.

Pero mi mamá sabía que realmente queríamos cumplir ese sueño y reconocía el potencial en nuestro trabajo cuando tal vez nadie más en el mundo podía verlo. Siempre nos había dicho que persiguiéramos nuestros sueños y no nos diéramos por vencidos. Ella nos había visto escribir semana tras semana. Se había sentado a escuchar nuestras historias. Debió de haber aunque fuera un destello de esperanza en ella para que hiciera lo que hizo.

Un día mi mamá llegó a casa y llevaba algo en la mano. Parecía un portafolio metálico en miniatura. Sonrió cuando lo dejó sobre la mesa y abrió los seguros cromados a cada lado. Abrió la tapa del portafolio y cuando la quitó, nos quedamos estupefactos al ver la pequeña máquina de escribir portátil. Las teclas de color blanco y plateado brillaban. Me acerqué y oprimí la letra S. La pieza con el tipo correspondiente se levantó de la caja y golpeó el rodillo. Era el sonido más maravilloso que hubiera escuchado jamás.

Nuestra madre nos explicó que no había comprado la máquina de escribir. No había manera de que pudiéramos darnos el lujo de comprar una extravagancia de este tipo. Lo que hizo fue encontrar un lugar donde alquilaban máquinas de escribir y pidió la máquina portátil más barata que tuvieran. El pequeño modelo blanco con gris que teníamos frente a nosotros le costó diez dólares mensuales. No podía creer lo que había hecho por nosotros. Me quedé inmóvil, mirando a mi madre, la persona que siempre me había dicho cuánto creía en mí, y me di cuenta de que ella creía en mis sueños tanto como yo; tanto así que había gastado el escaso dinero que le pagaban por trabajar tanto para asegurarse de que yo tuviera la oportunidad de seguir mi sueño.

Ese solo hecho, junto con el constante apoyo e inspiración que siempre me ha dado, es lo que me convirtió en el escritor que soy ahora. Había alguien, cuya opinión valoraba más que cualquiera otra, que me dio los medios para seguir adelante. Mi hermano y yo comenzamos a mecanografiar nuestras historias y a mandarlas de nuevo. Necesitamos tiempo, mucho tiempo y experiencia, pero ahora los dos conocemos la emoción que suscita ver nuestras palabras impresas en revistas y libros. Y todo es gracias a mi mamá que creyó en mis sueños con todo su corazón y me dio la oportunidad de escribir al respecto.

JOHN P. BUENTELLO

27

Ser madre, por fin

Era un típico día de Navidad al oeste de Pennsylvania: el suelo cubierto de nieve no había visto una pizca de verde en más de un mes y el aire quemaba las mejillas al salir de la casa. Mis dos hermanas, mi madre y yo habíamos viajado más de sesenta kilómetros para pasar el día con la abuela.

Mi abuela era todo mi mundo a esa edad. La bautizaron con el nombre de Sarah RhuEmma, pero todos la conocían simplemente como Rheuie. A lo largo de su vida había dado hogar y refugio a cuatro niños a quienes vio crecer y convertirse en adultos. Sin embargo, nunca tuvo un hijo de sus entrañas. El mayor le decía tía Rheuie, al igual que los siguientes dos. No tenía parentesco alguno con el primero, y la historia de cómo fue a vivir con ella y su esposo nunca se conoció con certeza. Los siguientes dos eran sus sobrinos naturales. Ella y su esposo los "rescataron" de una casa hogar donde los habían dejado. Estos niños también la llamaban tía Rheuie.

> La Navidad no es tanto para abrir nuestros regalos, sino para abrir nuestros corazones.
>
> JANICE MAEDITERE

La más joven de sus "hijos" era mi madre. Le dieron a esa niña de ocho meses como obsequio de Navidad un año. "Es tuya, yo no la quiero", le dijeron. Ya entrada en los cincuenta, Rheuie adoptó a la pequeña. Esta niña la llamó Mamá desde un principio; sin embargo, siempre estaba esa sensación molesta que provocaba el saber que el padre natural se hallaba cerca y que nunca hubo una adopción oficial.

Esa Navidad entramos en su acogedor hogar y nos quitamos los abrigos. Como siempre, olía a la comida deliciosa que estaba cocinándose y a la madera que ardía en la estufa. Intercambiamos regalos, pero me resulta imposible recordar alguno de ellos. El último regalo de ese día ocuparía la pista central y sería memorable.

La abuela tomó la pequeña caja de terciopelo azul y vi cómo le temblaron las manos al levantar la tapa. Dentro estaba una banda plateada con la palabra "Mamá" inscrita en ella y cuatro gemas de colores brillantes que representaban los cumpleaños de cada uno de los niños que con tanto amor crió durante años. Las lágrimas comenzaron a escurrir, incontenibles, de los ojos de la abuela.

No comprendí el porqué del llanto en aquel entonces, pero la edad y la experiencia me han ayudado. Sarah RheuEmma lloró ese día no de dolor, sino por la alegría pura de ser reconocida como madre. Ese instante hizo que valiera la pena cada minuto de todos los años que dedicó a cuidar de otros.

JOYCE A. ANTHONY

28

Mi madre, mi amiga

Durante mucho tiempo creí que la odiaba. Estaba completamente convencida de que se equivocaba en todo y yo me aseguraba de que no hubiera ninguna duda de ese hecho irrefutable. Dije las cosas más hirientes, ofensivas y dolorosas; cosas que una hija nunca debería decirle a su madre. No puedo contar todas las veces que le dije que estaba impaciente por crecer y mudarme muy lejos para ya no tener que verla de nuevo. Recuerdo que una vez, viendo un mapa, le dije que me mudaría a Australia porque parecía ser el lugar más lejano de la Tierra de donde ella estaba.

> El mejor sustituto de la experiencia es tener dieciséis años.
>
> RAYMOND DUNCAN

Estaba segura de que el divorcio de mis padres era otro acto egoísta de mi madre. ¿Por qué no podía soportar a un hombre que se rehusaba a obedecer la ley? ¿Por qué no podía pasar varias noches a la semana esperando despierta a que él llegara a casa? ¿Por qué no podía dejar pasar las cosas y ya? Debía de ser su culpa que, aunque estuviera casada, tuviera que criar a tres hijos prácticamente ella sola. Tenía que haber hecho algo terrible para que Papi quisiera estar lejos todo el tiempo. Y ahora Papá lloraba y nos decía que él no quería, pero que tenía que irse. No bastaba que fuéramos pobres, teníamos que ser también una familia disfuncional. ¿Y por qué? ¿Porque Mamá ya no quería soportarlo? ¡Qué egoísta!

Peleamos casi todo el tiempo durante mis años de adolescencia. Me molestaba la vida que llevábamos debido a que ella era madre soltera.

Yo tenía muchas responsabilidades. Pasé muchos viernes por la noche cuidando a mis hermanos menores porque mi mamá tenía que trabajar y no podía pagar una niñera. Odiaba que una vez que llegaba a casa del trabajo, sólo tenía tiempo de prepararnos algo sencillo de comer antes de irse a su segundo trabajo o a la escuela. Detestaba tener que comprar mi ropa para la escuela en Walmart, cuando parecía que todas las demás niñas compraban su ropa en el centro comercial. Odiaba que tuviera que avergonzarme con ese vejestorio que conducía que llamaba automóvil. Odiaba que viviéramos en un viejo remolque con muebles en su mayoría de segunda mano y alfombras que, aunque estuvieran limpias, necesitaban un reemplazo urgente. Odiaba que Papá no estuviera con nosotros y que Mamá siempre se quejara de él y de cómo "estaríamos mucho mejor si tu papá ayudara un poco de vez en cuando". Odiaba oírla llorar por las noches. ¿Por qué lloraba si era mi vida la que estaba arruinando?

Pasó mucho tiempo antes de que comenzara a comprender todo lo que hizo mi madre para asegurarse de que un día tuviéramos una vida mejor. De hecho, hasta que me convertí en madre cobré conciencia de que todo lo que hizo fue para lograr ese objetivo. Es muy fácil juzgar cuando uno ve los toros desde la barrera. Pero cada vez, ella se levantaba, se sacudía el polvo y seguía adelante.

Una vez pensé que mi madre se equivocaba en todo. Diez años atrás, si alguien me hubiera dicho que un día extrañaría que mi madre me sermoneara, me habría reído y contestado: "Obviamente no nos conoces a mi madre y a mí". Solía pensar que ella era la peor madre del mundo, que no hacía nada bien. Pero estaba muy equivocada.

Con todo lo que tenía que hacer en el día, mi madre aún tenía tiempo para limpiar la casa, lavar la ropa y preparar la cena todas las noches. Incluso después de una jornada de trabajo de diez horas, seguida de cuatro horas de clase, llegaba a casa a arroparnos y cantarnos hasta que nos quedábamos dormidos. A pesar de que tenía sólo un día libre cada dos semanas, aceptaba que invitáramos a uno o dos niños para que pudiéramos hacer pijamadas como los otros niños de nuestra edad. En los días calurosos de verano, nos llevaba a nosotros y a la mitad de los niños del vecindario en el remolque a pasar la tarde en la playa. Cuando nos enfermábamos, siempre estaba ahí con un tazón de sopa, una paleta helada y un vaso de ginger ale para tratar de hacernos sentir mejor.

Hubo un tiempo en que lo único que deseaba era un par de horas con mi madre en las que no nos peleáramos; un par de horas que pudiéramos pasar charlando sobre lo ocurrido durante la semana sin que yo le restregara en la cara discusiones del pasado.

Ahora que soy madre también, que he pasado por los altibajos de la maternidad, siento un gran respeto por mi madre y por todo por lo que tuvo que pasar por nosotros. Ahora sé que no estaba equivocada en todo. Muy por el contrario, casi siempre tenía la razón. Hoy tengo la fortuna no sólo de tener por madre a la mujer más increíble, fuerte e inteligente que existe, sino también tengo la gran bendición de poder llamarla mi amiga.

ELIZABETH M. HUNT

29

Primeros aniversarios

La noche de mi primer aniversario de bodas, llamé a mi mamá. Planeaba ser fuerte y conservar la calma, pero en cuanto contestó el teléfono y oí su voz, me derrumbé.

—Hola —saludé, tratando de mantener a raya el nudo en la garganta que amenazaba con explotar.

—Vaya, pero si es mi niña —repuso Mamá.

La imaginé, a miles de kilómetros en Pinedale, Wyoming, sentada una tarde tranquila de domingo en el sillón reclinable, resolviendo un crucigrama, con los pies descalzos entrelazados. En Lafayette, Indiana, a dos husos horarios de distancia, yo miraba fijamente el piso alfombrado de la cocina en nuestro pequeño departamento casi a la hora de cenar.

> Los bolsillos vacíos nunca han detenido a nadie. Sólo las cabezas y los corazones huecos pueden hacerlo.
>
> NORMAN VINCENT PEALE

Ya había hablado con Mamá antes ese mismo día, cuando Papá y ella llamaron para desearnos a Bryan y a mí que pasáramos un día feliz. Había sido una conversación repleta de risas y sonrisas. En ese momento, menos de doce horas después, esas sonrisas habían desaparecido.

—¿Está todo bien? —preguntó Mamá mientras un aire de preocupación cambiaba el tono de la conversación.

—Ajá —respondí con voz entrecortada, aunque sabía que Mamá detectaría la mentira de inmediato.

—Muy bien, ¿qué sucede? —inquirió.

Le conté todo atropelladamente. Durante meses Bryan y yo guardamos como si fuera un tesoro un certificado de regalo de un pequeño y lujoso restaurante italiano en el centro de la ciudad. El certificado de regalo valía cuarenta dólares, suficiente para pagar una velada romántica a la luz de las velas, con servilletas de tela gruesas, dos copas de vino espumoso y platos bien servidos de exquisito fettuccinni Alfredo. Fuimos al restaurante al salir de la iglesia para preguntar el horario de la cena, pero descubrimos que estaba cerrado los domingos. Nuestro certificado de regalo no nos iba a servir. Como Bryan estudiaba y yo ganaba un salario miserable de escritora, nuestra chequera estaba muy pobre como para gastar en una linda cena, aunque fuera nuestro primer aniversario. Tendríamos que celebrar nuestra ocasión especial en casa, con pasta de caja y vino barato, sentados en bancos altos para comer en la barra de la cocina de acero inoxidable, que era lo más parecido que teníamos a una mesa.

Bryan, que había crecido en una familia de cinco miembros, estaba acostumbrado a las cenas de verduras enlatadas y comida suficiente para una sola porción. En ocasiones, su padre dejaba de comer para que sus hijos tuvieran lo suficiente. Una noche en casa para él, incluso en nuestro aniversario, no era la gran cosa. En vista de que tenía toda la tarde por delante, regresó a la escuela para ponerse al corriente con el trabajo de unas clases de verano. Me quedé sola, exactamente un año después de uno de los momentos más importantes de mi vida, y me hallaba a punto de poner a hervir el agua en la estufa.

Sabía que Mamá sería comprensiva. Por más que intentara no admitirlo, esa fue la razón por la que llamé. Yo era hija única en un hogar donde el dinero nunca escaseó. Estaba acostumbrada a tener todo lo que quería. Ahora lloraba y me sonaba con papel de baño de una sola hoja.

Esperaba que Mamá me consolara con palabras cariñosas y me recordara lo que en realidad importaba: que fuera como fuere pasaría la noche con la persona que amaba, mi mejor amigo. Yo quería que me diera una justificación para derrochar cuarenta dólares en una noche fuera, aunque no pudiéramos pagarlo. Tal vez incluso se ofrecería a ayudarnos a pagar.

En cambio, me contó su historia:

En su primer aniversario, hacía veintinueve años, preparó unos filetes de alce congelados que había guardado del alce que Papá mató el verano anterior.

Era carne vieja.

—Papá sólo llevaba a casa trescientos dólares al mes de la tienda donde trabajaba y yo no trabajaba aún —me explicó—. Todo nuestro dinero se iba en pagar deudas y la renta. Así que en nuestro primer aniversario, yo fui el chef y el equipo de limpieza. Su salario así lo exigía.

Los filetes frescos de la tienda no eran una opción.

–Traté de que no me molestara –continuó Mamá–. Sin embargo, en cuanto le quité el papel de envoltura a la carne, empecé a llorar.

Me deslicé de la pared al suelo alfombrado llorando por la historia que me estaba contando mi mamá. Yo no sabía que mis padres habían pasado por momentos económicos difíciles. Pero ser pobres al inicio no afectó el amor que sentían el uno por el otro. De hecho, su primer festejo de aniversario sentó los cimientos firmes de una relación que seguía siendo muy fuerte, incluso después de veintinueve años.

Nuestros primeros aniversarios convergieron; dos noches separadas por veintinueve años. Mamá y Papá hicieron lo que tenían que hacer, sin los signos externos de *glamour* o romance. Y ahora era nuestro turno de hacer lo mismo.

Todavía estaba en la cocina limpiándome los ojos cuando Bryan llegó a casa.

–Anda, mujer –me susurró al oído–, sal de la cocina. Yo voy a cocinar esta noche.

KATE E. MEADOWS

30

Modelo de conducta

Dicen que los bebés son regalos del Cielo. Yo creo que las madres también son regalos del Cielo. Las madres son dones de amor, felicidad, alegría, valor, cuidado y apoyo. No podemos escoger a nuestras madres ni a las familias en las que nacemos, pero nuestras madres escogen cómo nos van a cuidar. Soy afortunada por tener una madre que cualquier niño querría tener.

> Muéstrale al niño el camino que debe seguir, y se mantendrá en él, aun en la vejez.
>
> PROVERBIOS 22:6

Mi madre me tuvo cuando era estudiante de segundo año en la universidad en Nashville, Tennessee. Pudo haber abandonado la escuela y regresar a casa en la ciudad de Nueva York donde estaba su familia, pero no lo hizo. Una vez me dijo que yo fui su inspiración y motivación para terminar lo que había comenzado. Mi mamá siguió siendo estudiante de tiempo completo y trabajaba medio tiempo para mantenerme mientras se graduaba. Cuando yo era bebé, a menudo me llevaba a clase con ella hasta que fui suficientemente grande como para ir a la guardería. Le agradezco mucho su determinación de ser un excelente modelo de conducta para mí.

Cada día me pregunto cómo sería estar sin mi mamá. ¿Tendría una vida llena de sufrimiento? Recibí la respuesta a esta pregunta un día de verano. Ese día mi mamá dio a luz a mi hermana, Alexus. ¡Yo estaba muy emocionada! Pero el parto se complicó y mi hermana murió. Pude haber perdido también a mi mamá y eso me obligó a examinar a fondo lo que ella significaba para mí.

Poco después de la muerte de mi hermana, mis padres se separaron. Enfrentar esa situación fue incluso más difícil para mí. Aunque sólo tenía cuatro años cuando ocurrió, recuerdo aquel día como si hubiera sido ayer. El rompimiento de mi familia fue muy difícil para mí y culpé a mi hermana. Si tan sólo hubiera vivido, seríamos una familia feliz.

Aunque mis padres se separaron, continuaron trabajando juntos para asegurar mi manutención. Mi mamá sigue ocupándose de cubrir todos mis deseos y necesidades personales. Mantiene una buena relación con mi papá por mí. Esta experiencia es lo que me alienta a no dar por sentada a mi madre. Esta es la razón por la que agradezco que esté a mi lado.

Mamá, en las buenas y en las malas, tú has sido una de mis mejores amigas. Me alientas a seguir mis sueños y me enseñas lecciones de vida con tus actos y experiencias. Mamá, te agradezco por inspirarme a seguir por el buen camino en la vida, por ayudarme a tomar las decisiones correctas y por exponerme a aventuras increíbles.

Nunca me había dado cuenta de cuánto significabas para mí hasta que me senté a escribir esta historia.

Quiero que sepas que siempre te amaré. Sólo espero que cuando crezca sea tan buena madre con mis hijos como tú lo has sido conmigo.

KIASHAYE LEONARD, 12 AÑOS

31

Luces brillantes, gran ciudad

E n muchos sentidos mi madre fue una santa. Tal vez no era extraordinaria en comparación con la mayoría de las otras mamás, pero significaba todo para nosotros. Siempre estaba dispuesta a renunciar al último pedazo de pastel para dárselo a sus hijos; siempre hacía esfuerzos especiales para conseguir que sus seis hijos se sintieran las personas más importantes de su mundo. Y su fortaleza de carácter y compasión son atributos que intento emular en mi vida.

Ella venía de una familia muy pobre y se esforzó por criar a seis hijos con una situación financiera incluso

> Los adolescentes de hoy no tienen nada que veinte años no puedan curar.
>
> AUTOR ANÓNIMO

más difícil, sin desviarse un ápice de sus valores. Nos probó vez tras vez que nos amaba desde lo más profundo de su amorosa alma. Nada dejó eso más grabado en mi mente que un incidente que tuvo lugar a las orillas del bello lago Tahoe cuando yo tenía quince años.

Nos hallábamos en la cima de la montaña en medio del aroma a pino que flotaba en el aire, descalzos bajo la luz de la luna llena, enzarzados en una conversación sobre mi futuro como tantas madres e hijos lo han hecho desde tiempos inmemoriales. Es increíble cómo la sabiduría de mi madre en aquellos momentos volátiles me impactaría por décadas y definiría mi medida del éxito para toda la vida.

Vivíamos en un pueblo pequeño al norte de las Grandes Llanuras desde hacía un par de años. Los problemas financieros y el ser nuevos en una escuela pequeña nos convirtieron en el blanco perfecto del acoso de otros niños. Un viaje durante el verano para visitar a la familia en el lago Tahoe fue una espléndida oportunidad para alejarnos de una situación muy desagradable. Como crecí en una zona rural de Michigan y luego vivimos en la franja de cultivo de cereales de Estados Unidos, nunca había visto una ciudad grande; mucho menos una que estuviera activa las veinticuatro horas del día. Estaba absolutamente fascinado por la cantidad de luces y sonidos, y en especial por el dinero. Había millones de dólares que cambiaban de manos en esos edificios resplandecientes. En virtud de que yo venía de la nada, quería con desesperación ser parte de todo ello.

Disfrutamos de una maravillosa semana de aventura visitando a la familia y admirando la increíble belleza del lago Tahoe y las atracciones en sus alrededores. Entonces llegó el momento de partir. Yo estaba desconsolado por tener que regresar a lo que consideraba un pueblo insignificante con gente insignificante (y cruel). En mi mente, no había modo de convencerme de que volviera y estaba dispuesto a hacer prácticamente lo que fuera para evitarlo. Fue aquella conversación con Mamá lo que me dio un sentido permanente de su devoción maternal.

Después de explicarle con convicción cómo me sentía, me hizo saber que era imposible que no volviera a casa con la familia.

—No voy a regresar y no hay nada que puedas hacer para obligarme —respondí con ingenuidad, sin saber que millones de adolescentes han manifestado exactamente el mismo sentimiento.

—No te queda otro remedio —aseguró ella, levantando la voz—. Eres parte de esta familia te guste o no, y allá es donde está nuestro hogar. Además, ¿cómo crees que vas a sobrevivir aquí?

—Estoy harto de ser pobre. Encontraré la manera de valerme por mí mismo —y luego viví uno de esos momentos que parecen suceder en cámara lenta, cuando uno quisiera evitar que las palabras hirientes salgan de la boca, pero no puede detenerlas—. Yo no voy a ser como tú. No seré un fracas… —no terminé la palabra, pero ella entendió lo que quería decir y yo comprendí que la había lastimado. Me sentí mal inmediatamente.

Creí que se alteraría después de las palabras hirientes que pronuncié, pero no perdió la compostura. Me vio a los ojos con una mirada que me traspasó el alma.

—¿Crees que soy una fracasada? ¡Ni remotamente! —exclamó ella—. Tengo seis hijos que amo con toda el alma. Cuido a un esposo que amo, y a cada uno de ustedes. Tengo lo que quiero en la vida y desde ese punto de vista, soy un éxito rotundo… y no tiene nada que ver con el dinero.

Al calor del momento, no le creí, pero en el fondo comprendí que tenía razón. Es una conversación que no he podido olvidar en más de un tercio de siglo y sus palabras siempre reverberan en mi mente cuando me siento tentado a basar mi éxito en medios materiales. Resultó que mi hermana y yo pudimos quedarnos con la abuela en el lago un par de meses más y trabajamos para pagar la renta. Nuestra familia se mudó al desierto cercano en el verano. Al final, nunca tuve que regresar.

Todavía sufro por la muerte de mi madre, pero siempre que hago una pausa para meditar a la luz de la luna llena, evoco sus palabras y ellas renuevan mi perspectiva de la vida. Sin importar dónde me encuentre, puedo cerrar los ojos y ver con toda claridad al otro lado del lago donde descansan sus restos en la cima de la montaña y siento la calidez de su amor. Estoy tan determinado ahora a alcanzar la seguridad económica como lo estaba en aquel momento a orillas del lago hace ya tantos años, pero como hombre religioso y esposo y padre devoto, agradezco a mi madre su sabiduría y rezo para poder alcanzar aunque sea una parte del éxito que ella medía con el corazón.

TOM LAPOINTE

32

Una nueva mamá en el pueblo

Nuestra familia no utiliza etiquetas como "madrastra, hijastros" o medio esto o lo otro". No desde que mi padre se volvió a casar con una bella mujer sureña.

La verdad es que la cuestión biológica no importa en realidad. Lo que importa es la relación que establezcas con el grupo; y una vez que estás dentro, lo estarás por siempre. Punto.

Nuestra "familia extendida" comenzó más o menos un año después de que mi padre perdiera a su amada esposa de más de treinta años a causa del cáncer. Decir que Papá estaba desolado por la muerte de Mamá sería un eufemismo. Por más de tres décadas, y la mayor parte de la vida adulta de Papá, mi madre representó todo para él, desde compañera a organizadora de las actividades cotidianas. Mamá era realmente su fuerza y cuando murió, mi padre parecía estar perdido y alienado de la vida. Aunque la familia intentara distraerlo para sacarlo de su depresión y duelo, Papá se rehusaba a interesarse en ninguna actividad y prefería quedarse en casa a ver la televisión.

Entonces Papá conoció a Becky a través de mi tía. No fue un ardid de casamentera; fue simplemente una oportunidad para ayudar a mi padre a hacer nuevos amigos y para que volviera a socializar. Pero cualquiera que fuera el motivo, ese encuentro casual cambió nuestras vidas, en es-

> Llámalo clan, red, tribu o familia. Como sea que lo llames, quienquiera que seas, necesitas una.
>
> JANE HOWARD

pecial la de Papá y la de Becky. En cuestión de un momento, se sintieron atraídos el uno por el otro, emocionados por tener muchos pasatiempos en común: los viajes, la jardinería, las reuniones familiares y hasta criar perros.

El romance en ciernes conmocionó a toda la familia, en particular porque Papá había manifestado con meridiana claridad que no quería volver a casarse nunca más. Por cierto, tampoco Becky buscaba al hombre de sus sueños luego de un doloroso divorcio. Después de haber criado a cinco hijos prácticamente ella sola, comenzaba a adaptarse a la independencia y le gustaba ser soltera.

Hasta que conoció a Papá.

Algunas veces las personas no se dan cuenta de lo solas que están hasta que se les brinda la oportunidad de conocer a alguien especial y descubrir lo que se han estado perdiendo.

Para nuestra familia, el regreso de Papá a la tierra de los vivos era un milagro ni más ni menos. ¡Cómo extrañábamos sus sonrisas y su risa! Incluso le hacíamos bromas con amor, por supuesto, sobre su nuevo hábito de esperar junto al teléfono.

Nadie se sorprendió cuando unos meses después, Papá le propuso matrimonio a Becky. Pero antes de aceptar, ella habló con mis hermanos y conmigo.

—No trato de reemplazar a su madre —nos advirtió—; ni en sueños trataría de ocupar su lugar. Sólo quiero ser su amiga.

Resulta que Becky temía que no la aceptáramos, pero su ansiedad no tenía fundamento. Por supuesto, tuvimos que pasar por el proceso de conocernos y aprender a aceptarnos mutuamente. Después de todo, ambas familias amaban mucho a sus padres biológicos e incluso como hijos adultos, necesitábamos alguna especie de garantía de que la nueva pareja no amenazaría ese amor.

Qué tontería, ¿verdad?

Por supuesto, Becky actuó con sensatez y respetuosamente al tomar en consideración nuestros sentimientos. Después de una reunión familiar muy grande en Alabama, el asunto quedó en el olvido. Mi familia y yo aceptamos a nuestra nueva madre y los hijos de Becky hicieron lo propio con Papá. De hecho, de inmediato le pusieron el apodo "Jefe Papá", debido a su ascendencia hispánica e india.

Pero faltaba que ocurrieran más milagros, ya que el matrimonio reunió a dos familias solitarias y fragmentadas. El proceso de relacionarnos fue como sucede en una serie de comedia de televisión, sólo que sin comerciales. La nueva casa de Mamá y Papá en Alabama se convirtió en el corazón y el centro de las reuniones familiares, en especial el Día de Acción de Gracias y Navidad. Siendo muy tradicional, Becky era la encarnación de la hospitalidad sureña cuando se trataba de mis hermanos y de mí. Nunca nos sentimos como familia política en la casa de ella y de Papá. Nos recibía como si fuéramos de la realeza, nos agasajaba con festines y nos preparaba las mejores habitaciones.

Dos familias se volvieron una sola.

Sin embargo, mi más grande deuda con mi nueva madre radica en lo bien que cuidó de Papá cuando su salud empezó a deteriorarse unos años después.

Me llamaba seguido, de día o de noche, y me mantenía al tanto de las citas con los médicos de Papá y sus enfermedades. Desde las cuestiones menores hasta las más serias, me informaba de cada diagnóstico médico (sin endulzar nada) y me ayudaba a arreglar mis viajes de Oklahoma a Alabama siempre que era posible.

Hubo una infinidad de noches en que se quedó en el hospital al lado de mi padre hasta que los doctores lo dejaban volver a casa. En estas vigilias, nunca pensó en su propia salud. Ni siquiera la familia se atrevía a pedirle que dejara a Papá un rato para tomarse un descanso, porque sabíamos que eso no iba a suceder mientras ella estuviera a cargo.

En retrospectiva, creo que fue su amor y fuerza de voluntad lo que ayudó a mi padre a sobrevivir a una serie de derrames cerebrales y un diagnóstico de cáncer que, gracias a Dios, resultó ser falso. Siempre que la salud de Papá empeora, pienso positivamente porque estoy seguro de que Becky lo ayudará de alguna manera a salir adelante; que su devoción hacia él ejemplifica el lazo entre marido y mujer.

¿Quién podría pedir más de una madre, ya sea natural o no?

AL SERRADELL

33

Mi súper mamá

Una noche, cuando yo era adolescente, pasé por la habitación de mis padres y vi a mi madre metiendo los pies en una palangana llena de agua. Aunque apenas eran las 7:30 de la noche, ya se había cambiado y puesto su pijama y bata. ¿Por qué estaba siempre tan cansada al final del día? Después de todo, mi papá era el que se iba a trabajar todas las mañanas mientras Mamá se quedaba en casa y hacía lo que quería.

Me apoyé en el marco de la puerta, sin reparar en la caja de sal de Epsom sobre el tocador y sin siquiera molestarme en preguntar a mi madre si le dolían los pies. Pensaba en la madre de mi mejor amiga, que trabajaba de secretaria en una compañía constructora. Esa tarde la había visto contestando llamadas y escribiendo contratos a máquina y su trabajo parecía ser muy importante. Mi madre había sido secretaria antes de casarse con Papá, y yo no comprendía por qué haber tenido ocho hijos en el ínterin le impedía trabajar ahora.

> La frase
> "madre trabajadora"
> es redundante.
>
> JANE SELLMAN

—¿Por qué no buscas un trabajo, Mamá? –espeté.

—Porque ya tengo uno –respondió con tono pragmático.

Fruncí el entrecejo. Entonces caí en la cuenta de que ella quería decir que su trabajo era ser madre.

—No –corregí con un suspiro–. Quiero decir un trabajo de verdad.

Los ojos azul grisáceo de Mamá brillaron.

—Espera a que tengas hijos —me previno con un dejo de sonrisa—. ¡Ya verás!

Tal como predijo, la maternidad me pareció muy diferente a los veintiún años, cuando salí del hospital y llegué a casa con mi primer hijo. Mis días y noches se volvieron un ciclo interminable de alimentar y cambiar pañales. Mi esposo no podía ayudarme mucho porque estaba en un programa militar intensivo y pasaba fuera de casa quince horas al día. Nos acabábamos de mudar al otro lado del país, a Idaho, a más de dos mil kilómetros de distancia de nuestros padres en Nueva York, así que me encontraba completamente sola.

Un día, a media mañana, cuando mi hijo Brian dormía la siesta, vi mi imagen reflejada en el espejo del baño. Todavía llevaba puesto el camisón y mi largo cabello estaba despeinado. Tenía círculos oscuros debajo de los ojos. Mientras Brian dormía, tenía que apresurarme a recoger los platos del desayuno y poner una pila de ropa a lavar. Brian me había despertado cuatro veces durante la noche, razón por la cual lo único que quería en ese momento era regresar a la cama a dormir yo también.

Multipliqué mis problemas por ocho y me pregunté: "¿Cómo le hizo Mamá para sobrevivir?" Ella pasó por una situación mucho más difícil que la mía, ya que a las mujeres de su época no se les recomendaba que amamantaran a sus hijos. Eso significaba tener que lavar biberones y preparar la fórmula. En una época llegó a tener tres niños de pañales al mismo tiempo y los desechables aún no existían. La cubeta de pañales estaba en uso permanente en el baño y se llenaba a diario.

A medida que mi hijo crecía, también creció el aprecio por mi madre. ¡La maternidad era sin duda alguna mucho más complicada de lo que yo había creído! Cuando Brian comenzó a gatear, se llevaba todo a la boca, por lo que yo tenía que estar muy al pendiente para que no se ahogara con un clip o masticara un tenis sucio. No tardó en empezar a tirar de los cables eléctricos y casi derribar las lámparas. La mayor parte del tiempo me la pasaba siguiéndolo y manteniéndolo fuera de peligro. Por las noches lo mecía hasta que se quedaba dormido, lo besaba en la frente y susurraba: "Logramos sobrevivir otro día".

Hice amistad con otras madres de nuestro vecindario que tenían hijos de la misma edad que Brian; sin embargo, la mayor parte del tiempo me la pasaba sola. ¡Apenas un año antes trabajaba de tiempo completo en la biblioteca pública y veía gente todos los días! Las horas pasaban lentamente entonces, pero tenía los descansos y la hora de la comida, además de las tardes y los fines de semana libres para pasarlos como quisiera.

Ese trabajo en la biblioteca me parecía sencillo ahora en comparación con este nuevo trabajo exigente de veinticuatro horas al día, siete días a la semana.

A los diez meses Brian aprendió a ponerse de pie apoyándose en un sofá y a dar pasitos sujetándose del mueble. Yo me arrodillaba tras él con los brazos extendidos, lista para detenerlo si se caía. Algunas veces, cuando me miraba con sus ojos color azul grisáceo, yo veía los ojos de mi madre. La conversación que sostuve con ella aquella noche hace tanto tiempo, cuando dije que no tenía un "verdadero" trabajo, me atormentaba. Ella debe de haber trabajado muy duro, sin recibir ninguna remuneración económica al final de la semana. Y cuando salía de "vacaciones", nosotros íbamos también, con la nica atada al techo del automóvil.

¿Cómo le hizo Mamá para que la casa funcionara con tantos niños? Cada mañana dejaba nuestra ropa de la escuela sobre su cama para que nos vistiéramos en un abrir y cerrar de ojos. Para preparar nuestro almuerzo, colocaba dos filas de rebanadas de pan en la mesa de la cocina como línea de montaje industrial. Recordaba a quién le gustaba la mostaza y a quién le gustaba la mayonesa en sus sándwiches. Por las tardes, cuando mis hermanas y yo bajábamos del autobús, tenía vasos de jugo y galletas caseras esperándonos.

Y yo me siento abrumada por la responsabilidad de alimentar a un hijo al que le da hambre cada pocas horas. Sin embargo, noche tras noche, Mamá cocinaba como para alimentar a un ejército. Siempre servía dos verduras con cada comida en caso de que a alguien no le gustara alguna. Después de la cena, los niños nos alternábamos para lavar los platos, pero ella ayudaba. Miraba los cerros de platos sucios apilados en la mesa de la cocina, se arremangaba y decía alegremente: "Realmente no son tantos". Todo esto después de doce horas de pasar la aspiradora, fregar el piso e intentar alcanzar el fondo de la canasta de ropa sucia. ¡No es de sorprender que Mamá estuviera tan agotada al final de día! ¿Cómo es que tenía tiempo incluso para poner los pies en agua?

Cada día que pasaba, la comprendía un poco más, entendí que siempre antepuso las necesidades de sus hijos a las suyas y se esforzó para satisfacerlas con creces. Tenía una caja para cada hijo que llenó con un álbum de fotografías de bebé, cartilla de vacunación, documentos de la escuela, boletas de calificaciones y fotografías de acontecimientos importantes en nuestras vidas. Buscaba regalos de Navidad que tomaran en cuenta nuestra individualidad e incluso en mi cumpleaños, que era dos días después del de mi hermana, Mamá siempre me hacía otro pastel.

Debido a la gran distancia que nos separaba, no pude ver a mi madre todo un año. Finalmente, transfirieron a mi esposo a una base militar en la costa del Atlántico y antes de presentarse, pidió licencia para visitar a nuestras familias.

Volver a mi casa de la infancia fue como llegar al cielo. Percibí el aroma del rosbif en cuanto entré con Brian en brazos. Mamá estaba pelando papas en el fregadero de la cocina y cuando nos oyó, miró por encima del hombro, con una sonrisa dibujada en sus ojos azul grisáceo. Pasó los brazos alrededor de Brian y de mí y nos abrazó con fuerza. Entonces dijo: "Tengo una habitación lista para ustedes, camas con sábanas limpias y toallas recién lavadas en el baño". ¡Ahí estaba mi súper mamá, todavía mimándome!

MARY LAUFER

34

Mi mamá, mi héroe

Cuando yo tenía doce años, mi mamá se enteró de que estaba embarazada de mi hermana menor. Todos estábamos sorprendidos. Justo después de que nací, le "ligaron las trompas" para evitar futuros embarazos... ¡o eso fue lo que pensó! ¡Lo chistoso es que el día que fue al doctor y le dijeron que estaba embarazada era día de los inocentes! Por supuesto, nos emocionamos mucho y esperábamos con ansia el día en que llegaría a casa el nuevo miembro de la familia.

Un día, cerca de las dos de la mañana, mi hermana mayor entró en mi cuarto gritando: "¡Levántate, levántate!

> Ser madre de tiempo completo es uno de los trabajos mejor pagados, ya que el salario es puro amor.
>
> MILDRED B. VERMONT

¡Mamá va a dar a luz!" Francamente, yo me di la vuelta en la cama y le dije que se fuera. Era demasiado pronto para que Mamá tuviera al bebé. Hasta que oí a mi mamá hablando con alguien por teléfono y llorando, me di cuenta de que algo malo ocurría.

Cuando me levanté, había una actividad febril en la casa y lo único que podía ver era sangre. Estaba aterrorizada. Mi mamá y yo éramos inseparables. Ella siempre había sido ama de casa, ayudaba en el aula a mi maestra; siempre estaba a mi lado cuando la necesitaba. Y ahora me parecía, una niña de doce años, que mi mamá, mi mejor amiga, tendría que luchar por su vida.

En las horas que siguieron, tuvimos noticias de que mi hermana recién nacida, Kaytlyn "Nikki" Love, tal vez no viviría. Mi mamá estaba viva, pero había perdido mucha sangre. Estuvo inconsciente varios días antes de recuperar la fuerza para abrir los ojos y hablar con nosotros. Nikki estaba aún muy delicada y no sabían si podría salir de la unidad de cuidados intensivos neonatales.

Mamá llegó a casa primero, sin su nuevo bebé. Cuando Nikki llegó finalmente a casa, se encontraba en un estado muy frágil. Tenía los pulmones muy débiles y había sufrido daño cerebral al nacer, lo que le causó parálisis cerebral.

Tuvimos enfermeras en casa durante un periodo corto, después del cual mi mamá tuvo que asumir la nueva posición de cuidar de una hija enferma. Hubo noches muy largas, y había veces que Nikki no dormía en varios días. A lo largo de todo esto, mi mamá se mostró fuerte y nunca flaqueó. No se quejó ni una sola vez.

Con el paso del tiempo, las cosas fueron más sencillas y Nikki se convirtió en una luz brillante en nuestro hogar. Siempre sonriendo, podía derretir el corazón de cualquiera con sólo un parpadeo de sus ojos azules. Volvimos a ser una gran familia feliz. El miedo de perder a Mamá y a Nikki había pasado y todos parecíamos estar más tranquilos. Así fue hasta que Nikki cumplió dieciséis meses. Fue entonces que nos vimos obligados a recordar que cada día es un regalo y que deberíamos agradecerlo como si no hubiera un mañana.

Estábamos visitando a la familia. Era la primera vez que salíamos de vacaciones desde que Nikki nació. Por primera vez en mucho tiempo, me despertó su llanto. El monitor del corazón de Nikki comenzó a sonar cuando la frecuencia cardiaca de mi hermana disminuyó tanto que la máquina no podía detectarla. Cuando llegaron los paramédicos, la frecuencia cardiaca era de veintinueve y la saturación de oxígeno estaba en cincuenta. La llevaron en helicóptero al hospital infantil donde pasó seis semanas en terapia intensiva. Mi mamá estuvo a su lado, sin dejarla ni un solo instante.

Nos dijeron que Nikki no viviría para ver su segundo cumpleaños. Y aunque mi mamá estaba consternada por el dolor, se las arregló para darnos la noticia a mi hermana mayor y a mí. Nos consoló cuando lloramos en su hombro. Nos dijo que mi papá y ella llevarían a casa a Nikki para que pasara con nosotros lo que le quedaba de vida, rodeada de amor. Mis padres tuvieron que enfrentar su peor pesadilla: tener que planear el funeral de su hija.

Me da un inmenso placer y alegría anunciar que mi hermana menor, el pequeño ángel que supuestamente no llegaría a su segundo cumpleaños, ¡ya tiene catorce años! Todos sus doctores están perplejos y no lo pueden explicar, pero yo sí. Creo en verdad que mi mamá la sostuvo con su amor incondicional, su devoción y plegarias. Hasta el día de hoy, mi mamá cuida de mi hermana todo el día, todos los días. Le da sus medicinas y alimentos cuando los necesita. La toma en brazos y la baña y constantemente cuida a su hija, su vida. Si uno le preguntara a mi mamá cómo lo hace, seguramente lo vería con expresión de extrañeza, porque para ella no hay otra forma. Daría la vida por sus hijos sin siquiera pensarlo dos veces. Todos los días le doy gracias a Dios por tenerla.

BRANDY WIDNER

35

¡Sorpresa!

E s gracioso. Estoy segura de que me castigaron de niña muchas veces, pero todos estos recuerdos desaparecieron de mi memoria. Lo que recuerdo muy bien son las veces en las que deberían haberme castigado, pero no lo hicieron; en especial la vez que planeé una fiesta sorpresa de cumpleaños.

Planeé la fiesta para mí misma. Estaba en primero de primaria y quería una fiesta para mi sexto cumpleaños. Supongo que no nos sobraba el dinero, porque mi madre me advirtió tajantemente: "No va a haber fiesta". Bueno, pues eso no parecía correcto para mi mente de aún cinco años. Así que cuando llegué a la escuela pasé por cada fila de mi salón a invitar a mis amigos. Al parecer, no tenía el sentido común para pensar en lo que pasaría si todos esos niños se presentaban en nuestra casa, muy dispuestos a comer pastel, tomar refresco y jugar a ponerle la cola al burro.

> El corazón de una madre es un abismo profundo, pero en el fondo siempre encontrarás perdón.
>
> HONORÉ DE BALZAC

Sin embargo, todos aparecieron en nuestra puerta y la que se llevó la sorpresa, por decirlo de manera eufemística, fue mi mamá. Vivíamos en Closter, Nueva Jersey en ese momento, no lejos del "centro", que era una pequeña franja llamada Main Street, con algunas tiendas a cada lado de la calle. Una de esas tiendas era un puesto de periódicos y dulcería con una fuente de sodas. Así, mi madre hizo lo mejor que pudo para resolver el problema; me dio dinero y le pidió a mi hermana mayor que nos llevara a la dulcería a comprar helados flotantes, una golosina que rara vez disfrutábamos.

A los niños no pareció importarles, o si les molestó, lo olvidé. Lo que sí recuerdo es que me dieron regalos, entre ellos, un ejemplar de mi cuento favorito, *The Poky Little Puppy*. No fue sino hasta años después que pensé de dónde habría salido ese dinero. ¿Había usado mi mamá el dinero de la renta o el de la comida? ¿O tuvo que abstenerse de comprar algo para ella? A esa edad, con el egoísmo propio de los niños, no pensé en ello. Todo lo que me importaba era que tuve mi fiesta… y me dieron regalos.

Mi madre no estaba contenta, pero tampoco me castigó. Tal vez apreció mi tenacidad o se sintió mal por mí. Sin embargo, nunca me regañó ni pareció incluirlo en mi larga lista de diabluras infantiles.

Supongo que hay ocasiones en las que una madre no puede castigar a sus hijos… a pesar de que merezcan el castigo. Tal vez sea la inocencia conmovedora en los ojos de un niño o su sonrisa pícara y traviesa. O tal vez sea un recordatorio de la vulnerabilidad de la infancia, su patetismo. Sea lo que sea en el momento, de seguro tiene que ver con el amor maternal.

Sé que le debo mucho a mi madre por todo lo que hizo y también por lo que no hizo; por todas aquellas ocasiones que me permitió salir indemne de mis pequeños actos de mala conducta.

CAROLYN MOTT FORD

36

El viejo abrigo verde

Los niños aprenden mucho de sus padres a lo largo de los años, desde cosas básicas como caminar y hablar, hasta conceptos más complejos como creencias y valores. Una parte de esta información se enseña con palabras, pero la mayoría se aprende por el ejemplo. En ocasiones, una lección se queda grabada tan vívidamente en la memoria que influye drásticamente en tu vida. El viejo abrigo verde de mi mamá tuvo ese impacto sobre mí.

Mi madre y yo nunca tuvimos esa relación ridícula en la que "madre e hija se visten iguales". Sin embargo, llevábamos una buena relación hasta que entré en la adolescencia y mi madre se convirtió en mi enemiga en una batalla de voluntades. En la mente confundida e insegura de una adolescente, esto se tradujo en: "No le importa ni me entiende, ni me ama". De hecho, yo estaba segura de que ella no tenía ni idea de qué era el amor. Mientras ella trapeaba el suelo, cocinaba, ayudaba a mi padre con su negocio y criaba a cinco hijos, yo escuchaba música, leía poesía y experimentaba la emoción del amor.

> Es difícil decidir si los dolores de crecimiento es algo que los adolescentes sufren, o son.
>
> AUTOR ANÓNIMO

Cuando se aproximaba el invierno de mis dieciséis años, la tensión entre nosotras aumentó. En retrospectiva, me doy cuenta de que aproveché cada oportunidad para atacarla intentando aliviar mi propia inseguridad. Y eso es precisamente lo que hice cuando ella desempacó ese viejo abrigo verde suyo, gastado y pasado de moda. Le dije sin tapujos que no podía creer que volviera a usarlo otra vez. Ella comenzó a decir algo acerca de que no teníamos dinero para comprar un nuevo abrigo, pero yo le espeté expresiones como: "Cuando sea grande, tendré un abrigo maravilloso, hermoso y elegante. Ni muerta me pondría un vejestorio como ese". Mi madre colgó el abrigo en el clóset y no dijo una palabra.

La mañana de Navidad era siempre un momento emocionante en la casa y ese año no fue la excepción: el sonido de la risa, los niños gritando y el papel rompiéndose llenó la sala. Aunque traté de mantener lo que creía era un sentido de madurez, estaba ansiosa por ver lo que me había traído "Santa". Una caja que estaba hasta el fondo atrajo mi atención. Era grande, con envoltura brillante y tenía mi nombre. Me apresuré a abrirlo y levanté la tapa. Dentro estaba el más hermoso abrigo que había visto en mi vida. Era de piel de ante marrón y tenía el cuello de pelaje blanco. Era lo más hermoso que cualquiera hubiera soñado tener.

Levanté la vista y miré a mi madre a los ojos. Pensé en el viejo abrigo verde y al instante me di cuenta de lo valioso que era este regalo. Ella sabía lo que significaría para mí un abrigo así y estuvo dispuesta a quedarse con su abrigo viejo para que yo pudiera tener uno nuevo. Y lo que era más profundo aún fue lo que vi en sus ojos. Su mirada no reflejaba resentimiento alguno por tener que hacer este sacrificio, sino que irradiaba alegría, como si hubiera sido ella la que recibió el mejor regalo. De pronto, me quedó muy claro cuál era el verdadero significado del amor.

Quisiera poder decirles que nuestra relación cambió como por arte de magia y fue amorosa después de ese día, pero eso sólo pasa en las películas. Seguimos peleando y culpándonos. Sin embargo, siempre tenía un lugar especial en el corazón donde la amaba y sabía que ella me amaba.

Con el paso del tiempo, los años de adolescente terminaron y el amor mutuo, el respeto y la amistad crecieron entre nosotras y han permanecido desde entonces. Ahora yo tengo hijos y los amo con una intensidad que ellos aún no comprenden. Es el amor que mi mamá me enseñó el año que usó su viejo abrigo verde y yo comencé a crecer.

Kathy Smith Solarino

Caldo de Pollo
para el Alma

4

CAPÍTULO

Momentos favoritos

37

Ciudades del Cabo

Cuando yo tenía diecisiete años... fue un año muy bueno. Fue la primera vez que visité Cape Cod. Pero, y este es un pero muy importante, iba con mi madre. Nos quedamos en Hyannis. Odiaba estar con mi mamá, y ella lo sabía porque hizo varias referencias a mi mal humor. Yo siempre contestaba furiosa cosas como: "Desearía no haber nacido". Entonces intercambiábamos más clichés.

—Espera a que tengas una hija.

—Nunca voy a tener hijos.

—Eso es lo que dices ahora.

En un intento por hacer más amena nuestra visita, mi madre me llevó a Provincetown. Pensó que me identificaría con un lugar que no aparecía en el mapa de la clase media. Han de saber que en ese entonces yo usaba collares y bandas en la cabeza. Su intención era buena. ¿Qué madre no tiene buenas intenciones con sus hijos? Pero, ¿Provincetown? Ay, qué error.

> Cuando yo era un niño de catorce años, mi padre era tan ignorante que apenas podía soportar tener al viejo a mi alrededor. Cuando cumplí veintiún años, me quedé muy sorprendido de ver cuánto había aprendido mi padre en siete años.
>
> MARK TWAIN

No sólo es una bella y pintoresca colonia en la punta de la península de Cape Cod. Es un lugar maravilloso y único habitado por personas que, como diría Marlo Thomas, son "libres para ser tú y yo". Los habitantes de Provincetown vivían justo como querían vivir, en una comunidad donde se sentían aceptados y bienvenidos sin importar su estilo de vida. Pero mi madre, que pertenecía a la clase alta de Baltimore, nunca se relacionaba con nadie que no fueran los miembros conservadores de nuestra sinagoga. Entonces, cuando vio a un hombre que llevaba puesto un vestido, se puso histérica.

—¿Viste eso? —gritó cuando paseábamos por una calle bulliciosa, maravillosa y carnavalesca llamada Commercial Street.

Como yo tenía diecisiete años, y me negaba rotundamente a ser una estirada que "no estaba en la onda", vi a la persona que llevaba el vestido de gasa rojo.

—No tengo idea de lo que hablas —repuse.

—¿No es un hombre?

Francamente, no estaba segura, pero en esa etapa de mi vida estaba absolutamente segura de que cualquier cosa que mi madre dijera estaba equivocada y valía la pena discutir por ella.

—No todos los seres humanos en la Tierra son de clase media ni nacieron en Baltimore, MA–DRE.

Entonces quiso entrar en una tienda.

—Vamos a buscar algo para la tía Ruth.

El letrero de la tienda decía "Eros".

—Mamá —la aparté. Me di cuenta de que vendían sobre todo artículos eróticos y por supuesto, las madres no saben nada al respecto—. Vayamos mejor a comer langosta.

Me miró horrorizada.

—¿Langosta? —preguntó con voz demasiado fuerte—. Nunca debes comer langosta. Se alimentan de desperdicios del desagüe. Cuando la gente de Cape Cod le jala al inodoro, todo va a parar a una langosta.

—Mamá —suspiré—, eso no es verdad —moví la cabeza con desaprobación—. Y la langosta es lo mejor que he comido en mi vida.

—No es kosher. Vive en el fondo del mar, es un carroñero. Ya sabes, como el tío Lou, la sanguijuela.

No comimos langosta en ese viaje. Cuando nos fuimos de Cape Cod, algo de ese lugar se me quedó grabado en la mente. Así que cuando me gradué de la universidad de Nueva York, mi mamá fue a recogerme para ayudarme a mudarme a Cape Cod.

Como las madres suelen hacer como por milagro divino, la mía aún me amaba.

Primero quería que viviera en el elegante Sandwich, el barrio más viejo de Cape Cod, donde vio las enormes casas blancas de los capitanes de barcos y las posadas señoriales. Imaginó que pasaría mi tiempo después del trabajo en las pintorescas librerías entre los intelectuales. Yo quería vivir en Eastham, una zona rural donde en verdad se respira aire salado, ya que rodeado por el océano por ambos lados. A ella no le gustaba Eastham. Pensaba que estaba muy aislado. Ni siquiera tenían un almacén Macy's y, al parecer, según los pescadores locales que arengó, no tenían planes de construir uno.

Entonces vi los maravillosos arbustos de arándanos en Harwich y decidí vivir ahí.

—Me voy a casar con un productor de arándanos –le informé–, y pasaré mis días descascarando moras.

—Los arándanos no se descascaran –corrigió ella–. Además, se trata de trabajo físico. Piénsalo bien.

Lo pensé. Ambas transigimos y optamos por Falmouth.

—Voy a vivir en una choza a la orilla del mar –anuncié–. Voy a decorarla con redes y boyas y me levantaré al amanecer para columpiar los pies por la borda de un bote langostero mientras mi atezado pescador me lleva a la bahía de Cape Cod.

—Nunca te has levantado al amanecer en toda tu vida.

—Bueno, pues voy a empezar ahora.

—No hay judíos atezados. ¿Qué significa eso de todas formas? Me parece que se refiere a alguien que no se ha bañado en dos semanas.

—Ah –miré al cielo con cara de desvanecimiento histriónico–, "significa hacer lo que quiera; significa lujuria de por vida. Significa…"

—Significa que me vas a causar un infarto como cuando me dijiste que no usarías sostén en la graduación de tu prima.

Encontramos un departamento hermoso de una sola habitación. Y ahí sucedió algo increíble. Resultó que mi madre, en realidad, podía ser divertida. Caminamos tranquilamente por Falmouth buscando un salero y un pimentero en forma de faro. Nunca los encontramos, pero como se dice, es lo andado lo que importa. Mientras buscábamos, nos reímos todo el tiempo, a veces de manera incontrolable. Es decir, hasta que nos topamos con unas almejas al vapor.

—Los crustáceos no son kosher –le recordé, mientras ella veía el menú del restaurante de mariscos.

—Hay algo que debes saber –anunció con solemnidad–. Se nos ha ordenado que podemos comer alimentos que no son kosher fuera de casa.

—¿Quién lo ordenó?

—Yo y también tu tía Ruth.

La camarera nos trajo una fuente de almejas al vapor. Mamá tomó una almeja y la abrió. Observó el contenido viscoso y grisáceo por más de diez segundos.

—Ahora sé por qué Dios hizo que los crustáceos no fueran kosher –murmuró–. Debe de haber visto uno de estos. Parece como un espécimen en un frasco.

Solté una carcajada tan fuerte que la camarera se acercó.

—Estamos bien –dije, intentando recuperar el aliento–. ¿Tiene hamburguesas?

Después de dos semanas, llegó el momento en que Mamá tenía que partir. No quería que se fuera.

—¿No puedes quedarte una semana más? –contuve las lágrimas. A ella le pasaba lo mismo.

—Tu padre me necesita –yo sabía que lo que realmente quería decir era que ella lo necesitaba a él.

—¿Cómo puedo agradecerte, Mamá?

—Ya lo hiciste. Siempre lo haces. No tienes que expresármelo con palabras.

Así que agité la mano para despedirme, triste y asustada, mientras el taxi la llevaba lejos de mí. Pronto estaría de regreso en Baltimore, entre las casas de ladrillos rojos con sus clásicos escalones de mármol, y yo enfrenté el reto de comenzar mi vida sola en Cape Cod, la península rodeada por el mar.

Ahora, treinta años después, todavía adoro el Cabo. Me fascinan las costas, las dunas de arena y los juncos dorados del pantano. Lo único que falta es mi mamá. El año pasado, el día que habría sido su cumpleaños, llevé a mi esposo a una tienda de regalos. Para honrar a Mamá en su día especial, compré un salero y un pimentero en forma de faro. La chica que atendía me preguntó si quería envolverlos para regalo. Le dije que sí.

Hasta el día de hoy, el regalo sin abrir está sobre nuestra chimenea. Cuando lo veo, no sólo saboreo los recuerdos, sino que siento su presencia. Supongo que la pequeña niña dentro de mí sueña con que un día mi mamá abrirá su regalo. Pero ahora que se ha ido, eso es imposible, por supuesto.

Pero puedo soñar, ¿cierto?

SARALEE PEREL

38

Darse tiempo

Mamá estaba en la pequeña cocina de la granja, mirando fijamente el trapo limpio para sacudir en una mano y la lata de cera para muebles en la otra.

Me senté en el comedor a doblar la ropa limpia. Terminé de doblar una toalla y alcancé el cesto para sacar otra prenda, sin apartar la mirada de ella, que estaba del otro lado de la barra que separaba la cocina del comedor.

–Mamá, ¿quieres que sacuda? –pregunté.

–¿Eh? –murmuró ella.

Era verano y estábamos a mitad de semana; por eso yo no estaba en la escuela y Papá estaba trabajando. Mi corazón de diez años comprendió sus sentimientos mientras ella observaba el reloj. De pronto supe lo que estaba pensando. Papá tardaría todavía dos o tres horas en llegar. Se volvió y me miró.

–Vamos a leer –dijo de manera inesperada, y sus ojos color avellana brillaron con expectación–. Podemos sacudir después.

> Una hija es la compañera de género de la madre, su aliada más cercana en la confederación familiar, una extensión de su persona.
>
> AUTOR ANÓNIMO

–¿Puedo meter a Ebony? –pregunté como de costumbre. Ebony era la gata negra que crié desde que nació. Debía permanecer fuera porque a mi papá no le gustaba tener animales en la casa.

–Claro. Mete a Ebony y yo prepararé un poco de té caliente.

No importaba si era verano o invierno, a Mamá le gustaba tomar té caliente. También leía muchas novelas de romance que se desarrollaban en Inglaterra, donde siempre toman el té por la tarde. Tal vez eso era lo que despertaba su apetito por el té cada vez que leíamos.

Me apresuré a dejar en la canasta la ropa limpia que ya había doblado y salí con cuidado para no azotar la puerta con mosquitero.

Ebony estaba acostada en la cisterna, tomando el sol. La levanté en brazos y entré corriendo. Apenas había regresado al comedor cuando la gatita ya quería bajarse a explorar. La solté y apoyé los codos en la barra para observar a Mamá en la cocina.

Había sacado sus finas tazas de té; aquellas lindas tazas blancas con flores de color rosa que tenía. Las había puesto sobre los delicados platos pintados. Colocó bolsitas de té Lipton en cada taza. El hilo blanco con su etiqueta colgaba a un costado de la taza.

—El té por la tarde es bueno para el espíritu. Son las cuatro de la tarde en algún lugar, ¿no es así? —comentó, con la mirada alegre—. Lástima que no tengamos bollitos de mantequilla —agregó.

Yo no tenía idea de que era un bollo. Sólo sabía que, según mi mamá, todos en Inglaterra comían bollitos de mantequilla con su té.

—¿Qué es un bollito de mantequilla?

—Creo que un tipo de bizcocho —respondió.

La tetera comenzó a silbar y Mamá sirvió el agua caliente en las tazas. De inmediato se formaron volutas de humo.

Me acerqué a la taza y aspiré profundamente. El aroma acre del té negro llenó mi nariz.

Cuando el líquido se tornó oscuro, aderezamos nuestro té: azúcar para Mamá, leche y azúcar para mí.

—¿Qué vas a leer? —preguntó ella mientras nos dirigíamos ansiosas a la sala, con las tazas de té en la mano, como dos niñas que se habían escapado de la escuela.

—Misty of Chincoteague.

—Por supuesto —rio—. Debí de haberlo sabido. Otro libro sobre caballos.

—¿Qué vas a leer tú? —quise saber—. ¿Otra historia de romance?

—Sí —asintió, abrazándome cariñosamente con un brazo—. Somos un par muy predecible, ¿verdad?

Mamá se sentó en su mecedora favorita de estilo colonial que tenía un faldón con volantes de tela estampada de flores doradas y marrones. Puso su taza de té en la mesita lateral, tomó la novela Harlequin que estaba leyendo, apoyó los codos en los brazos de la mecedora y cruzó los tobillos en el escabel.

Después de colocar mi taza de té en la mesa de café, subí corriendo a mi habitación y tomé un libro de mi mesa de noche.

Me quité los zapatos y me estiré en el sofá marrón rojizo. Ebony deambulaba por la sala y saltó a mi pecho. Se hizo un ovillo, cerró los ojos y comenzó a ronronear.

La casa estaba en absoluto silencio, excepto por el tictac del reloj de pie que teníamos en el comedor y los suaves ronroneos de Ebony. Mamá y yo nos concentramos en nuestra lectura.

Cuando oímos un camión que venía por el camino de grava, cerramos de golpe nuestros libros y de un salto nos pusimos de pie.

Mamá corrió a la ventana y se asomó entre las cortinas.

—¿Es Papá? —pregunté.

Ella asintió con la cabeza y corrió a la cocina mientras yo sacaba a Ebony de la casa. Regresé y comencé a poner la mesa mientras Mamá sacaba ollas para hervir papas y chícharos y ponía rebanadas gruesas de jamón en una sartén.

No sé si Papá sospechó alguna vez que nos entreteníamos leyendo por las tardes. Lo único que sé es que esos fueron algunos de los momentos más especiales que pasé con mi mamá.

Ella me enseñó cosas básicas e importantes de la vida: a llevar la casa, a cocinar, a ser responsable y a interesarme por los demás. Sin embargo, nunca me dijo: "Date tiempo para hacer las cosas que te gustan". En cambio, hacía a un lado los quehaceres, se olvidaba de lavar la ropa e ignoraba la aspiradora algunas horas a la semana para disfrutar del té, los libros y los ronroneos de la gata.

Hoy tengo estantes llenos de libros y una casa llena de gatos. La bebida caliente a mi lado cuando leo es café recién preparado con azúcar y sin leche. Atribuyo a mi madre todo el mérito de alentar y cultivar estas pasiones en mí. Ella sabía que las cosas que debemos hacer en la vida cambian a lo largo de los años, pero las que amamos se vuelven más preciadas para nosotros con el tiempo.

TERESA HOY

39

El cumpleaños

D espués de que mi hermano y yo entramos a la escuela, mi madre consiguió su primer trabajo de tiempo completo desde que se casó. Era importante para ella recobrar un poco de independencia y conocer nuevas personas. Sin embargo, también encontró el tiempo y la energía para mantener la casa impecable y asegurarse de alimentarnos con comida sana y deliciosa.

Por supuesto, tener que vivir con tres hombres no era fácil. Mi padre trabajaba muchas horas y también pasaba tiempo con sus amigos en el bar y en el boliche local. A mi hermano y a mí nos gustaba reñir por tonterías y discutíamos por cualquier cosa. Para colmo, estaba el desorden típico de una casa llena de hombres: toallas mojadas en el piso del baño, ropa y juguetes regados como confeti en nuestras habitaciones y las señales reveladoras en el piso recién trapeado de que alguien no se limpió los zapatos antes de entrar.

> La adolescencia es un periodo de cambios rápidos. Entre los 12 y los 17 años, por ejemplo, un padre envejece hasta 20 años.
>
> AUTOR ANÓNIMO

—Yo no fui –decía yo.

—Pues yo tampoco –respondía mi hermano inmediatamente.

Mamá ni siquiera se molestaba en preguntarle a Papá.

—Parece que de nuevo fue el fantasma –concluía ella, dejando escapar un suspiro.

Para mi vergüenza, mi hermano y yo podíamos llegar a ser tan exasperantes que casi hacíamos llorar a mi madre, y creo que lo logramos algunas veces. Entonces surgían nuevas peleas:

—¡Mira lo que hiciste! –gritaba yo.

—Tú fuiste, no yo –respondía él.

—¡Ya CÁLLENSE los dos! –gritaba mi mamá, a punto de enloquecer.

—Ustedes dos realmente deben de odiarme –nos dijo en una ocasión.

—No, a ti no –respondíamos a coro, señalándonos uno al otro–. ¡A él es al que odio!

Parecía que mi madre no podía ganar, y por más que trataba, los tiempos de paz en la casa no duraban mucho.

Cuando yo tenía catorce años, se despertó en mi madre un súbito interés por sus orígenes y comenzó a investigar nuestro árbol genealógico. No sé cuántas horas pasó escribiendo cartas a miembros lejanos de la familia dispersos por toda Australia y alrededor del mundo. No teníamos computadora en ese entonces, así que todo dependía del servicio postal.

Y encima de todo esto, mantenía impecable la casa, preparaba comidas deliciosas e interesantes y aguantaba a un adolescente mal encarado y a un esposo que pasaba más tiempo fuera que dentro de la casa.

Por esta misma época, maduré un poco. Me di cuenta de lo mucho que Mamá trabajaba por nosotros y también de lo difícil que era para ella, en ocasiones, vivir con toda la tensión que imperaba en casa. Fue entonces que decidí hacer algo muy especial para su próximo cumpleaños. Quería demostrarle lo mucho que realmente la amaba.

Mis abuelos vivían al otro lado del pueblo y un día después de clase fui en bicicleta a su casa para pedirles un favor.

—Ya viene el cumpleaños de Mamá —comencé–, y pensé en hacerle una fiesta sorpresa.

—¡Qué idea tan maravillosa! –exclamó mi abuela.

—¿Podríamos hacerla aquí? –pregunté.

La abuela se volvió a mirar al abuelo y por la expresión de sus rostros entendí que aún no los convencía.

—Sólo será una tarde para beber té, con pastel y regalos. Y yo voy a pagar todo –aseguré.

Y hablaba en serio. Había trabajado en el supermercado local en los últimos seis meses y había ahorrado algo de dinero que alcanzaría para cubrir los gastos necesarios para la fiesta. No me quedaría mucho más, pero Mamá lo valía.

La abuela sonrió.

—Claro que sí –aceptó–. Sólo dinos qué tenemos que hacer.

Sintiéndome muy complacido de que hubieran aceptado mi plan, comencé a hacer una lista mental de todas las cosas que se necesitaban. Lo primero era hacer las invitaciones. Anduve en bici por todo el pueblo, visitando a las tres mejores amigas de Mamá para darles los detalles. Luego, a la siguiente semana, compré lo necesario y lo escondí en casa de los abuelos para tenerlo listo hasta el día de la fiesta.

—Pero, ¿cómo le hacemos para que Mamá venga a tu casa sin sospechar nada? –pregunté a la abuela.

Casi nada le pasaba inadvertido a mi madre. El conocimiento que tenía de todo lo que ocurría a sus espaldas era sorprendente, incluso desconcertante.

—Ya sé –dijo la abuela–. Le diremos que un familiar del este vino a visitarnos y que tiene información sobre su árbol genealógico.

En ese momento pensé que la abuela era la persona más astuta de todo el mundo.

—¡Eso es fantástico, abuela! –exclamé–. ¡Eso es realmente fantástico!

Al día siguiente, la abuela llamó a mi madre para darle la noticia. Por fin llegó el sábado.

—Voy a salir con Michael –le avisé a mi mamá antes del almuerzo.

Ella no se dio cuenta de que me había puesto casi la mejor ropa que tenía.

Fui apresuradamente a casa de los abuelos y descubrí que ya habían puesto las tazas de café, platos, bocadillos e incluso habían comprado un par de botellas de vino para el festejo. El pastel se veía precioso con un pequeño círculo de velitas apagadas sobre la crema batida. Inflé algunos globos para darle a la casa un ambiente más festivo.

Uno por uno llegaron los invitados con sus regalos, pero yo estaba tan ansioso que no realicé muy bien mi labor de anfitrión. Prestaba más atención a la ventana del frente a la espera de que llegara mi madre que a las personas que invité a celebrar el cumpleaños de Mamá.

—Ya llegó –grité al verla caminar hacia la casa; llevaba bajo el brazo una pila de carpetas, libretas y fotos. Me di cuenta de que no sospechaba nada.

Tocó el timbre de la puerta.

La abuela fue a abrir.

—Perdón por llegar un poco tarde –oí decir a mi madre. Siempre lo decía, aunque nunca llegaba tarde.

Oí pasos; pasos que se acercaban por el corto pasillo que llevaba a la cocina. Entonces ella apareció.

—¡Sorpresa! –gritamos todos.

La cara de mi mamá en ese momento era invaluable. Abrió la boca y los ojos se le llenaron de lágrimas.

Comenzamos a cantar "Feliz cumpleaños" mientras Mamá intentaba contener las lágrimas. La sonrisa en su rostro era la más amplia que le había visto en mi vida.

—Todo fue idea de él —le informó el abuelo.

Creo que me sonrojé.

—Feliz cumpleaños, Mamá —dije, y la abracé—. Te amo.

WAYNE SUMMERS

40

Nuestras tardes
con Alex Trebek

H a sido un día muy largo, pero ya es tarde y durante los siguientes treinta minutos puedo olvidarme de la jornada de hoy y disfrutar de un pasatiempo especial. Cuando entro en la sala de la casa, el sonido que he oído tantas veces retumba en la televisión: "¡Esto es Jeopardy!"

Así es. Me encanta ver y participar en el popular programa. No me pierdo un solo episodio. No puedo esperar a ver qué nuevo traje lleva cada noche el siempre elegante Alex Trebek y quiénes son los concursantes del día.

> Queremos ver que el niño persiga el conocimiento, y no que el conocimiento persiga al niño.
>
> GEORGE BERNARD SHAW

Siempre apoyo a los participantes que son de mi estado natal de Massachusetts. Y por supuesto, me enorgullezco cuando digo la respuesta correcta y los participantes no. Tengo una sensación de superioridad cuando contesto correctamente. En esos instantes soy la niña más lista de la clase, y todos lo saben. ¡Ah, vaya que se siente bien! ¡Qué emoción!

Tengo una cómplice que comparte esta obsesión. Mi madre es también una gran aficionada al programa. Pasamos los treinta minutos del programa en una competencia amistosa, gritando las respuestas lo más rápido posible.

Mamá y yo estamos bastante parejas. Nuestros cerebros están llenos de información inútil, pero necesaria para ganar en *¡Jeopardy!* Cualquier cosa que tenga que ver con la historia o la geografía, ella la domina, mientras que mi conocimiento de la política y la cultura popular es sólido. Cuando se trata de una categoría relacionada con programas de televisión o películas, estamos empatadas y sólo hay que ver quién grita primero la respuesta.

Hay buenas categorías en el programa de esta tarde. "Buenas" quiere decir categorías donde tenemos una gran oportunidad de saber las respuestas. Entonces el juego comienza.

—Eslóganes famosos por doscientos dólares —elige un participante.

—Este producto quita lo rojo —dice Alex.

—¿Qué es Visine? —contestamos a gritos las dos al mismo tiempo. Esto va a ser muy sencillo.

—Nombra al comediante por cuatrocientos dólares —escoge otro participante.

—Es Al Sleet, el hippie estrafalario que pronostica el tiempo —dice Alex.

—¿Quién es George Carlin? —contesto yo.

—Origen de las "especies" por cuatrocientos —selecciona el siguiente concursante.

—El secuestro de Jennifer Wilbanks en 2005, casi al pie del altar, resultó ser falso, motivo por el que le dieron este sobrenombre de dos palabras —dice Alex.

—¿Quién es la "Novia fugitiva"? —responde Mamá.

—Origen de las "especies" por seiscientos —continúa otro participante.

—Este líder caribeño aseguró que las pruebas para el beisbol de las ligas mayores en los años cuarenta nunca ocurrieron —dice Alex.

—¿Quién es Fidel Castro? —contesta Mamá.

Mamá siempre fue una mujer inteligente. Fácilmente pudo haber ido a la universidad, pero pocas mujeres de aquella generación tuvieron esa opción. Se casó y tuvo cinco hijos. Yo tuve más opciones, así que fui a la universidad y estudié una carrera.

A pesar de que los caminos que seguimos son distintos, cinco noches a la semana tenemos algo en común. Cuando vemos el programa, no llevamos la cuenta de quién gana. No es eso lo que nos interesa. Simplemente nos gusta pasar el tiempo juntas y divertirnos jugando *¡Jeopardy!*

—Nadadores por ochocientos —elige un participante.

—Los submarinistas de la Armada usan estas criaturas en sus uniformes; los operadores de sonar en ocasiones los oyen en las profundidades —dice Alex.

–¿Qué son los delfines? –grito en seguida.

–"Mamma Mea" por ochocientos –dice un participante.

–Una de las primeras manifestaciones de esta enfermedad de una sola palabra es la aparición de las manchas de Koplik, que se pueden ver al interior de las mejillas –dice Alex.

–¿Qué es el sarampión? –respondo.

Los minutos pasan volando y antes de darnos cuenta, Alex anuncia que llegó el momento de *Final Jeopardy*. La categoría es "Nombres famosos".

–El auditorio conmemorativo Grady Gammage de la Universidad Estatal de Arizona fue el último edifico público que él diseñó –dice Alex.

La conocida tonadilla de *¡Jeopardy!* comienza a oírse mientras los concursantes intentan recordar la respuesta. La arquitectura no es mi fuerte. Alex Trebek me ha dejado perpleja. Los segundos pasan y no tengo idea de la respuesta correcta.

–Frank Lloyd Wright –responde mi madre.

Le sonrío. No formuló la respuesta como pregunta, pero es correcta. Supongo que Mamá aún puede enseñarme una o dos cosas.

***

Mi madre falleció en 2008. Todavía veo *¡Jeopardy!* aunque no es lo mismo sin mi madre como competidora. Sin embargo, me siento cerca de ella cuando veo el programa. Ver el programa me recuerda que el regalo más grande que me dio mi mamá fue la pasión por aprender y siempre divertirme. Estos atributos me ayudan en mi travesía por la vida todos los días.

MARYANNE CURRAN

41

Invierno oscuro

Abrí los ojos y lo único que vi fue oscuridad. Un viento suave y frío entró por mi ventana. Todo estaba oscuro en mi habitación excepto por el alféizar de la ventana, que iluminaba una tenue luz exterior. El cielo oscuro estaba adornado con copos de nieve que caían a la deriva sobre el suelo que los esperaba. El silencio reinaba en cada rincón de mi habitación. Todavía no amanecía, pero decidí ir a prepararme una taza de chocolate caliente. Cuando el agua comenzó a hervir, miré por la ventana de la cocina y dije en silencio: "El invierno es en verdad mi estación favorita". Presioné la mano contra la ventana escarchada. Serví el agua hirviendo en la taza, junto con una cucharada de chocolate en polvo. Eché un último vistazo a la huella que dejó mi mano en la ventana mientras arrastraba los pies por el suelo frío de mosaico hacia la puerta de la casa. Giré la perilla de metal y salí al porche húmedo de madera.

> ¿Acaso no somos dos volúmenes del mismo libro?
>
> MARCELINE DESBORDES-VALMORE

El viento helado, que soplaba con fuerza, me cortaba las mejillas. Me senté en la banca negra brillante y eché la cabeza hacia atrás para contemplar las estrellas. Su brillo plateado se reflejaba en el pavimento de la entrada del automóvil. El frío me calaba los huesos, pero no me importó. Aquí, bajo la luz de la luna, no tenía a nadie a quién impresionar. El eco del estrés que antes llenaba mi mente se disipó en las profundidades del cielo. Me terminé el chocolate y entré de puntillas en la casa para no despertar a nadie.

Para sorpresa mía, mi madre salió de la cocina y pasó a mi lado cuando me dirigía al lavaplatos a dejar la taza. Al pasar junto a mí, sus ojos irradiaron un intenso haz de felicidad que llegó hasta los míos, y tenía las comisuras de la boca vueltas hacia arriba. Fue una mirada fugaz de esperanza y amor, del tipo que no se puede fingir. Miré a la ventana de la cocina y descubrí una segunda huella, ligeramente más grande que la mía, al lado de la que yo había dejado minutos antes. Juntas, las dos huellas comenzaron a desvanecerse en la oscuridad de la noche.

LUCAS YOUMANS, 14 AÑOS.

42

El regalo envuelto en papel de estraza

E l anuncio saltó ante mis ojos de las páginas de una revista para adolescentes que había llegado a nuestro buzón esa misma tarde. Y de pronto me di cuenta de que necesitaba un busto de mayor tamaño para el verano, igual al de la rubia exuberante en traje de baño del anuncio. Por lo visto, su deseo de tener un busto de mayor tamaño ya se había cumplido. Y todo gracias al fabuloso aumentador de busto Mark Eden.

Tenía en mi estante para libros una colección de un año de revistas apiladas; todas con anuncios similares. Junto a las revistas estaba una lata de café que contenía la pequeña cantidad de dinero que había logrado reunir por mi trabajo de niñera y mis domingos. Distaba mucho de poder

> A los catorce años, no necesitas una enfermedad o una muerte para vivir una tragedia.
>
> JESSAMYN WEST

der comprar mi aumentador Mark Eden. Al observarme en el espejo de cuerpo entero que estaba colgado detrás de mi puerta, suspiré. Catorce años, flaca y plana como palo y aún usaba corpiño. Si había alguien en el mundo que necesitaba el aumentador de busto, esa era yo. Pero sabía que no había modo de que mi madre quisiera darme el dinero para comprármelo.

–Sabes bien que en este momento tu papá y yo tenemos dificultades económicas –me explicó cuando, meses antes, abordé tentativamente el tema–. No podemos gastar dinero en algo tan tonto como un aumentador de busto. Además, cariño, es imposible que eso funcione. No es más que charlatanería –me advirtió y me dio un beso en la mejilla–. Eres perfecta tal y como eres.

–¡No es cierto, Mamá! –quería gritar–. Funcionó con Jan. ¡Ella usa un sostén talla 36 C desde que empezó a usar su Mark Eden! Y estás muy equivocada si crees que soy perfecta. No lo soy. Estoy plana como un panqueque.

Jan era mi mejor amiga. El año pasado había ahorrado lo suficiente para comprar un Mark Eden; con ese fin, guardó el dinero para el almuerzo durante semanas. Yo la acompañé cuando llenó la hoja de pedido y también estaba con ella el día que el paquete llegó por fin. Con las manos temblorosas rompió la envoltura de papel de estraza y sacó un aparato de plástico rosa en forma de concha de almeja unida por un resorte industrial diseñado para crear resistencia. En el paquete también venía un manual que describía ocho ejercicios distintos que darían por resultado un busto maravilloso.

No pasó mucho tiempo antes de que el cuerpo de Jan se transformara. Ella y yo lo atribuimos a la rutina de ejercicios con el Mark Eden que hacía tres veces al día, acompañados siempre del mantra DEBEMOS, DEBEMOS, DEBEMOS AUMENTAR NUESTRO BUSTO. No tomamos en cuenta que durante ese tiempo, Jan entró por completo en la pubertad. Tampoco reparamos en que abandonó el equipo de basquetbol y aumentó casi cinco kilos, ni se nos ocurrió pensar que su abuela, su madre y sus dos hermanas mayores estaban muy bien dotadas.

Jan era 36 C gracias al Mark Eden y ambas estábamos plenamente convencidas de ello.

Yo, por otro lado, parecía destinada a tener una figura infantil el resto de mi vida. ¿Quién podría culparme por mirar anhelosamente el anuncio de Mark Eden cada vez que una nueva revista llegaba por correo? Y por desear que, en caso de que mi mamá cambiara de opinión respecto a que era pura charlatanería, no faltara tanto para Navidad y mi cumpleaños, el día 29 de diciembre.

Por tanto, imaginen la sorpresa que me llevé cuando llegué a casa de la escuela en mitad de la primavera y encontré un paquete envuelto en papel de estraza dirigido a mí, sobre mi cama. Lo abrí temblando de emoción. Dentro estaba el aparato de plástico rosa en forma de concha de almeja y un instructivo que describía en detalle ocho ejercicios que garantizaban nuevas curvas prácticamente de un día para el otro.

Lo tomé y salí corriendo de mi habitación.

–¡Mamá! –grité–. ¿Dónde estás, Mamá?

La encontré en el patio de atrás recogiendo la ropa del tendedero.

–¡Mira lo que encontré en mi cuarto! –exclamé emocionada al tiempo que le enseñaba mi Mark Eden.

–Mira nada más –repuso Mamá, intentando actuar sorprendida, aunque sabía que no engañaba a nadie–. Me pregunto de dónde habrá salido.

Reí y la abracé con fuerza.

–Es el mejor regalo que me han dado.

* * *

Cuarenta años después, es difícil imaginar a la niña flacucha que me devolvía la mirada desde el espejo de cuerpo entero de mi habitación. Mi madre murió hace tiempo. Gracias a Dios, mis dos hijas aceptan su cuerpo por completo y nunca me han pedido un aumentador de busto Mark Eden. No es que alguna vez lo hayan oído mencionar, claro está, porque en 1981, entre denuncias de fraude en ventas por correo, el Mark Eden desapareció del mercado.

Sin embargo, nunca se me borrará de la memoria. Tampoco olvidaré la imagen de mi madre parada junto al tendedero de nuestro patio trasero sosteniendo el dispositivo de plástico rosa en forma de concha de almeja a nivel del pecho, y apretándolo con todas sus fuerzas.

–Dilo conmigo, cariño –me decía–. DEBEMOS, DEBEMOS, DEBEMOS AUMENTAR NUESTRO BUSTO.

Gracias, Mamá.

JENNIE IVEY

43

Una experiencia diferente

Entré a la preparatoria sabiendo que mi experiencia sería diferente de la del resto de mis compañeros de clases. Mi madre era maestra de inglés en la escuela a la que asistiría.

Yo era inmune a los nervios que muchos estudiantes deben superar en el primer año. Caminaba por el campus con confianza. No sólo tenía la seguridad extra de saber que mi madre se hallaba a unos edificios de distancia, sino que también conocía bien el lugar. No tenía miedo de perderme, ni sentía aprehensión por mis maestros; muchos de los cuales conocía desde hace años por mi madre. Todo esto era genial, pero la verdadera sorpresa llegó cuando vi a mi madre desde una perspectiva completamente distinta.

Siempre recordaré los almuerzos con mi madre. En lugar de sentarme afuera en el calor de Arizona o en la atestada cafetería, decidí comer con mi mamá y un grupo de alumnos suyos en el salón de clases con aire acondicionado. Disfrutaba mucho de esos momentos porque sentía que nos habíamos vuelto más unidas que antes. Pude constatar cuánto les agradaba a sus estudiantes, mis compañeros. ¿Por qué otra razón optarían voluntariamente por pasar la hora de almuerzo con una maestra?

También me di cuenta de que otras personas se sentían muy a gusto cerca de mi madre. Los estudiantes y otros maestros constantemente acu-

> Una hija ilumina el día y enternece el corazón.
>
> AUTOR ANÓNIMO

dían a ella para contarle los problemas personales que tenían y pedir su consejo. Su bondad y generosidad se volvieron más que evidentes para mí.

Sin embargo, las experiencias que más me marcaron fueron las dos oportunidades que tuve de ser asistente de mi madre. Cuando no la ayudaba a calificar trabajos u otras tareas, me sentaba al fondo del salón y la observaba dar la clase. No sólo era una excelente presentadora de información, sino que además incorporaba un poco de humor en sus lecciones. Le gustaba contar anécdotas sobre nuestros parientes locos y chistes que incluso los adolescentes de hoy comprenderían. Esta fue la revelación más sorprendente para mí: aprendí que mi madre estaba al tanto de lo que le ocurría a mi generación, tal vez incluso más que yo. Como resultado de su enseñanza magistral, los estudiantes respondían de forma positiva. Aprendían mientras disfrutaban del maravilloso sentido del humor de mi madre.

Mi graduación de la preparatoria llegó en lo que me pareció un instante. No podía creer que habían pasado realmente cuatro años. Esta experiencia única con mi madre había llegado a su fin y eso me entristeció.

Varias personas me habían advertido que era un error ir a la escuela donde mi madre daba clases, pero a lo largo de la preparatoria no lo lamenté ni una sola vez. Recordando mis años de preparatoria, me vienen a la mente los nuevos estudiantes y algunos maestros excepcionales que tuve el privilegio de conocer. Sin embargo, la parte más extraordinaria de la preparatoria fue tener a mi madre ahí conmigo.

CHRISTINA FLAAEN

44

Agáchate y escóndete

Mi mamá y yo somos súper cercanas. No sólo parecemos hermanas (de verdad, yo soy una copia al carbón de ella, es impresionante), sino que además compartimos todo. Cada vez que salgo con algún muchacho, sea una experiencia buena o mala, me apresuro a contarle hasta el más mínimo detalle. Ella me da el beneficio de sus años de experiencia con los hombres, me da excelentes consejos, aunque no siempre me agrade lo que me dice. Es la persona a la que siempre recurro para cualquier asunto relacionado con los hombres. Esta es la razón por la que me quedé muda cuando mis experiencias de citas, a veces… ehh… interesantes, la motivaron a empezar a salir con hombres también. A decir verdad, me sentí orgullosa de ella. Una cosa es soportar las experiencias en las que te rompen el corazón y maltratan tu ego cuando eres joven y soltera, y otra muy distinta pasar por todo eso después de la menopausia. Por eso le di a mi mamá todo el apoyo que ella siempre me había brindado cuando volvió al mundo de las citas.

> Es imposible decirlo todo sobre las virtudes, los peligros y el poder de una risa compartida.
>
> FRANÇOISE SAGAN

Algunas semanas después de que empezó a salir, Mamá y yo nos encontrábamos en el centro comercial y le pregunté cómo le iba con sus amigos.

—Ahh —se encogió de hombros.

—Hmmm… ¿Solamente "ahh"?

—Bueno, está bien. Conocí a un hombre…

Logré que me contara que había conocido a un excapitán de la Marina. La primera cita había salido bien y él le pidió que volvieran a verse ese fin de semana.

—Pero quiere ir de excursión —agregó ella.

Normalmente, salir de excursión es divertido. Pero cuando una mujer apenas conoce a un hombre, no es muy buena idea que vaya sola con él a un lugar apartado, hasta que realmente lo conozca mejor. Por eso, coincidí con Mamá en que ir de excursión no era la mejor idea. Mientras paseábamos por las tiendas departamentales, le ofrecí algunas alternativas. ¿Una caminata por el parque? (Un tipo de excursión "leve".) ¿Una caminata por el centro de la ciudad? (Como la excursión, pero deteniéndose a mirar la ropa en los escaparates de las tiendas.) ¿Una cena y una película? (Está bien, lo admito, no tiene nada que ver con la excursión, pero es siempre un excelente pretexto para abrazarse.)

Íbamos pasando por la ropa para caballeros y a mí se me acababan las ideas cuando mi madre se detuvo en seco, abruptamente giró a la derecha y comenzó a caminar en la dirección contraria.

¿Y eso?

Corrí tras ella y cuando la alcancé me empujó hacia el rincón de los artículos para el hogar.

—¿Qué pasó? —pregunté.

Mamá señaló por encima de mi hombro.

—¡Ahí está mi amigo!

Di media vuelta.

—¿Quién?

—El capitán, el aspirante a excursionista. ¡Ahí está!

No es posible. ¿Qué probabilidades hay de que suceda algo así? Atisbé por la esquina en el momento preciso para ver a un hombre alto y rubio que estaba pagando un par de pantalones grises. Era delgado, con mucho cabello y mandíbula fuerte. No me pareció nada mal.

—Vamos a saludarlo —propuse.

Mamá negó con la cabeza.

—No, no puedo.

—¿Por qué no?

—¡Estoy vestida igual que cuando salimos!

La miré. Llevaba puestos unos pantalones vaqueros lisos, blusa negra, y chaqueta blanca corta. Se trataba de una vestimenta muy adecuada para una cita, en realidad.

—¡Si me ve así de nuevo, va a creer que no tengo nada más qué ponerme!

Solté una risita, pero debía admitir que tenía razón. En su situación, yo también me escondería. Nadie quiere parecer que se viste siempre con la misma ropa.

Por tanto, nos escondimos en el departamento de artículos para el hogar (mientras comprábamos un juego de copas para margaritas y un tazón para nachos) en lo que esperábamos a que él terminara sus compras. Finalmente nos pareció que no había moros en la costa y nos dirigimos a la salida del centro comercial.

Sólo que únicamente pudimos avanzar tres tiendas antes de que Mamá me tomara del brazo y girara a la izquierda de nuevo.

Miré al frente.

El hombre rubio estaba ahí enfrente, caminando hacia nosotras.

Mamá me arrastró a la tienda más cercana y me empujó detrás de un estante de faldas acampanadas.

—¡Ay, no! ¡Maldición! ¿Crees que me haya visto?

Me asomé. Él estaba haciendo fila para salir, sin dar señales de habernos reconocido.

—No parece.

Suspiró con alivio.

—¡Ay, qué bueno! —entonces su expresión se relajó y dejó escapar una risita—. Sabes, tal vez deba salir con él de nuevo. Por lo visto somos más parecidos de lo que pensé.

—¿Porque también le gusta el centro comercial? Mira, tengo que admitirlo, un capitán de la Marina que realiza sus compras es demasiado bueno para ser verdad.

Pero Mamá negó con la cabeza, mientras soltaba una carcajada.

—No, ¡porque también está vestido igual que cuando salimos!

¡Gracias, Mamá, por tu maravilloso sentido del humor para cada ocasión!

GEMMA HALLIDAY

45

La reserva secreta

Nuestra casa parecía un anexo de la biblioteca de North Wales. Había una pila de libros infantiles para Lori, mi hermana de cinco años. Mi hermano David, de diez años, disfrutaba de los deportes y las novelas de aventuras. A la edad de quince años, me encantaban Dickens, Agatha Christie y cualquier novela para jóvenes que tuviera al alcance. Las novelas médicas captaban la atención de mi madre y, finalmente, a mi padre le gustaban las revistas de automóviles. Era una mezcla ecléctica y mi madre se preocupaba por hacer circular nuestros libros. Nuestra vieja camioneta Ford verde debió de haber recorrido un millón de kilómetros entre nuestra casa en Oakland Place y la biblioteca en Summit Street, en especial durante el verano, cuando no había clases.

—Mamá, ¿podemos detenernos en la biblioteca de camino?

> Una hija es una pequeña niña que crece para convertirse en amiga.
>
> AUTOR ANÓNIMO

No importaba dónde nos encontráramos realmente. Podía ser camino de la YMCA, el supermercado, o la casa de mi amiga Joan. La respuesta siempre era: "Sí, pero debemos apresurarnos para tener suficiente tiempo". Mi madre, que medía 1.52 metros, se movía con rapidez y eficiencia. Llevaba el cabello rojizo y canoso, corto y bien peinado, ondulado sobre la frente, e iba vestida impecablemente con pantalones, blusa y tenis Keds. Recorría a toda prisa el piso de arriba, la planta baja y el sótano para recoger la ropa de la tintorería, la lista de compras, una pila de libros y a todos nosotros. Sus ojos verdes brillaban, no toleraba tonterías y nos subía al automóvil con un mínimo de empujones.

La biblioteca de North Wales se localizaba en el sótano de una antigua escuela primaria. No bajábamos las escaleras para entrar. De hecho, la escuela estaba construida en las faldas de una colina y la biblioteca estaba enclavada en ella. Así que caminábamos por el lado de la escuela y abríamos las pesadas puertas de madera. En el techo había unas ventanas estrechas y sucias por las que se colaba una luz brumosa y, como el lugar estaba bajo tierra, siempre hacía frío en la biblioteca, incluso en un caluroso día de agosto. Al cerrarse las puertas detrás de nosotros, caminábamos en silencio y sólo se oía el rechinido de nuestros tenis que anunciaba nuestra llegada.

La nube blanca de cabello de la señora Schultz y su cara sonriente asomaron de atrás de un viejo escritorio de roble de la biblioteca, un contraste sombrío con esta mujer, que era menudita. La recuerdo más pequeña que mi madre y también como la bibliotecaria más ruidosa del mundo. Su alegría y risa jovial distraían a los académicos.

—Señora Crowther —le dijo a mi madre—, qué bueno que vino porque le iba a llamar. Tengo la última novela de Irwin Shaw —se inclinó sobre su escritorio y abrió un cajón grande. Ahí era donde guardaba los libros más recientes para sus lectores favoritos. En ese tiempo, no había listas de reservación ni peticiones por computadora. La señora Schultz distribuía los libros populares a su exclusivo criterio. Como en Navidad, una de las fechas en que uno deseaba figurar en su lista de favoritos.

Devolvimos los libros que ya habíamos leído y nos dispersamos por la biblioteca mientras mi madre le daba las gracias a la señora Schultz y conversaban. Ayudé a Lori a seleccionar algunos libros ilustrados y comencé a caminar por los pasillos, sin buscar nada en específico, sacando algunos volúmenes para leer las notas publicitarias.

—Joanne, creo que tengo algo que te agradará —retumbó la voz de la bibliotecaria. Corrí al frente y la señora Schultz sacó *The Thorn Birds* de Colleen McCullough

—Tendrás que compartirlo —agregó y me guiñó el ojo.

La señora Schultz miró a mi madre y continuó:

—Es un poco complicado en algunas partes, pero Joanne es una de mis lectoras más avanzadas. Las dos disfrutarán del libro.

Lo abracé contra mi pecho después de que terminó de poner los sellos y llenar las notas de préstamo a mano.

—Muchas gracias. Me muero de ganas por comenzar —manifesté. Ella terminó el trámite de préstamo de los libros de David y Lori y todos nos despedimos. Mamá me dejó en casa de mi amiga y quedamos que me recogería a las cinco de la tarde. Odiaba tener que hacer a un lado *The Thorn Birds*, pero sabía que empezaría a leerlo esa misma noche.

Pasé la tarde riéndome y luego, en casa, charlamos de cosas triviales mientras cenábamos sándwiches de albóndigas. Después de limpiar, fui a mi habitación; revisé mi cama y escritorio antes de gritar hacia la planta baja.

—Mamá, ¿dónde está mi libro de la biblioteca?

Escuché una respuesta apagada y bajé las escaleras para encontrar a mi madre sentada en un sillón con los pies en alto, leyendo *The Thorn Birds*. Su sonrisa culpable lo decía todo. Llegó a casa, comenzó a leer el libro y ahora estaba enganchada. ¡Ni hablar!

Esta fue la primera de nuestras muchas batallas por los libros; era una lucha amistosa sobre *Rich Man, Poor Man, Love Story,* etcétera. Ella leía durante el día, dejando de lado algunos quehaceres domésticos. Yo leía por las noches o durante los fines de semana. Me daba cuenta cuando mi madre estaba leyendo una parte excepcionalmente emocionante porque trataba de distraerme para no darme el libro: "Joanne, ¿qué tal si le ayudas a Lori con su colección de hojas?", sugería; o si no: "Joanne, te toca recoger la mesa, por favor". No tenía sentido protestar. Me daba la espalda y llegaba al fondo del pasillo en un instante para regresar a su capítulo.

La lectura fue sin duda una alegría que mi madre transmitió a todos sus hijos, por no mencionar también el arte de escabullirse. *The Thorn Birds* sentó el precedente del sigilo. También inauguró un nuevo diálogo entre nosotras, ya que a partir de entonces pude leer libros populares de ficción para adultos.

—¿Ya leíste donde Meggie hace...?

—No, no reveles detalles —respondía yo mientras me tapaba los oídos. Poco después hablamos de Australia, el sacerdote y el amor prohibido. Creo que entre establecimos un récord mundial de lectura de ese libro y no queríamos que terminara.

Ese sábado por la mañana, Mamá apareció en la puerta de mi habitación y dijo las palabras mágicas: "Tenemos que devolver *The Thorn Birds*. ¿Quieres ir a la biblioteca a ver qué nos tiene preparado para esta semana la señora Schultz?"

JOANNE FARIES

46

Caminatas con Mamá

Di mis primeros pasos sosteniendo una pelota de basquetbol para niños, un balón de plástico de esos que se compran en el supermercado. Estaba estampado con la cara de Archibaldo de *Plaza Sésamo*, mi personaje favorito del programa de televisión en ese momento. La llamábamos mi "pelota mágica de Archibaldo" porque yo pensaba que no podía caminar si no me aferraba a ella. De hecho, ni siquiera lo intentaba sin ella. Era como si la pelota estuviera llena de helio para mantenerme en pie.

Entonces, un día sucedió lo impensable: mi pelota mágica de Archibaldo se reventó.

¡Ay, no! ¿Qué iba a hacer sin la pelota que me daba seguridad? No caminaría nunca más. Estaba destinada a una vida de rodillas raspadas por gatear rápidamente por las alfombras.

> Tomar la decisión de tener un hijo es trascendental. Es decidir que el corazón camine para siempre fuera del cuerpo.
>
> ELIZABETH STONE

Entonces intervino mi mamá. Después de secarme las lágrimas, se colocó a un par de metros de mí, una distancia que, a mis ojos de quince meses de edad, parecía kilométrica, y abrió los brazos.

—Dallas —me llamó en tono animoso—, ven aquí. Ven con Mami.

Me puse de pie con las piernas temblorosas, sin poder creer que mi pelota mágica de Archibaldo hubiera desaparecido realmente de mi vida. ¿Acaso Mami no lo entendía? ¿No se daba cuenta de que para mí era imposible caminar sin ella?

—Vamos, Dallas. Camina hacia Mami.

Según cuentan la historia mis padres, miré a los ojos a mi madre y di unos pasos tambaleantes que poco a poco se convirtieron en pasos más seguros y al final logré salvar la distancia que me separaba de ella, sin la ayuda de mi pelota mágica de Archibaldo. Sí, caminé yo solita. Bueno, con un poco de apoyo y estímulo de mi madre.

Mi madre y yo salíamos a caminar por el vecindario casi todos los días. Cuando aprendí a caminar mejor, a veces me salía de la andadera y caminaba a su lado un rato, tomada de su mano. Poco después, por supuesto, dejé por completo la andadera.

Mis recuerdos de estas caminatas están llenas de una sensación de seguridad y de paz: la suave luz del sol que se filtraba por las hojas de los árboles, la cálida seguridad de la mano de mi madre en la mía, el sonido de su voz mientras cantábamos juntas. ¿Qué más podía pedir?

Cuando crecí, las cosas cambiaron, como siempre sucede. La vida se ha vuelto más agitada. Ahora, como universitaria, llevo la carga completa de materias, dirijo mi fundación sin fines de lucro para la alfabetización, trabajo como voluntaria dando clases particulares a niños de primaria y soy escritora independiente. Mi madre, Lisa, es la directora del departamento de planeación en su trabajo, realiza actividades de voluntariado y se encarga de que la casa funcione. Pero por más ocupadas que estemos, un aspecto de nuestras vidas sigue igual al pasar del tiempo: nuestras caminatas.

Cuando voy de visita a casa de la universidad, Mamá y yo sacamos a pasear al perro y damos una vuelta de más de un kilómetro y medio por el vecindario, tal como solíamos hacerlo cuando yo vivía aún en casa. Ahora, como entonces, charlamos, nos reímos y compartimos cosas. Sé que cuando tengo algo que decir, Mamá siempre está dispuesta a escucharme. Si tengo un problema, ella siempre me ayudará a encontrar la forma de resolverlo.

Después de todo, a Mamá y a mí nos ha tocado luchar juntas con algunos problemas. Como nací tres meses antes de tiempo, pesé poco más de un kilogramo y, en aquella época, era poco probable que sobreviviera por ser sumamente pequeña. Mi madre sufrió de preeclampsia, una serie de sílabas terroríficas que pusieron en riesgo su vida y la mía. Un equipo de cirujanos me trasladó por helicóptero a la Unidad de Terapia Intensiva Neonatal en Fresno, California porque el pequeño hospital de Santa María, donde nací, no contaba con especialistas ni incubadoras apropiadas para cuidar de mí. Mientras tanto, mi mamá se quedó hospitalizada tres días en la Unidad de Terapia Intensiva de

Santa María y su estado de salud no le permitió ir a visitarme durante varias semanas.

Milagrosamente, tanto mi madre como yo somos la viva imagen de la salud ahora, veintiún años después. Tal vez se deba a nuestras caminatas. Un ritual que comenzó cuando yo iba en preescolar llegó a convertirse en un lazo apasionado entre nosotras.

Juntas, hemos subido a la cima de Mt. Whitney, la montaña más alta de Estados Unidos, a más de 4,400 metros de altura y hemos bajado hasta el fondo del Gran Cañón. Hemos caminado por centros comerciales buscando el vestido perfecto para mi graduación y por distintos campus universitarios en búsqueda de la escuela ideal. Y en mi graduación de la universidad esta primavera, cuando camine hacia el estrado a recoger mi diploma, sé que no caminaré sola. Aunque mi madre esté físicamente en las gradas apoyándome, en espíritu me acompañará cuando cruce el umbral hacia mi futuro.

Es gracioso, pero en retrospectiva, me doy cuenta de que, después de todo, mis primeros pasos especiales no se debieron a mi "pelota mágica de Archibaldo". La verdadera magia vino del amor de mi madre y el valor que me infundió. Sé que su magia permanecerá conmigo cuando transite por los caminos sinuosos de la vida e incluso cuando tenga a un pequeño de piernas temblorosas a mi lado. Gracias a Mamá, sabré lo que tengo que hacer.

—Vamos —le diré—. Vamos a caminar.

DALLAS WOODBURN

CAPÍTULO

Mamá al rescate

47

Regreso a casa

Era una noche fría en Nueva Inglaterra. Me apresuré a salir del trabajo, luego corrí las pocas cuadras que separan mi oficina del metro y apenas alcancé el tren que iba al norte. Vestía un traje de lana y abrigo y llevaba un enorme portafolio que pesaba mucho por la exagerada cantidad de papeles que contenía. Recuerdo que me senté en el tren mientras recuperaba el aliento; tenía las mejillas encendidas por la sangre caliente que corría bajo la piel fría y el sudor trasminaba mi blusa de seda. El tren iba lleno. No tenía espacio para moverme o quitarme el abrigo para el largo camino a Grand Central Station, así que me quedé inmóvil y dejé que los pensamientos que había dejado en mi escritorio retomaran control de mi mente.

> Cuando has criado niños, hay recuerdos que se guardan directamente en los conductos lagrimales.
>
> ROBERT BRAULT,
> www.robertbrault.com

Llevaba varios meses en un trabajo de dos años como analista financiero en uno de los bancos de inversión más reconocidos del mundo. El empleo había sido mi premio después de toda una vida (por corta que fuera en el momento) de arduo trabajo: competencias de patinaje, calificaciones excelentes en preparatoria y la universidad y una carrera en economía. Seguía los pasos de mi padre, sólo que iba dando zancadas aún más largas. Quería enorgullecer a mi familia inmigrante por ambas partes, que había luchado por salir de la pobreza y el desempleo. Este era el trabajo que deseaba desde que podía recordar, incluso antes de saber de qué trataba. Pese a ello, me sentía muy deprimida.

El tren llegó a Grand Central. Me abrí paso entre la multitud para llegar a un segundo andén y tomar otro tren. Vivía en Nueva York, pero esa noche iba a Connecticut a comprar un vestido con mi madre. No recuerdo para qué era el vestido. Yo rara vez usaba vestidos fuera del trabajo y estaba muy ocupada para tener novio, para intentarlo siquiera, o para cualquier cosa que fuera remotamente social. Estaba demasiado ocupada para visitar a mi madre a media semana. Trabajaba en el área de fusiones y adquisiciones, y la reputación que tenía el departamento por imponer horarios inhumanos había quedado completamente confirmada. Durante sesenta, setenta u ochenta horas a la semana, armaba modelos financieros, viajaba a juntas con los clientes y me alimentaba de una rigurosa dieta de estrés y ansiedad. De seguro tendría que trabajar el fin de semana por haberme tomado esta noche "libre". Sin embargo, ya lo habíamos planeado y yo necesitaba el descanso. Más que eso, necesitaba ver a mi madre.

Me recogió en una camioneta, una de muchas que ha conducido a través del tiempo. Como tuvo cinco hijos en diecinueve años, mi madre se había dedicado de lleno a criarnos desde que tenía diecinueve años. Yo era la segunda hija, sólo veinte años menor que ella, y nuestra relación se había vuelto más una amistad ahora que yo era adulta. Así pues, era extraño que nunca le hubiera contado lo mal que me sentía. No se lo había ocultado a mis amigas ni a mi hermana mayor. De hecho, me sentía tan infeliz que probablemente se lo había contado a medio Nueva York cuando terminó. Incluso cuando mis padres expresaban su preocupación por la cantidad de horas que trabajaba y las reuniones familiares a las que faltaba con frecuencia, yo lo dejaba pasar como si no fuera algo importante.

Así que fui con mi madre, primero a la casa a saludar a Papá y luego al centro comercial más cercano. Hablamos del evento al que asistiría y las tiendas que visitaríamos. En cierto momento, sólo era mi madre la que hablaba mientras yo escuchaba y afirmaba con la cabeza, además de reprimir las lágrimas. Estaba a punto de entrar en crisis. No era sólo el horario. Lo entiendo con claridad ahora que soy madre de tres hijos, divorciada y trabajo cada minuto que tengo libre. Mi vida es tal que me da risa pensar en lo que yo creía que era una dura semana de trabajo en un banco de inversión. El verdadero problema era que me había equivocado al escoger mi profesión. No podía encontrar ni una chispa de pasión por mi trabajo, aunque me esperaran grandes recompensas económicas. Ahora que he encontrado esa pasión, todo me parece muy claro. El trabajo duro, cuando se trata de algo que uno ama, es felicidad pura. Cuando se hace otra cosa, el trabajo duro es deprimente.

Llegamos al estacionamiento del centro comercial y bajé de la camioneta. Sin embargo, hasta ahí pude llegar.

–Mamá –empecé a decir con las lágrimas escurriendo por el rostro. Ella me miró por encima de la camioneta y su expresión cambió en un instante.

–¡Wendy! ¿Qué ocurre? –de pronto empezó a actuar como toda madre cuando un hijo se desmorona: sorprendida, preocupada, haciendo acopio desesperado de cada recurso, cada arma y escudo que pueda encontrar para pelear con el enemigo que se atreve a lastimar a uno de los suyos.

Corrió a mi lado de la camioneta y me abrazó. Lloré mientras ella me consolaba. Entonces, cuando disminuyó la intensidad de la emoción, le conté.

–No sé si pueda soportar otro año y medio.

No me respondió en ese momento, pero se apresuró a llamar a mi padre desde un teléfono público para decirle que tardaría en volver a casa, porque tenía que llevar a su hija de regreso a Nueva York.

Le dije que no era necesario, que podía simplemente tomar el tren. Pero ella no hizo caso. No hicimos compras aquella noche y francamente no recuerdo haber comprado el vestido jamás. En su lugar, regresamos a la camioneta y recorrimos el trayecto de hora y media para llegar a mi departamento en la ciudad. En el camino, le conté hasta el último detalle de mi lamentable situación y cada plan que tenía para escapar cuando llegara el momento. Le conté que pensaba que tal vez quería ser abogada y trabajar en un área profesional que me apasionaba, aunque eso significara tener dificultades económicas. Me escuchó, haciendo comentarios breves de manera esporádica para apoyar mi enojo y mi emoción. "¡Eso es indignante!", exclamaba, y luego añadía: "Ah, esa es una gran idea".

No tengo idea de lo que ella pensó esa noche. Dado el largo camino que mi familia había recorrido para alcanzar la seguridad financiera, imagino que habrá sentido un poco de miedo al respecto. Después de tantos años de trabajo arduo de sus padres, los suyos y los míos, ahora yo le salía con que quería cambiar el boleto dorado por el servicio público. Sin embargo, si lo sintió, no lo dejó traslucir.

Cuando llegamos a mi departamento, mi madre estacionó la camioneta y caminó conmigo hasta la puerta. A menudo pienso en esa noche. No porque haya sido la única vez que mi madre fuera más allá de su deber. Lejos de eso. Esos momentos son incontables. Recuerdo esa noche porque representa para mí la esencia de lo que es ser madre, de la familia. Esos dos años fueron una época muy difícil de mi vida, y la mayor parte de ese tiempo, salí adelante por mi cuenta. Pero a veces, el sólo saber que alguien está ahí para llevarnos a casa desde el centro comercial es lo que nos permite enfrentar los más grandes retos que nos presenta la vida.

Siempre estaré agradecida con mi madre por esa noche y por todo lo que representa respecto a ella y el tipo de madre que siempre ha sido.

WENDY WALKER

48

Bebé bonita

—¿Estás segura que estarás bien? —preguntó mi madre.

—Sí, al menos así lo creo.

Me despedí y colgué el teléfono, descorazonada y triste. Nunca había deseado tanto que mi madre estuviera conmigo como en ese momento. Respire profundamente, pero eso no impidió que se me salieran las lágrimas. Tenía que enfrentar otro examen médico y necesitaba mucho a mi mamá.

A los veinticuatro años, después de terminar la maestría, me mudé del estado en el que vivía. No llevaba mucho tiempo en Colorado cuando el dolor de estómago regresó. Varios años de exámenes y diagnósticos incorrectos no lo habían resuelto. Ahora era evidente que las últimas ideas de los doctores, en las que teníamos muchas esperanzas, habían fracasado. Me sequé los ojos y traté de no pensar en la colonoscopia que tendría que realizarme la siguiente semana. Era la primera que me hacía, una perspectiva intimidante. Este examen, relativamente rápido, pone a prueba a cualquiera, pero no valía la pena que por un estudio así mi mamá pidiera permiso para faltar a su trabajo y viniera en automóvil o avión desde tan lejos; no por un procedimiento tan sencillo. No dejaría que lo hiciera. Sin embargo, me sentía increíblemente sola.

> Una hija puede ya no caber en tu regazo, pero nunca dejará de caber en tu corazón.
>
> Autor anónimo

—Cariño, te voy a mandar algo —dijo Mamá al otro lado de la línea—. Espéralo.

Es tan maternal, pensé. Esta pequeña chanza, aunque fuera sólo en mi mente, me hizo sonreír. Pero, vamos, ¿qué podía mandar que mejorara la situación?

Algunos días después, justo un día antes del examen, llegó una caja. Abrí el paquete y quité con cuidado el papel de la envoltura. Al mirar dentro, los ojos se me llenaron de lágrimas. ¿Bebé bonita? Mi primera amiga de la niñez, mi adorada muñeca de cuerpo suave y cabeza de plástico. Acaricié el cabello castaño moldeado y miré los ojos azules que parpadeaban de verdad. Pasé los dedos por la línea del rotulador con la que de alguna manera la tatué cuando era pequeña. La bauticé con el nombre de Bebé bonita cuando tenía dos años. Pensé que era un nombre muy apropiado para, pues sí, una bebé tan bonita.

La abracé y sentí el abrazo que sabía que Mamá me mandaba con ella. A través de las lágrimas, mi corazón encontró fortaleza. Me sequé los ojos y reí. "Vaya, esto es ridículo", pensé. "¿No se supone que ya soy adulta?"

Pero Mamá sabía exactamente lo que necesitaba, como todas las madres lo saben de algún modo. En ese momento necesitaba su apoyo, a pesar de que ya era una mujer fuerte e independiente. Coloqué la muñeca en mi cama, donde se quedó algunos días antes de que volviera a empacarla con sumo cuidado. Le di una última palmadita y sonreí porque sabía que podría enfrentar lo que viniera… y también porque sabía que no estaba sola.

DIANE GARDNER

49

Manos amorosas

Me sentía confundida, acostada sobre el ruidoso papel blanco que cubría la cama de la sala de urgencias. Los cables en mi cabeza no estaban bien conectados. Estaba consciente de que un hombre irrumpió en mi departamento de la ciudad de Nueva York por la puerta principal sin seguro y me atacó brutalmente, pero no lo podía asimilar. Cuando me violó, me pareció que también me había sacado las entrañas. Me sentía como un cascarón hueco.

—Hola corazón —oí decir a alguien en medio de mi confusión. Me volví hacia la puerta. Era Mamá.

Entonces empecé a llorar.

—Hola, Mamá —respondí con voz entrecortada.

¿Cómo me había encontrado? Sabía que mi mamá había tenido que conducir hasta la ciudad de Nueva York desde donde vive, en un suburbio a una hora de distancia. No sé cómo se enteró de dónde me hallaba, en qué hospital, en qué cuarto. Lo último que recuerdo es haberla llamado desde mi departamento mientras esperaba a que llegara la ambulancia. Dejé un mensaje llorando en su máquina contestadora; algo así como: "Mamá, me atacaron. Ven pronto".

De niña, mi mamá y yo teníamos una rutina a la hora de dormir. Como hija única de una madre soltera, la mayoría de las noches eran iguales. Mamá entreabría la puerta del armario y una luz automática ilu-

> Los brazos de una madre están hechos de ternura y los niños duermen plácidamente en ellos.
>
> Víctor Hugo

minaba por la rendija. Mi madre apagaba las dos luces de mi habitación mientras yo saltaba a la cama. Me arropaba, o si ya estaba tapada, metía las sábanas debajo del colchón. Si me sentía enferma o triste, o a veces sólo porque así lo deseaba, se sentaba en la orilla de mi cama, lo que era una señal sencilla de que se quedaría un momento más. ¡Ah, cómo me encantaba que lo hiciera! Sonreía y me decía que me amaba. Me retiraba el pelo de los ojos y me miraba de forma especial. Erguía la cabeza y pensaba en silencio cuánto me amaba. También había veces en las que accedía fácilmente a darme un masaje en la espalda cuando se lo pedía. Me ponía boca abajo sin tardanza, sonriendo por dentro, llena de su afecto, ya que sus manos me transmitían su amor.

La noche que me atacaron, después de que me hicieron pruebas, me vacunaron y me extrajeron seis tubos de sangre, Mamá me llevó a su casa, que era mi hogar de la infancia. Era casi la medianoche cuando nos estacionamos frente a la casa. Bajé de la parte posterior del auto y cerré la puerta. ¿Cuánto tiempo había pasado desde la última vez que mi mamá me llevó en su automóvil, ella en el asiento del conductor y yo con el cinturón puesto en la parte trasera? Estas eran las cosas en las que sí podía pensar.

Después de que entramos en la casa, me ofreció algo de comer. En silencio, negué con la cabeza y fuimos directamente a la que había sido mi habitación. El cansancio, la conmoción, la adrenalina y todas las medicinas que me habían dado en el hospital me habían dejado exhausta.

En la cama, me acosté de lado, subí las rodillas y me hice el ovillo humano más pequeño posible. Quería que mi cuerpo desapareciera. El resto de mí parecía haber desaparecido. Sin embargo, en medio de todo ese silencio y vacío, el dolor estalló dentro de mí: me corría por las venas y lo sentía arder por el laberinto de mi mente; sólo la debilidad física me mantuvo inerte. Le rogué a Dios que me dejara explotar para ya no tener que sentir el dolor.

En ese momento me di cuenta de que mi mamá me estaba pasando la mano suavemente por la espalda. Recordé cómo se sentaba a mi lado, al borde de la cama, como siempre lo había hecho. Poco a poco abandoné la posición fetal. En lugar de centrarme en el dolor, me enfoque en su mano; era una mano que nos conectaba; una mano que de alguna manera aliviaba el dolor. Entonces me di cuenta de que ese hombre abominable se había llevado mucho de mí, pero no todo. No se llevó mi vida ni a mi mamá. Y como siempre, Mamá sabía exactamente lo que tenía que hacer. Tal vez habían pasado unos años, pero yo seguía siendo su pequeña y ella lo recordaba.

Jennifer Quasha

50

Una madre se enfrenta a Tony, el grandulón

—¿Puedes hacerme un favor? –preguntó Bobby, un niño de séptimo grado de mi secundaria–. Guárdame estos zapatos y yo los recojo cuando toquen el timbre de salida.

Me puso en un dilema. Era nuevo en la escuela y Bobby era uno de los primeros amigos que había conocido. Sin embargo, tenía una cita con el dentista después de clases y mi madre me había dicho que me recogería enfrente de la escuela a la hora de la salida. ¿Qué podía hacer?

Mi madre siempre llegaba tarde, por lo que le dije a Bobby que lo esperaría en mi casillero con sus zapatos unos minutos después del timbre de salida. Acordamos que si no se presentaba en mi casillero después de diez minutos, le dejaría sus zapatos en una bolsa de papel

> Cuando eres madre, nunca estás realmente sola en tus pensamientos. Una madre siempre tiene que pensar dos veces, una por ella misma y otra por su hijo.
>
> SOFÍA LOREN

marrón frente a mi casillero. Me dio las gracias y dijo que le parecía bien.

Cuando tocaron el timbre de salida a las 3:15 de la tarde, corrí a mi casillero. Doblé la esquina del pasillo para llegar a donde estaba mi casillero, esperando ver ahí a Bobby. Sin embargo, Bobby no aparecía por ningún lado. Abrí mi casillero y saqué los zapatos de Bobby, que seguía sin aparecer. Transcurrió un minuto, diez minutos, veinte minutos y Bobby, ni sus luces. Eran las 3:45 pm y los pasillos estaban desiertos. Sólo el portero de la escuela estaba ahí.

Puse los zapatos de Bobby en una bolsa de papel marrón y los coloqué junto a mi casillero. Entonces salí corriendo a encontrar a mi madre, que me dijo que me había estado esperando desde las 3:13. Probablemente era la primera vez en su vida que no llegaba tarde.

Al día siguiente, vi a Bobby en la escuela.

—¿Dónde están los zapatos? —me preguntó.

Le expliqué que había dejado sus zapatos en una bolsa de papel marrón en el piso junto a mi casillero. Le recordé que él había accedido a este plan.

—ESOS ZAPATOS… ESOS ZAPATOS… ¡NO ERAN MIS ZAPATOS! —gritó Bobby—. ¡ERAN DE TONY!

Tragué saliva y pregunté con timidez:

—¿Quieres decir de Tony, el grandulón?

Bobby no tuvo que decir una sola palabra. Su expresión me decía que tenía razón. Yo era el típico adolescente de trece años: medía 1.58 metros, tenía la voz áspera y era de constitución delgada. En cambio, Tony era en esencia, cómo decirlo, un grandulón. Medía más de 1.80 de estatura, llevaba barba y cabello al estilo afro que parecía de metal.

Corrí a mi casa, sorprendiendo a mis papás.

—¿Qué sucede? ¿Te sientes bien? —preguntó mi mamá.

Le expliqué la situación con los zapatos de Tony, el grandulón y les supliqué a mis padres que me ayudaran.

—Le compraremos otros zapatos a Tony. Mike, averigua de qué número calza —respondió mi padre de inmediato.

Sin embargo, antes de que mi padre pudiera terminar la oración, mi madre lo interrumpió.

—No vamos a comprarle zapatos a Tony. Eso es absurdo. Mike le advirtió al niño que si no estaba en su casillero a la hora acordada, dejaría los zapatos y eso fue precisamente lo que hizo. ¡No quiero que se hable más del asunto!

Me quedé impresionado. Mi madre siempre había sido muy pasiva en todo, pero ahora que de seguro iban a asesinar a su hijo, se levantaba en armas y era terminante. Yo no sabía qué hacer.

—¡Mike, regresa a la escuela en este instante y no quiero oír una sola palabra más sobre los zapatos! —ordenó mi madre.

Al salir despacio y dócilmente de la casa, oí a mi mamá exclamar mientras cerraba la puerta: "¡Ridículo!"

Yo estaba petrificado de terror cuando regresé a la escuela. Me preguntaba qué sería peor: que Tony, el grandulón me golpeara o enfrentar la ira de mi madre.

No pude concentrarme en nada ese día, excepto por el sonido del timbre de salida. A las dos y media, la puerta de mi salón se abrió. Me aterrorizaba alzar la mirada para ver quién estaba del otro lado.

Por fortuna, era solo la señora Brown, de sesenta y ocho años, la frágil secretaria de la escuela, quien le susurró algo al oído a la señora Johnson, mi maestra de matemáticas de quinto periodo. La señora Johnson anunció de inmediato a la clase:

—Niños y niñas, parece que el señor Watson (el subdirector de la escuela) quiere hablar con Mike.

Caminé con la señora Brown hacia la oficina del señor Watson. Tomé asiento en la recepción y sentí que las rodillas me temblaban, mientras me preguntaba qué sería peor: que Tony, el grandulón me golpeara, enfrentar la ira de mi madre o ser interrogado por el subdirector.

El señor Watson salió de su oficina y me hizo una señal para que pasara. Me levanté de la silla, entré en la oficina y me senté, pero mis rodillas se rehusaban a dejar de temblar.

Sin embargo, me sorprendió el tono manso de su voz cuando empezó a hablar:

—Mike, entiendo que tienes problemas con Tony Peterson. Normalmente no apruebo las riñas entre estudiantes; sin embargo, haré una excepción en este caso. Mike, puedes pelear con Tony.

Cuando oí estas palabras, me quedé boquiabierto. ¿Bromeaba? ¿Cómo iba a pelear yo con Tony, el grandulón?

Salí de la oficina del señor Watson presa del pánico. No podía concentrarme en nada, excepto evitar a Tony. Sin embargo, al pasar los días, Tony nunca me dijo nada. En las siguientes semanas entendí lo que había pasado: mis padres debieron de haber llamado al señor Watson y le advirtieron que habría consecuencias graves si yo resultaba herido. A su vez, el señor Watson debió de haber persuadido a Tony de dejarme en paz.

Cierto, si las cosas se hubieran hecho como decía mi padre, habría podido dormir mejor aquella noche azarosa en la que Tony perdió sus zapatos. Sin embargo, debido a que mi madre intervino, aprendí muchas lecciones, entre otras, que el dinero no puede comprarlo todo. Por eso y por mucho más, digo: "Gracias, Mamá".

MICHAEL JORDAN SEGAL

51

De Mami a Mamá

En más de una ocasión, mi madre compartió conmigo la historia de cómo fue la primera en saber que estaba embarazada. A la edad de cuarenta y cuatro años, mi madre estaba sentada, muy nerviosa, en el consultorio del doctor esperando los resultados de sus pruebas. Mientras esperaba, se preguntó qué haría con un bebé a esas alturas de su vida. Sus dos hijos mayores tenían casi veintitrés y veinte años, y su hijo menor estaba entrando a la preparatoria.

Abuela: una madre maravillosa con mucha experiencia.

AUTOR ANÓNIMO

En seguida supo que estaba embarazada de mí aunque el doctor no creía que fuera así. Amablemente le explicó a mi madre que había alcanzado esa mágica edad en que las mujeres comienzan a cambiar. El doctor era un médico reconocido en esta pequeña comunidad en Texas. Sus conocimientos y experiencia eran muy respetados. Estaba seguro de su diagnóstico.

Mami, por otra parte, era una mujer modesta sin un dejo de autoritarismo, pero ese día manifestó abiertamente su desacuerdo con el buen doctor. Aunque había pasado mucho tiempo, ella sabía cómo se sentía cuando estaba embarazada.

Después de lo que pareció ser una espera infinita, el doctor entró en el consultorio y le ofreció una disculpa a mi madre por haber dudado de su sabiduría y luego le dio un abrazo de felicitación. Le informó que tenía tres meses de embarazo.

Mi mami era la persona más consentidora que he conocido. Siempre era amable y calmada pero, cuando era necesario, podía marcar con toda firmeza una línea amenazadora que yo sabía muy bien que no debía cruzar.

De niña me di cuenta de que mis padres eran más viejos que los de mis amigos. No fue difícil darme cuenta. Ninguno de los papás de mis amigos tenía tazas de Él y Ella para poner su dentadura en el baño o cremas para la artritis en el buró.

Además, debo mencionar que cuando le presentaba a alguien a Mami, lo primero que le preguntaban era si yo era su nieta. Mami siempre se sonrojaba y contestaba: "No, es mi hija, mi pequeña bendición de Dios".

Cuando fui lo suficientemente grande para comprender los caminos de la vida, me di cuenta con horror de que mis padres podían morir antes de que yo llegara a la edad adulta. Ese pensamiento me causaba terror. Finalmente decidí preguntarle a mi mami qué pasaría conmigo si algo le ocurriera. Ella no lo pensó ni un segundo y contestó plenamente convencida: "No te preocupes por eso. Dios siempre cuidará de ti. Mucho después de que yo muera, Dios seguirá cuidando de ti".

En ese momento sentí que mi madre podía estar evadiendo mi pregunta. Igual que el médico que atendió su parto, yo no me daba cuenta de lo sabia que era mi madre.

Perdí a mi mami muy pronto. Un infarto me la robó menos de tres meses después de que mi esposo y yo nos casáramos. Yo tenía sólo veinte años y no estaba lista para dejarla ir.

Pensaba que Dios había escogido un muy mal momento. Apenas me había casado cuando Dios se la llevó. Lo que debió haber sido uno de los años más felices de mi vida se convirtió en uno de los más tristes.

Mi nueva suegra, a quien llamo Mamá, estuvo al pendiente de mí. Llamaba e iba a verme con frecuencia para preguntarme cómo estaba.

Las personas a menudo se quejan de sus suegras. Dice que son chismosas, mandonas y entrometidas. Mamá no es así y nunca me he quejado de ella, ni una sola vez.

Recuerdo una ocasión que estábamos en una función comunitaria. Al sentarme a la mesa con Mamá, un hombre mayor se acercó y dijo: "jak sa mas", que quiere decir: "¿cómo estás?" en polaco. Da la casualidad de que estas son las únicas palabras en polaco que conozco. Mamá contestó rápidamente: "Por favor habla en inglés. Mi nuera no entiende el polaco". Siempre agradeceré la respuesta de mi suegra; demuestra mucho respeto por mí.

Luego nacieron nuestros tres hijos. Cada vez, Mamá se quedó unos días en casa para ayudarme. Siempre aprecié su ayuda.

En especial le agradezco que haya estado a mi lado cuando nació mi primer hijo, Grayson. Mamá llegó no sólo con su maleta, sino también con la invaluable experiencia de saber cuidar a un bebé. Como era la mayor de seis hermanos y tuvo diez hijos, era toda una experta en maternidad.

Por el contrario, yo no tenía experiencia, así que cuando llegué a casa con mi bebé recién nacido, me sentía incompetente. De hecho, estaba muerta de miedo.

En el transcurso de tres días, le hice cientos de preguntas y observé cada movimiento que hizo con mi bebé para aprender de sus palabras y sus actos.

Al cuarto día, Mamá anunció que había llegado la hora de volver a su casa. Me colgué del brazo de ella cuando se iba, suplicándole mientras caminaba a su automóvil: "Por favor, no te vayas. No sé cuidar al pequeño bebé". Ella se apresuró a responder: "Claro que sabes. Lo harás muy bien", y luego agregó: "pero si tienes preguntas llámame".

Ben y yo tenemos treinta y cinco años de casados. Durante estos años, Mamá me ha dado todo el amor y el cuidado maternal que necesitaba.

Mi suegra tiene ahora noventa y cuatro años. Vive en un asilo. Padece de algunos problemas de salud, pero tiene una memoria increíble y una mente alerta. Cada vez que llama se despide diciéndome: "Te amo".

Ahora lo entiendo. El momento de la muerte de mi madre no fue inoportuno ni injusto. Puedo oír de nuevo a mi sabia madre diciendo: "Dios cuidará de ti. Mucho después de que yo muera, Dios seguirá cuidando de ti".

JANE DUNN WIATREK

52

Miedo

—Ya llegamos.

Mi madre me tomó de la mano cuando cruzamos la puerta principal del estudio y entramos en un cuarto repleto de gente. Llevaba dos años estudiando piano con mi madre y estaba muy emocionado de aprender a tocar la flauta dulce. Por lo menos, había estado emocionado antes de ese momento.

Ahora que me hallaba en el estudio, me sentía un poco nervioso; mejor dicho, estaba muy nervioso, o más bien, aterrado.

Nos sentamos en sillas de plástico frente a un telón largo de color negro. Del otro lado del telón, el profesor le gritó a un alumno por no practicar lo suficiente. Me encogí en mi asiento.

> ...madre es la persona a la que uno acude en cuanto tiene problemas.
>
> EMILY DICKINSON

Mi madre se acercó y me susurró al oído:

—No estoy segura de si estoy de acuerdo con estos métodos de enseñanza. Comprenderé si quieres que nos vayamos y busquemos otro profesor.

Me humedecí los labios. ¿Y si el siguiente profesor era peor? Claro, mi madre nunca les gritaba a sus alumnos de piano, pero ella era mi madre. Tal vez todos los demás profesores de música eran malvados, o quizá sólo aquellos que tocaban la flauta dulce.

—No, estoy bien —choqué las rodillas.

En el reloj de la pared, el minutero avanzó muy despacio hacia el doce. No sabía si era preferible que el tiempo pasara más rápido o más lento. Pensé para mis adentros que era un niño grande y podía controlar la situación.

El telón se levantó y un niño más pequeño que yo salió con una flauta pegada al pecho. Se tropezó, cayó en un asiento cercano y se quedó mirando la puerta por la que recién habíamos entrado.

Lo saludé, pero ni siquiera me respondió con un movimiento de cabeza.

Mi madre me apretó la mano.

El profesor asomó la cabeza por el telón y me dijo que en un momento me recibiría. El telón se cerró.

Mi madre me apretó de nuevo la mano.

—Buena suerte. Estoy segura de que te irá muy bien —hizo una pausa—. Una vez que empiece tu clase, voy a ir corriendo a la panadería de enfrente a comprar adornos para tu pastel de cumpleaños.

¿Cómo? El cuarto se oscureció y sentí que el corazón se me salía del pecho. La sola idea de quedarme atrapado ahí me aterró y me dieron ganas de echarme a llorar.

—No, quédate por favor.

—Bueno, me quedaré si tú quieres, pero entonces no tendrás adornos en el pastel. Es la única oportunidad que tengo para conseguirlos.

—Prefiero que te quedes.

Me besó en la frente.

—Está bien, cariño. Aquí estaré, esperando a que termines.

Ya no recuerdo esa primera clase de flauta, ni a cuántas clases más fui antes de renunciar. No sé qué adornos intentaba comprar mi mamá ni recuerdo nada del pastel que recibí al día siguiente.

Lo que recuerdo es que cuando tuve una crisis de confianza y le pedí a mi madre que se quedara conmigo, lo hizo con amor, sin censurarme.

Sus dulces palabras fueron música para mis oídos que aún enternecen mi corazón.

STEPHEN D. ROGERS

53

Para guarecerme de la lluvia

Aveces no son los inmensos sacrificios que hacen las madres, o incluso la innumerable cantidad de cosas que hacen día con día lo que nos hacen darnos cuenta de lo especiales que realmente son.

Era un típico día de enero aquí en el noreste de Escocia: aburrido y con mucho viento. Cuando salí de casa rumbo a la oficina donde trabajaba en el pueblo vecino, los pronosticadores del tiempo informaron: "Hará viento y frío, pero nada de lluvia".

Naturalmente, cuando me preparaba para salir del trabajo por la tarde estaba lloviendo a cántaros.

Mi oficina estaba cerca de la parada de autobús, así que eso no era problema: simplemente cerré la puerta y abordé al autobús. Desafortunadamente, una vez

> Suéter, s.: prenda que le ponen a un niño cuando su madre tiene frío.
>
> AMBROSE BIERCE.

que llegara a casa en Montrose, debía caminar más de un kilómetro desde la parada del autobús hasta la casa. Normalmente en una noche como esa, si mi esposo estaba en casa, iba por mí en el auto. Esa mañana me había comentado que iba a llevar el automóvil a servicio y que estaría ahí hasta el día siguiente.

Al bajarme del autobús esa noche para caminar a casa, me costó trabajo abrir mi pequeño paraguas contra el fuerte viento que soplaba. Tenía un estampado alegre y era evidente que lo habían diseñado para las lloviznas que caen en alguna parte del Mediterráneo, ¡pero no para las tormentas escocesas! Entonces, de pronto y para mi sorpresa, oí la voz de Mamá.

—¡Rápido! ¡Ven aquí antes de que te empapes!

Corrí a guarecerme bajo el paraguas mucho más grande y miré a mi mamá con sorpresa.

—Pero, ¿qué estás haciendo aquí con este tiempo? —pregunté.

Mi mamá iba a cumplir ochenta y tres años ese año, y aunque se mantenía sana y en forma, normalmente no le gustaba salir cuando hacía tanto aire o diluviaba de esa manera. De hecho, cuando el tiempo era tan malo, por lo general yo iba a su casa a preguntarle si no le hacía falta algo.

—Dijiste que viniera a tomar el té por la noche, pero llegué temprano, antes de que la lluvia empeorara. Eric me dijo que tu automóvil estaba en el servicio y vi tu paraguas grande en una silla. Me imaginé que lo habías sacado para llevártelo, pero al final lo olvidaste. Eric estaba hablando por teléfono, así que tomé el paraguas y vine a buscarte para que no te empaparas.

Mi mamá falleció al año siguiente. Este acto tan simple quedó grabado en mi memoria y me recuerda lo mucho que me amaba. Jamás habría salido al viento y la lluvia por algo que ella necesitara, pero a los ochenta y tres años, no lo pensó dos veces antes de salir a enfrentar el temporal para que yo no me mojara.

Me detuve y la abracé. El paraguas se movió para todos lados, por lo que ella me preguntó: "¿Y a qué se debe ese abrazo?" ¡Sólo a ella se le podía ocurrir preguntarme eso!

JOYCE STARK

54

Con los oídos bien atentos

En mi cita con el oftalmólogo, el médico se hallaba al otro lado del cuarto tenuemente iluminado. Una lámpara potente iluminaba la tabla optométrica.

–Carol, por favor dime las letras que hay en este renglón –pidió el oftalmólogo.

De pronto, sentí náuseas. Ya que veía los objetos como lo hace una persona asomada por el cañón de una pistola, incliné un poco la cabeza para buscar la mejor posición. La cabeza me empezó a doler por la frustración. El tedioso examen de la vista se volvió aún más incómodo. Una y otra vez, el médico alumbró un ojo y luego el otro. Mis padres, angustiados, estaban sentados en silencio cerca de ahí.

> Una buena madre vale más que cien profesores.
>
> GEORGE HERBERT

–No te muevas –ordenó el doctor, mientras me examinaba los ojos con un instrumento. Lo miré mientras él se rascaba la barbilla. Se veía muy pensativo. Entonces me incliné todo lo que pude para escuchar lo que el doctor le decía a mis padres. Me incliné tanto que por poco me caigo del sillón de cuero. Mamá me sostuvo y me ayudó a acomodarme de nuevo en la silla examinadora. Sus manos siempre estaban ahí listas para ayudarme.

El doctor se aclaró la garganta y suspiró.

–Un día la vista de Carol empeorará –les advirtió a mis padres–. La enfermedad de la retina puede causar ceguera.

"¿Acaso todos en esta habitación creen que soy invisible?", pensé. ¡Estaban hablando sobre mí como si yo no estuviera ahí!

De camino a casa, nadie pronunció una sola palabra. En el asiento trasero de nuestro Buick 1960, me quité mis costosos anteojos de ojo de gato. Les había suplicado a mis padres que me los compraran para verme a la moda. Ahora jugaba con ellos como si fueran un juguete, ya que no podía mantener las manos quietas. Apreté los ojos y volví la cabeza hacia la ventana. ¿Llegaría el día en el que sólo podría imaginar el panorama más allá de las lentes en lugar de verlo?

Ese septiembre entré a la secundaria. Casi todas las noches tenía tarea que incluía capítulos que leer. Esto ya no era la escuela primaria, donde las clases estaban planeadas para no exigir demasiado a la vista y me protegían como un capullo. Yo quería ser la mariposa que extiende sus alas, pero estos maestros no comprendían mis limitaciones. ¿Podría seguir al paso del resto de los alumnos? La pila de libros que tenía que llevar a casa hacía que me dolieran los hombros.

Pese a ello, recibí muchos elogios por mis buenas calificaciones cuando la boleta llegó a casa. Determinada a leer, y con la nariz a unos centímetros de la página, me cansaba con facilidad. Cuando leía un capítulo yo sola, las palabras parecían deshacerse en pequeñas lagunas de tinta. La cabeza me punzaba. Las lágrimas caían en cada página, haciendo las palabras aún más borrosas.

Me parecía que estudiar sola era una actitud más madura, pero en ese entonces no había audiolibros ni dispositivos electrónicos como los que usan los niños en la actualidad. En su lugar, mi mamá se ofreció a leerme en voz alta. Me sentaba en la cama con el ceño fruncido y los brazos cruzados sobre el pecho. Mamá se sentaba frente a mí. Ignoraba mi mal humor y seguía leyendo. ¿Quién quiere que sus padres le lean cuando ya tiene trece años?

Me mordí el labio mientras pensaba qué preferiría estar haciendo mi mamá en vez de leerme. Ella trabajaba medio tiempo, limpiaba la casa, cocinaba y pasaba tiempo con la abuela. A pesar de estar tan ocupada, entraba a mi habitación siempre a tiempo a decir: "Vamos a darle a los libros". Sabía que Mamá tendría que apresurarse para estar lista para el trabajo por la tarde. Antes de que yo pudiera inventar un pretexto, aparecía una sonrisa en su cara mientras se sentaba a mi lado y se ponía sus anteojos para leer. Mamá siempre había pensado que esos anteojos la hacían verse vieja. Para mí, parecía una maestra.

Al cambiar la página de mi libro de texto, escuché el ritmo de la música que venía de la habitación de mi hermano. Los compases fuertes y los tambores estruendosos hacían temblar las paredes. Suspiré. La extraña música significaba que David había terminado su tarea. En mi cuarto, la voz de Mamá competía con el tictac del reloj. Pasamos las siguientes horas trabajando en mi tarea.

Entonces, la voz de Mamá comenzó a tomar ritmo mientras leía en voz alta. Mi mente se concentró en la descripción del relato. Me maravillaba leer sobre gente, lugares y descripciones de otras épocas de la historia. En lugar de estar absorta pensando en mi vista deficiente, la empatía por los demás se filtraba en mi alma. Los libros de inglés y de historia despertaron mi curiosidad por los retos que enfrentaban otras personas y cómo los habían superado.

–Carol, ¿sabes qué quiere decir "resuelto"? –preguntó mi madre. Levanté la cabeza.

–Creo que significa no rendirse, pero mejor vamos a comprobarlo.

El grueso diccionario estaba ahí cerca.

–Un nuevo diccionario podría ayudarnos con nuestra lectura –dijo Mamá, sonriendo.

De pronto, el "bicho de la lectura" nos picó, y continuamos leyendo. Para mí, aunque no podía usar los ojos para fijarlos en cada pasaje del libro, mi mente se encendía con cada nuevo libro.

Como estaba obligada a concentrarme en escuchar, encontré una forma de mantener mis buenas calificaciones y competir con los otros niños. Cuando mi maestra hacía una pregunta, levantaba la mano con confianza. Aprendí que mis oídos eran tan poderosos como los ojos de una persona con visión perfecta. Los maestros alababan mi buena memoria.

Sobre todo, mis amigos compartían a menudo sus problemas conmigo. Mi talento para escuchar me volvió popular. Las "pijamadas" de adolescentes tomaron un giro distinto. Mis amigas y yo hacíamos "pijamadas de lectura" con galletas recién hechas de mi mamá. Por supuesto, los chismes que leíamos sobre las estrellas de cine de Hollywood en revistas para admiradores no eran precisamente la literatura que mi mamá tenía en mente.

El terror de perder la vista se hizo realidad. Ahora que perdí la vista por completo, me doy cuenta de que las lecturas de mi mamá crearon un mundo de trescientos sesenta grados de sonido. Gracias a Mamá, mi sentido del oído ahora me permite ver. La esperanza sustituyó mi sensación de desamparo. Este es el regalo más preciado que le puede dar una madre a su hija.

CAROL CHIODO FLEISCHMAN

55

El día que mi madre enfrentó al director

C uando era pequeña, mi mamá me daba vergüenza. Se vestía chistoso, hablaba diferente y no era como otras mamás del vecindario. Siempre usaba un delantal encima de una bata de algodón descolorida y muchas veces remendada. Hablaba mal el inglés, con acento alemán. Mientras otras madres se hacían permanentes y usaban tacones altos cuando se arreglaban, Mamá se hacía trenzas que sujetaba alrededor de la cabeza y sus zapatos de vestir eran de agujetas, negros y resistentes, sin tacón. Sin embargo, me sentí muy orgullosa de ella cuando se enfrentó al arrogante director que acusó a mi hermano de dañar los bienes de la escuela.

> Valor es lo que se necesita para levantarse y decir lo que uno piensa; valor es también lo que se necesita para sentarse y escuchar.
>
> Winston Churchill

Mi hermano de nueve años llegó a casa llorando un día porque lo habían culpado de tallar nombres en una banca de un vestidor de la escuela.

—Yo no fui, Mamá —aseguró—, pero el señor Johnson no quiere creerme.

Mi mamá se enfureció. Se quitó el delantal, se puso un mejor vestido y me dijo que la acompañara. No teníamos automóvil, por lo que caminamos tres cuadras para llegar a la escuela. El director nos hizo esperar, lo que la hizo enojar aún más. Cuando finalmente nos atendió, mi madre le habló en tono muy alto. Yo me quedé parada detrás de ella.

—Mi hijo es inocente —aseveró con firmeza—. Les he enseñado a mis hijos a distinguir el bien del mal. Quiero ver los daños.

—Por favor, señora Mayer, siéntese —invitó el señor Johnson, forzando una sonrisa. Tenía la cara roja cuando cerró la puerta. Ignoró mi presencia—. Hablemos de esto con calma.

—¿Usted se atreve a acusar a mi hijo de hacer cosas malas y quiere que me calme? —preguntó mi madre agitadamente al tiempo que miraba furiosa al hombre que le acercó una silla.

—Varias personas afirman que vieron a su hijo haciéndolo —aclaró el director, sentado a su escritorio, mirándola por encima de los anteojos. Revolvió algunos papeles.

—¿Quiénes? ¡Son unos mentirosos!

—Encontramos el cuchillo en su pupitre —explicó el señor Johnson y cruzó las manos sobre la cintura.

—Roland no tiene un cuchillo. Alguien más lo puso ahí. Él nunca haría algo así. Está loco si cree semejante barbaridad.

Varios maestros se reunieron afuera de la oficina del director. Alcanzaban a oír la voz de mi madre desde el pasillo. La vieron salir furiosa de la oficina. Una de ellos la detuvo.

—Señora Mayer, soy la señorita Sweeney —se presentó cordialmente la maestra—. Yo no creo que Roland sea responsable por los daños —aseguró—. Voy a investigar quién es el culpable.

—Ah, muchas gracias —respondió mi madre al tiempo que le estrechaba la mano—. Por favor ayúdeme.

Cuando llegamos a casa, mi madre no dijo una sola palabra. Comenzó a pelar papas con una precisión mayor que la usual. Puso a calentar agua en la estufa. Después de un rato, llamó a Roland y le contó lo que había hecho.

—Ay, Mamá, vas a empeorar las cosas —repuso mi hermano, molesto. Metió las manos a los bolsillos—. Ahora me dirán que soy un niño llorón.

—No te van a castigar por algo que no hiciste. La maestra Sweeney va a investigar quién lo hizo.

—Bueno, pues yo sé quién fue.

—¿Cómo? ¿Sabes quién fue? ¿Por qué no dijiste nada? —Mamá no comprendía el concepto de no ser delator.

—Porque si revelaba lo que sé, me hubieran golpeado —Roland se tapó la cara con las manos. Sentí lástima por él, aunque a veces me fastidiara.

–¿Qué tipo de país es este en el que los niños golpean a otros niños? Si tu padre estuviera aquí, esto no sucedería –movió la cabeza con gesto de desaprobación y fue a ver las papas en la estufa. Mi padre murió cuando éramos bebés, así que nunca lo conocimos realmente. Sólo sabía que la fotografía que mi mamá tenía en su habitación mostraba a un hombre alto y serio con bigote negro y entradas en la frente.

Al día siguiente en la escuela, el director llamó a Roland a su oficina. Yo sufrí con él mientras mi hermano esperaba fuera de la oficina. Esperé en el pasillo donde él no podía verme. Roland miraba fijamente el reloj mientras el minutero avanzaba hacia las 3:15, la hora en la que lo habían citado. Yo sabía que Roland tenía miedo de que lo suspendieran y lo obligaran a pagar los daños. No tenía forma de conseguir el dinero y temía lo que mi madre podría hacer. Finalmente, el señor Johnson abrió la puerta.

–¿Roland Mayer? Pasa –el director lo miró con gesto adusto. Roland lo siguió dentro y se quedó de pie frente al enorme escritorio. El señor Johnson dejó la puerta abierta de par en par.

–Siéntate –ordenó el señor Johnson señalando una silla. Se retrepó en su sillón, cruzó los brazos por encima de la panza y miró a mi hermano–. Tu madre sabe expresarse de manera muy enérgica.

–Sí, señor –respondió Roland en voz baja.

–Bueno, pero sabes que tenemos testigos.

–Yo no fui. El cuchillo no es mío y cualquiera que diga que fui yo está mintiendo –repuso Roland con voz firme, pero estoy segura de que las rodillas le temblaban.

El señor Johnson guardó silencio un largo rato. Luego dejó escapar un suspiro.

–Seguiré investigando el incidente –anunció–. Puedes irte.

Al día siguiente la maestra Sweeney habló con sus alumnos sobre la responsabilidad que tiene una persona de revelar lo que sabe sobre cualquier falta para evitar que se castigue a gente inocente. Hubo murmullos en los pasillos todo el día, pero nadie dijo nada. Entonces, a la mañana siguiente, apareció una nota en el escritorio de la maestra con los nombres de dos niños a quienes se había visto con cuchillos el día que rayaron las bancas. La maestra le pasó la información al señor Johnson y cuando confrontaron a los niños, las incongruencias en las historias que contaron los convencieron de su culpabilidad. El director, mortificado, se disculpó después con mi madre y mi hermano. Yo estaba contenta de que mi madre se hubiera enfrentado al señor Johnson, incluso con su falta de educación y su inglés mal hablado.

Roland estaba avergonzado por toda la atención que atrajo de los maestros y los niños en los días siguientes. Sin embargo, pronto las cosas regresaron a la normalidad y volvió a ser tan fastidioso como siempre. Pese a ello, la experiencia me enseñó a respetar y a ver con nuevos ojos a mi madre.

BARBARA MAYER

56

Cuerda de salvamento

No fue sino hasta que las voces dentro de mi cabeza se volvieron tan estridentes que ahogaron todo lo demás a mi alrededor que admití que esta era una batalla que no podía ganar. Al menos no solo. Necesitaba ayuda, pero además de las alucinaciones auditivas, sufría de paranoia aguda. No confiaba en nadie. Todo el mundo quería hacerme daño, robarme la energía, la fuerza vital; todos conspiraban para matarme.

> No hay instinto como aquél del corazón.
>
> LORD BYRON

En los últimos meses, la paranoia había aumentado. Susurros malévolos en mi mente insistían en que la comida estaba envenenada. El simple acto de compartir los alimentos con otro ser humano se había vuelto una tortura. ¿Cómo podía fingir? ¿Cómo podía comportarme como si nada pasara cuando yo sabía lo que tramaban? No tenía el ánimo para fingir, y comencé a aislarme cada vez más, rehuyendo toda compañía; volviéndome un recluso.

Como es natural, mis amigos y mi familia sabían que algo andaba mal. Me llamaban e iban a visitarme, pero esto sólo me convencía aún más de que algo tramaban en mi contra y de que sólo querían acercarse a mí para matarme.

Estaba destrozado. Aunque las voces en mi mente insistían en que había conspiraciones en curso para matarme, una parte de mí no quería creerlo, se rehusaba a creer que la misma gente que amaba quisiera destruirme. Sin embargo, no podía ignorar las voces, y mucho menos si las oía dentro de mi cabeza. Las repetidas advertencias me hacían dudar y no sabía qué creer. Parecía más sencillo retirarme a la soledad, aunque en realidad nunca estaba solo. Las voces siempre me acompañaban.

La psicosis comenzó a apoderarse de mí y en pocos meses, había enloquecido por completo. Ya no era capaz de seguir una conversación con otra persona. El ruido en mi cabeza era demasiado fuerte. Ya no podía fingir normalidad. En los últimos meses, había estado usando una máscara frente al mundo que ocultaba cómo me resquebrajaba.

Pero a ella no podía engañarla, no a mi madre. Sin importar los pretextos que le diera para no verla, seguía llamando y visitándome. Me llevaba comida y yo fingía no tener hambre; le prometía que comería más tarde mientras en secreto esperaba a que se fuera para tirar la comida a la basura sin probarla.

Las voces no perdonaban a nadie. Ninguna conexión, ningún lazo era sagrado. Luché con dolor e incredulidad. ¿Cómo era posible que mi propia madre tratara de envenenarme? Ella no era ella: era una impostora. Alguien la había suplantado. Me sentía impotente. Todos mis seres queridos estaban en riesgo. Ellos, mis enemigos secretos, me atacaban a través de las personas que amaba. Yo debía seguirles el juego. Querían que tuviera una crisis. Sabían que los demás creerían que mis pensamientos eran producto de la locura. No quería confiarle a nadie lo que pasaba por mi mente porque me aterraba que me encerraran.

Fingí varios meses, pero luego llegó el día en que fue demasiado. Mi madre llegó a verme. Apenas podía escucharla. Ya no podía fingir ser normal, y esta vez no pude quitármela de encima. Insistía en preguntarme qué ocurría. Le respondí que no me sentía bien. Insistió en que viera a un médico.

Pero yo no podía ver al doctor. Por supuesto, usarían a mi doctor para llegar a mí. Me recetaría un veneno. Me encerraría. Era una trampa.

Luché con mis demonios al tiempo que intentaba sostener una conversación normal con mi madre, tratando de alejarla con pretextos verosímiles. Finalmente, me vine abajo. Una vez que empecé a llorar, ya no pude parar. Le conté todo lo que me pasaba. Divagué, desvarié. Mi madre llamó al doctor y le dijo a la secretaria que se trataba de una urgencia para que nos recibiera de inmediato. Me llevó al consultorio en menos de una hora. Yo ya no tenía energía para resistirme. Con el alma cansada, decidí darle una oportunidad y confiar en ella.

Me recetaron antipsicóticos y un ángel de la guarda que me cuida me susurró al oído que debía tomar las pastillas. Mi madre me llevó a casa con ella. Durante las siguientes semanas, se aseguró de que tomara mis medicamentos y me cuidó.

La locura empezó a ceder paulatinamente. Las voces se quedaron en silencio. Los pensamientos delirantes comenzaron a parecer absurdos. Me dijeron que tuve un episodio esquizofrénico. Ni la fuerza de voluntad, ni la búsqueda del control habían funcionado. Al tratar de ser fuerte y controlarme, poco a poco fui descendiendo al infierno, y sin importar cuánto me esforzara, no podía salir de ahí.

Necesitaba ayuda y la recibí de mi madre, mi cuerda de salvamento. Nunca se dio por vencida. Nunca aceptó un no por respuesta. Gracias.

KIRAN KAUR

57

En busca de respuestas

Muchas cosas en la vida se quedan sin explicación. Deseamos tener respuesta para ciertas cosas, en general en los momentos de nuestras vidas en los que nos sentimos desesperados y tristes. Algunas veces necesitamos un chivo expiatorio, alguien a quién culpar. Y algunos de nosotros pasamos años intentando encontrar respuestas que nunca llegarán.

La búsqueda de respuestas nos puede llevar por un camino estrecho y oscuro que recorremos solos, con miedo, mientras las paredes se van cerrando cada vez más. El "porqué" y el "cómo" son más que sólo preguntas; se vuelven nuestra única motivación para hacer cualquier cosa en la vida. Sin esas preguntas martillando nuestra mente consciente, no tenemos nada.

> La biología es
> lo que menos hace
> a alguien una madre.
>
> OPRAH WINFREY

Luego están esos otros sucesos en la vida que tampoco tienen explicación. Nos ocurren cosas maravillosas y le damos gracias al Cielo, agradeciendo sin preguntarnos cómo sucedieron. Nos sentimos felices y nos da miedo incluso plantear las preguntas. ¿Debemos retar al destino? Nos ha dado algo maravilloso; ¿quiénes somos para preguntar "por qué"? Nos regodeamos en nuestra felicidad, la disfrutamos, a sabiendas de que puede terminar en cualquier momento. Los infortunios pueden esperarnos a la vuelta de la esquina.

Cuando tenía pocos meses de nacida, mi madre me llevó a una reunión en casa de una pariente. La reunión congregó a mujeres de todas las edades relacionadas de alguna forma con la anfitriona: hermanas, tías, amigas. Mientras una vendedora presentaba sus recipientes de plástico con tapas herméticas, mi madre me pasó a los brazos abiertos de quienes preferían examinar el pequeño bulto que lloraba a admirar lo último en envases para guardar comida.

Los años pasaron después de esa reunión de mujeres y mi joven vida cambió mucho. A la edad de tres años y medio, me hacía falta un componente importante: una madre. La mujer que una vez me arrulló y me sonrió descubrió que necesitaba respuestas y me abandonó para buscarlas. ¿Acaso se sentía desesperada y triste? ¿Faltaba algo en su vida que debía encontrar? En su afán de conocer el "qué" y el "porqué", dejó a mi padre para ir en búsqueda de sus propias respuestas. ¿Cómo podría criar a una niña él solo? ¿Cómo podría darnos una vida completa y feliz?

La respuesta llegó en la forma de una mujer. Entró en nuestras vidas cuando más la necesitábamos y se mostró totalmente dispuesta a asumir el papel de esposa y madre. Nos cuidó a ambos con compasión y amor y nos dio todo lo que nos faltaba y más, mucho más. Me guió cuando era pequeña, me curó las heridas, me refrescó la frente cuando tenía fiebre. De adolescente, me ayudó en esos años difíciles y me guió por el camino correcto. Mucho de lo que soy ahora se lo debo a ella. Me enseñó de primera mano lo importante que es amar sin condiciones y que una familia no necesariamente se forma con lazos de sangre. Una familia se compone de las personas que te cuidan sin pensarlo ni imponer límites.

Ya adulta, muchas veces quise preguntarle a mi madre por qué se fue, si encontró lo que buscaba. Y si lo halló, ¿habrá sido mejor que lo que dejó? Pero mientras más me preguntaba esto, menos quería conocer las respuestas. No me iba a convertir en una de esas personas que van por la vida en una búsqueda interminable de la verdad. Fui feliz con mi realidad. ¿Cómo podrían ayudarme las respuestas? Consideré que no me servirían de nada. Mi vida cambió para siempre cuando mi madre se marchó, pero gracias a una maravillosa mujer, se convirtió en la mejor vida para mí.

Hace poco tiempo recordaba con mi familia algunos sucesos pasados y hablamos de cómo se conocieron mi padre y mi madrastra. Había escuchado la historia muchas veces y recordaba que el hermano de mi padre y la hermana de mi madrastra, que habían sido amigos durante años, los presentaron en una comida al aire libre en el verano. También me contaron que la mujer que me crió y me ha amado la mayor parte de su vida, aquella a quien llamo "Mamá", estaba en la misma reunión de mujeres donde estuve cuando tenía unos meses de nacida. Ella había ido a la fiesta por compromiso de amistad, como muchas de nosotras hacemos cuando alguna amiga es la anfitriona de una fiesta de decoraciones caseras y cosas por el estilo. Había ido con la idea de comprar un nuevo tazón o utensilio de cocina y en cambio, tuvo la oportunidad de arrullar a la invitada más pequeña de la fiesta. Ella me tomó en brazos ese día, sin saber lo que nos deparaba el futuro, en un momento de extraña coincidencia. Se estableció una conexión entre nosotras; estoy segura de ello, y esa fuerza fue lo que la llevó a nosotros tres años después. Esa conexión ha mantenido fuerte a nuestra familia por más de veinticinco años.

Al imaginar el futuro con ella como abuela de mis hijos, me siento reconfortada y feliz porque ellos también conocerán su generosidad. Somos una familia, a pesar de los giros y vericuetos que da la vida. Sé que si llega un momento en el que necesitemos respuestas, las encontraremos juntos.

Stephanie Haefner

58

Impulso para continuar

Querida Mamá:

Gracias por llevarme no sólo en tu vientre, sino por llevarme en brazos a la ambulancia cuando tenía seis años. Gracias por tu apoyo emocional durante esa terrible experiencia que cambió nuestras vidas en una fracción de segundo. Gracias por sostenerme a lo largo de la vida después de la amputación.

Fue hace muchos años cuando Papá y tú compraron el departamento de sus sueños al oeste de Central Park. Recuerdo que nos divertíamos mucho los fines de semana en nuestra granja al norte del estado; era maravilloso montar a caballo, salir a pasear en trineo y en bicicleta, pescar, nadar en los estanques y jugar con los animales.

> El dolor es inevitable.
> El sufrimiento es
> opcional.
>
> M. KATHLEEN CASEY

Hasta aquel terrible verano. De seguro te arrepientes de haberme permitido quedarme a dormir en la casa de una amiga esa noche. Pero, ¿quién iba a saber lo que sucedería? Los niños hacen locuras. A menudo me pregunto cómo pudiste soportar aquella llamada para avisarte que estaba atrapada en la banda transportadora de la granja y que era probable que tu preciosa hija de seis años perdiera la pierna. ¿Cómo pudiste observar cómo los socorristas pasaron tres horas serruchando para liberar mi pierna destrozada y llena de estiércol? ¿Cómo resististe verme gritar asustada, sin saber si viviría o moriría? ¿Cuánto valor necesitaste cuando el equipo de rescate me dijo que dejara de gritar y tú, contrariándolos, me susurraste al oído: "Sigue gritando, cariño"?

¿Cómo pudimos aguantar esos tres largos meses de verano en hospitales, intentando prevenir la gangrena para salvarme la pierna? Te recuerdo cuando tenías que ir al baño. Estaba tan asustada que tenías que dejar la puerta abierta para que pudiera verte desde mi cama en el hospital. Recuerdo que tus amigas se turnaban para llevarte mudas de ropa. Juntas sobrevivimos muchas operaciones, carpas de oxígeno, cámaras hiperbáricas y muchos cambios dolorosos de vendajes. Vivimos una pesadilla cuando tú les pedías a las enfermeras que humedecieran las vendas antes de que vinieran los doctores a quitarlas. Cuando comenzaban a arrancarlas y el dolor era insoportable, me mordías el muslo para distraerme del dolor. Imagina el horror de la escena. Gracias por nunca apartarte de mi lado. *Gracias.*

Hiciste todo lo posible por salvarme la pierna, pero en agosto, tuvieron que amputarme el pie. ¡Fuiste maravillosa cuando me dijiste que sería como la mujer biónica! Marcaste la pauta para lo que sucedería después. Cuando me amputaron el resto de la pierna, el impacto emocional fue mínimo gracias a cómo manejaste la situación. Ser amputada nunca fue ni será un factor determinante en mi vida. No permitiste que ni yo ni nadie me vieran de esa manera. Me trataste como a cualquier otro niño, impulsándome en la escuela, en la música y a tener una vida social sana. Nunca aceptaste nada menos que mi mejor esfuerzo. Gracias por nunca tratarme diferente.

A pesar de mi estorbosa prótesis que llevaba debajo de la rodilla, dejaste que nadara en el mar, corriera a fiestas y fuera animadora del equipo de futbol de mi escuela. Me inculcaste confianza y seguridad, que me han servido para enfrentar las miradas extrañas, las preguntas incómodas y la lástima de los demás. Gracias por darme la capacidad de sobrellevar la situación.

Cuando crecí, fui al Vassar College, visité París y me recibí de abogada. No habría podido hacer nada de esto sin el apoyo, el amor y la seguridad que me diste. Siempre me sentí la niña más afortunada del mundo. Siempre me sentí muy bonita, muy bella, a pesar de lo que me pasó en la pierna.

Hoy soy la orgullosa madre de tres niños cercanos a la edad en la que caí en la banda transportadora. Desearía que estuvieras aquí para ayudarme a criarlos. Ahora que soy madre comprendo muy bien lo que pasaste. El dolor que sentiste debió ser atroz e insoportable; mucho peor que el mío, pero todo el tiempo fuiste elegante, sensacional y airosa por dentro y por fuera. Fuiste el ejemplo más puro y verdadero de una dama. Si puedo llegar a ser una décima parte de lo que tú fuiste como mujer, esposa y madre, habré cumplido mis sueños. Fuiste única.

Mamá, esta carta es para decirte que estoy bien. De alguna forma, allanaste el camino para que yo pudiera salir adelante de esa dura prueba y vivir mi vida con el mínimo sufrimiento. Gracias por hacerme sentir que la profunda pérdida que sufrí no era nada. Gracias por permitirme vivir, amar y crecer con normalidad. Gracias por nunca dejarme ver tu tristeza, depresión, miedo o rabia. Me guiaste con tu ejemplo. Gracias por darme la fuerza y el valor que ahora tengo para transmitirla a otras personas amputadas que necesitan ayuda. Gracias por enseñarme que las imperfecciones de la vida son lo que la hacen más bella.

AVIVA DRESCHER

Caldo de Pollo para el Alma

6

CAPÍTULO

Lo que se siembra

59

Caldo de pollo del corazón

El viento helado de febrero se abrió paso a través del cementerio e hizo un agujero en mi corazón. Mientras nos alejábamos de la tumba y nos dirigíamos al automóvil, comenzaron a caer copos de nieve a nuestro alrededor. Mamá detestaba el frío, pero la dejamos atrás, bajo un manto de nieve. Es imposible cambiar el clima, como también fue imposible curar el cáncer que me la arrebató. Horas después de llegar a casa, el viento gélido seguía enfriándome el corazón. ¿Cómo podría reemplazar la calidez del amor de mi madre? Había muerto y su amor se había ido con ella.

> Las sobras en su forma menos visible se llaman recuerdos, que guardamos en el refrigerador de la mente y en la alacena del corazón.
>
> THOMAS FULLER

Durante la siguiente semana estuve yendo y viniendo del departamento de Mamá, clasificando y distribuyendo sus pertenencias. El último día del contrato de renta, llevé una hielera para guardar lo que ella tenía en el refrigerador. Al final del día, cerré la puerta de su departamento, entregué las llaves en la recepción e inicié el camino de mi vida que nunca más me llevaría a la puerta de Mamá. Lloré durante todo el camino a casa.

Pasé como autómata los lúgubres días de invierno que siguieron. Iba y venía del trabajo, aturdida con las tareas y actividades diarias que realizaba con muy poco entusiasmo. La cinta sin fin de "Mamá" se repetía una y otra vez en mi cabeza, me distraía e impedía concentrarme en cualquier otra cosa que no fuera mi corazón acongojado y lo vacía que se sentía mi vida sin ella.

Cuando desperté un sábado por la mañana con estornudos y fiebre, me pareció muy apropiado que me sintiera tan mal en el aspecto físico como en lo emocional. Por fortuna tenía todo el fin de semana para taparme hasta la cabeza con las cobijas y aislarme de mi esposo, mis amigos y cualquier otra persona en el mundo que esperaba que saliera de la nube de dolor que me había tragado por completo.

El domingo por la tarde, antes de que mi esposo saliera a comprar comida, me dijo que había una olla de sopa caliente en la cocina en caso de que mi apetito volviera antes que él. Cuando me aventuré a entrar en la cocina, el aroma del legendario caldo de pollo de Mamá se hizo más fuerte a cada paso que daba. Este caldo era famoso por aliviar el resfriado común. Pero, ¿cómo podía ser? No obstante, como era de esperar, levanté la tapa de la olla y el vapor del caldo de pollo de Mamá casi susurra mi nombre.

Lo aspiré profundamente, permitiendo que penetrara cada poro. Entonces caminé al fregadero y miré el envase vacío con una etiqueta que decía "Caldo de pollo, enero", escrito con la mano temblorosa de Mamá. Fue probablemente el último lote que preparó. Debí de haberlo llevado a casa en la hielera cuando vacié su refrigerador.

Sentada a la mesa de la cocina, saboreé cada gota del caldo y dejé los anchos fideos de huevo para el final. Entonces puse un poco de mantequilla encima de los fideos y, en cuanto empezó a derretirse, la revolví en el tazón, observando cómo brillaba en cada fideo, mientras se me hacía agua la boca anticipando cada bocado delicioso.

Mi madre no usaba nada preparado cuando se trataba de alimentar a su familia y todo lo que comíamos lo hacía ella desde el inicio. Aunque yo siempre admiré sus habilidades culinarias, recuerdo que de niña le suplicaba que me dejara llevar a la escuela un termo lleno de sopa de lata y un poco de puré de manzana de frasco, porque eso era lo que veía que otros niños sacaban de sus portaviandas a la hora del almuerzo. Mamá miraba al cielo y decía: "No mientras haya aliento en este cuerpo", con un aire dramático al estilo de Katharine Hepburn y un tono firme en su voz que decía: "de ninguna manera".

Cuando terminé el último fideo, miré la estufa e imaginé a Mamá revolviendo la sopa mientras agregaba zanahorias y apio, como tantas veces en la vida la vi hacerlo. Entonces me di cuenta de algo. Noté que me sentía caliente y llena de caldo de pollo, pero además, estaba sonriendo, algo que no había hecho desde que la palabra cáncer se mencionó noventa días antes de que Mamá falleciera.

"No mientras haya aliento en este cuerpo". Esas palabras resonaron en mi mente muchas veces hasta que estallé de risa. Vayan ustedes a saber cómo encontró mi madre la forma de cuidar de mí mucho después de haber exhalado su último aliento. En los siguientes seis meses, cuando me sentía más triste por la falta de Mamá, sacaba un paquete sorpresa del refrigerador, lo calentaba y disfrutaba del placer de comer una de sus especialidades caseras. Cada bocado me hacía sentir más fuerte y me estimulaba a apreciar la alegría de vivir.

Hace cinco años que murió Mamá, pero su famosa sopa sigue viva. Fue apenas la semana pasada cuando finalmente tuve el valor de intentar reproducir ese delicioso sabor. Mientras reunía los ingredientes, tomé las hojas de laurel, recordando que Mamá insistía en que eran el ingrediente que hacía que su caldo fuera el mejor de todos. "No escatimes con las hojas de laurel", aconsejaba. "Echa tres o cuatro hojas de buen tamaño a la olla. Eso es lo que le da el buen sabor". Las hojas de laurel, en efecto, le dan un sabor característico al caldo, pero también despiden un aroma inconfundible y delicioso que atrae a cualquiera que pase por ahí.

Los recuerdos de todas las maravillosas comidas que compartimos en la mesa de la cocina de Mamá me hicieron compañía mientras cortaba las zanahorias y cebollas para después colocarlas en la olla con el pollo. Poco después de que el caldo comenzó a hervir, el aroma reconfortante y familiar del caldo de pollo casero llenó mi cocina; estaba impaciente por servirlo.

Cuando nos sentamos a comer, serví la sopa en un tazón para mi esposo y le pasé una hogaza de pan caliente y crujiente. Después de probarlo, mi esposo dejó la cuchara en el tazón y dijo: "Por favor, dime que no estoy comiendo el caldo que lleva cinco años en el refrigerador". Ah, cuánto me reí por la ocurrencia, pero me llené de orgullo por dentro. Poco antes de ir a dormir esa noche, susurré un agradecimiento a mi mamá por guardar en mi corazón no sólo la receta de su delicioso caldo de pollo, sino también el recuerdo permanente de su amor.

ANNMARIE B. TAIT

60

La joya de Mamá

Cuando era pequeña, me encantaba hurgar en el joyero de mi madre cuando mis papás salían por la noche. Contenía tesoros escondidos deslumbrantes, como las gemas del cofre de un pirata. Me probaba cada joya de Mamá e inventaba una historia que la acompañara. Un broche con un diamante de imitación en forma de corona me daba el permiso de una reina para dejar volar la imaginación. Las escurridizas cadenas de oro se enroscaban como serpientes en mis brazos y fingía ser Cleopatra. Mamá tenía más anillos que yo dedos en las manos y usaba uno cada vez, asignándole poderes mágicos específicos que activaba con un solo toque. Mi madre tenía una gran cantidad de aretes; algunos me colgaban hasta el cuello y se balanceaban mientras me convertía en bailarina egipcia. Los aretes con pequeñas perlas descansaban delicadamente en mis orejas y me hacían sentir parte de la realeza por una noche.

> Las joyas más preciosas no son de piedra, sino de carne y hueso.
>
> ROBERT LUDLUM

Sin embargo, lo que más me gustaba era una pulsera de piedras lechosas, que mi madre llamaba piedras de la luna. Si tenía suerte y mi madre se ponía otra cosa esa noche, podía usar la pulsera hasta que me fuera a dormir. Fingía que alcanzaba el cielo con la mano, capturaba la luz de la Luna y la colocaba con cuidado en cada piedra. Luego sostenía la pulsera contra la ventana para compararla con la Luna. Esta era siempre más grande, pero las piedras eran más brillantes. Parecían destellar con mayor intensidad a medida que la Luna se hacía más grande hasta que, durante la luna llena, eran tan hermosas que el asombro me quitaba el aliento. Un día decidí que cuando fuera grande usaría la Luna en mi muñeca siempre que quisiera, incluso durante el día, y sería una dama elegante. En ese tiempo, la dama más elegante que conocía era mi madre.

Mis hijos ya eran grandes cuando a mi madre le diagnosticaron la enfermedad de Alzheimer. Para entonces, el joyero se me había olvidado y mis fantasías infantiles se habían transformado en posibilidades más realistas. Mi madre también se había transformado. No había elegancia en el lento paso hacia la demencia o en la ira de su desesperación. No tenía nada de elegante ver a mi madre, aquella mujer que con tanto esmero se arreglaba el cabello y las uñas, sucia y descuidada. No había belleza alguna en sus ojos desorbitados.

Cuando Mamá murió, la pulsera de piedras de la luna fue mía. La mandé a un joyero a que la puliera y pensé que sería una de mis posesiones más valiosas, una parte de mi madre que refulgiría entre los recuerdos de mi niñez. La pulsera regresó con el mismo brillo lustroso que recordaba. Observé cada piedra perfecta incrustada en su lugar en la base clásica de plata. Después de tantos años seguía siendo hermosa.

Sin embargo, no podía usarla. Ya no la relacionaba con la elegancia de mi madre, sino con su ausencia. Su cuerpo físico sobrevivió hasta pasados los setenta años, pero el Alzheimer le arrebató su personalidad y su espíritu. No podía separar las dos imágenes. La pequeña niña estaba desolada y la mujer adulta demasiado traumatizada para sentir alivio con la Luna.

Puse la pulsera en una bolsa de plástico con otras joyas de mi madre, que nunca usaría, y la guardé en el armario. Ahí fue donde mi hija la encontró un día que fue de visita.

—¡Anda! —exclamó—. ¿Cuándo la compraste?

—Era de la abuela —respondí, sorprendida por el nudo que se me formó en la garganta.

Levantó la pulsera y la puso a contraluz para que los rayos destellaran a través de las piedras traslúcidas tal y como yo había hecho años atrás. Al observarla, volví a ver la pulsera con ojos de niña. Recordé a mi madre en sus días glamorosos, con su sonrisa amplia y exótica, el cabello recogido en la nuca en lo que ella llamaba un *chignon* cuando se preparaba para salir por las noches. Casi pude verla volviéndose hacia mí, como alguna vez lo hizo, con el brazo extendido para pedirme que la ayudara a ponerse sus joyas. Yo me estiraba para cerrar el broche de la pulsera en su muñeca y ella me premiaba con un abrazo cuando la pulsera quedaba bien puesta.

Regresé al presente cuando mi hija pidió: "¿Me puedes ayudar, Mamá?" Su brazo estaba extendido de la misma manera en que lo hacía mi madre. Le abroché la pulsera en su delicada muñeca. Lucía perfecta en ella, tan elegante como debía serlo. Mi hija y yo encontramos los aretes que hacían juego y rebuscamos entre las otras joyas. Sacamos todo lo que le atrajo, limpiamos las piezas y las empacamos para que se las llevara a casa. De vez en cuando la veré usar algo del joyero de Mamá y eso me hace feliz.

Sé que algún día podré volver a usar las joyas de mi madre. Mientras tanto, trataré de no recordar su locura, sino cuánto se esforzó por no enloquecer; pensaré en sus últimos días en el hospital, cómo intentó recuperar la fortaleza física que alguna vez tuvo y cómo luchó contra la niebla que poco a poco la había ido envolviendo. Fue una batalla real, digna de una reina. Y justo como una reina, me concedió un precioso regalo: despertó de un estado de semiinconsciencia, la mirada ausente se enfocó de pronto y su mente recobró la claridad suficiente para decir "te amo", las últimas palabras que pronunció antes de caer en coma.

Ahora me doy cuenta que esa es la verdadera joya que me dejó: la comprensión de que cada uno de nosotros tiene una fuerza interna. Pase lo que pase, buscaré mi propia elegancia como mujer adulta y probada, como madre que transmite habilidades vitales a sus hijos, como persona que descubre su valor conforme pasan las décadas. Y cuando vuelva la mirada a la Luna, sabré que por más resplandeciente que sea una joya, el espíritu humano es el que realmente brilla.

FERIDA WOLFF

61

Igualita a Mamá

"**V**as a ser igualita a tu madre", me decía mi padre cuando era más joven. Estoy segura de que no lo decía como halago, ya que sólo me lo decía cuando estábamos en desacuerdo o mi conducta era obstinada. Como entonces tenía unos quince años, esto me daba más miedo que cualquier otra cosa en la vida; incluso más que el acné, los novios y la preparatoria.

Estaba determinada a nunca convertirme en mi madre. Estaba segura de que iba a madurar y llegaría a ser una mejor persona de lo que mi madre podría ser jamás. Me propuse nunca juzgar a la gente por su apariencia. (¿Qué tenía de malo mi inclinación a llevar a casa animales callejeros que no eran pequeños, tiernos o amorosos?) Estaba firmemente convencida de que nunca le diría a mi hija que no podía quedarse hasta tarde con sus amigas, o que necesitaba ponerse más ropa antes de salir. Nunca me obsesionaría con las cosas. Por lo menos eso es lo que pensaba a la sabia edad de diecisiete años.

> Las madres e hijas se acercan más, cuando las hijas se vuelven madres.
>
> AUTOR ANÓNIMO

Mi inclinación a la independencia sólo aumentó conforme me hacía mayor; fui a la universidad y me mudé de casa para vivir sola. Estaba más determinada que nunca a hacer las cosas de forma diferente a como las habían hecho mis padres. Yo lo haría bien. ¿Qué tan difícil podía ser? Vivía sola y, pese a ello, mi madre seguía tratando de controlar mi comportamiento.

–Shannon –me decía cada vez que le contaba mis planes–, estás actuando de forma estúpida –yo me preguntaba qué tenía de estúpido que–

rer ir a la playa durante las vacaciones de primavera. Decidí dejar de contarle mis planes con la esperanza de eliminar los sermones maternales.

Cuando tenía diecinueve años, estaba convencida de que tenía todo resuelto. Me casé con mi novio de la preparatoria y, por primera vez, mis padres se sintieron complacidos con una de mis decisiones. A los veintidós años di a luz a mi primer bebé: una niña.

Era una niña pequeña y hermosa que se apoderó de mi corazón desde el primer instante en que me miró. Antes de ese momento, me había esforzado mucho en no ser como mi madre. No quería regañarla, estar encima de ella ni asfixiarla. Yo no sería así.

Al pasar los meses y los años después del nacimiento de mi hija, me di cuenta de lo maravillosa que era mi madre. Ella amaba con todo su ser. Me protegió con una ferocidad semejante a la de una mamá osa. Renunció a todos sus sueños y a todo lo que quería para darme lo que necesitaba. Me regañaba porque sabía que el mundo no era sólo "miel sobre hojuelas" como yo creía ciegamente. Sabía que amar a su hija era el regalo más importante que podía darle. Y tenía razón.

Después de pasar más de veinte años luchando por ser completamente opuesta a mi madre, entendí cuánto quería parecerme a ella. Deseaba amar a mi hija de la misma forma que me ama mi madre. Ya no tenía miedo de convertirme en ella; ¡tenía terror de no parecerme a ella! Deseaba amar, reír, vivir de la misma manera que mi mamá lo había hecho. Quería darle a mi hija lo mismo que mi madre sacrificó por mí. Entendí el amor de una madre desde una perspectiva completamente distinta. Mi madre se volvió mi heroína.

Mi padre aún bromea conmigo y me dice que soy igualita a mi madre. Yo sonrío y agradezco a Dios por permitirme vivir mi vida siguiendo el ejemplo de mi madre. Todavía llevo a casa animales callejeros, pero me limito a los mamíferos. Ahora mi madre se ríe mucho cuando mi hija me pone a prueba y lleva a casa los animales que se encuentra en la calle.

SHANNON SCOTT

62

Encontrar la felicidad
en tiempos de duelo

Crecí en un instante. No, no fue como cuando crucé el estrado para recibir mi diploma de preparatoria o como cuando caminé por el pasillo central de la iglesia con mi nuevo esposo. Tenía veintiocho años y mi madre acababa de morir. El cáncer ganó y yo perdí. Me quedé inmóvil en su cuarto de hospital con una mano sobre su brazo y la otra en mi vientre que crecía. Tenía tres meses de embarazo del primer nieto de mi madre. En ese momento, mi pequeño mundo cambió para siempre. A pesar de tener un marido maravilloso, una familia grande y amigos solidarios, me sentí sola. La única constante en mi vida había desaparecido. Sin sus consejos me sentía insegura de mis decisiones. Sin su guía, ¿cómo podría ser la madre que ella fue?

> Una hija es los recuerdos felices del pasado, los momentos alegres del presente y la esperanza y la promesa del futuro.
>
> AUTOR ANÓNIMO

Pasé horas incontables examinando la relación que compartí con la increíble mujer que llamaba madre. Ella fue mi mejor amiga, mi más grande admiradora y el único hogar que he conocido. Fui su única hija y ella fue madre soltera. Éramos un equipo y aunque no fuéramos una familia tradicional, no hubiera querido por ningún motivo que fuera de otra manera. Aun de adulta, disfrutaba de su compañía por encima de la de cualquier otra persona. Hacíamos las compras, viajábamos y sosteníamos conversaciones profundas en las que mi madre me contó historias íntimas de su vida. En estas charlas siempre había por lo menos una botella de vino de por medio.

El embarazo de mi madre fue un accidente. No fue sino hasta que tuvo una complicación grave que se dio cuenta de cuánto quería realmente al bebé que esperaba. Mi madre comenzó a prepararse para la llegada de una hija. Nunca se hizo un estudio de ultrasonido. De alguna manera "sólo sabía" que sería niña.

Mi embarazo fue un poco diferente. Después de enterarme de que el cáncer de mi madre se había extendido del colon a los pulmones, mi esposo y yo decidimos intentar tener un hijo. Quería con el alma que mi madre fuera parte de la vida de mi hija. Nos imaginaba yendo con ella a nuestra tienda favorita de ropa y al spa por primera vez. Nos veía nadando en el mar y compartiendo todos los increíbles regalos que dos mujeres de diferentes generaciones podían brindarle. Sí, en mi mente, mi bebé siempre era una niña. Veía a una hija que me permitiría continuar las tradiciones que compartí con mi madre.

En las semanas siguientes a la muerte de mi mamá, me concentré en el bebé que esperaba. Me mantenía ocupada con los preparativos para su llegada. Me pasé horas enteras deliberando sobre el cochecito de bebé que sería más fácil utilizar cuando saliéramos a pasear con nuestros dos perros. Recorrí los pasillos de Babies "R" Us durante horas intentando escoger el extractor de leche adecuado. Me mantenía ocupada para que mi mente no comenzara a divagar. Creía que si me permitía comprender cabalmente la situación en la que me encontraba, caería en una depresión tan profunda que no podría levantarme. Intenté no pensar en lo que había perdido e ignorar el vacío que ahora formaba parte de mi vida diaria.

Durante este tiempo, volví a pensar en el sexo de mi bebé que aún no nacía. Pensaba que una hija me ayudaría a reemplazar lo que había perdido. Sabía que amaría a mi bebé sin importar su sexo, pero me aferraba al sueño de tener una hija como si se tratara de un bote salvavidas en el mar de emociones que ahora era mi vida. Mi único consuelo venía de saber que yo tomaría el papel de la madre en la relación madre–hija. Le daría a mi hija la misma guía, el amor incondicional y la amistad que me brindó mi propia madre.

Me hicieron el ultrasonido para determinar el sexo del bebé exactamente un mes después de que falleció mi madre. Ese día trajo consigo emociones encontradas. Había hecho la cita con meses de anticipación y mi madre había planeado estar ahí para la ocasión. En su lugar, mi esposo y yo estábamos solos en la sala de espera. Era inquietante sentirme emocionada, nerviosa y triste al mismo tiempo. Traté de no pensar en su ausencia. Traté de concentrarme en la importancia de ese día. Estaba a punto de ver a mi bebé. Finalmente sabría si debía comprar una cobija rosa o azul para recibir al bebé.

Me pareció que la cita se prolongaba por siempre. Buscaba en la mirada de la doctora una señal que me indicara qué iba a tener. Y entonces escuché algo que se le escapó al referirse al pequeño cacahuate que aparecía en la imagen del ultrasonido: un "ella". Mi corazón se detuvo mientras esperaba a que confirmara el pronóstico. La doctora sonrió y al fin dijo que esperáramos a una niña dentro de unos cuatro meses. Ya no pude contener las lágrimas. Lloré lágrimas de felicidad ante la idea de ser madre de una pequeña niña; lloré lágrimas de tristeza porque necesitaba con desesperación a mi madre en ese momento. Mi esposo me abrazó mientras me sentaba en la mesa de examen. La doctora estaba confundida con mi reacción e intentó hacerme reír para que dejara de llorar diciendo: "Lo siento. ¿Quería un niño?"

Ahora tengo a mi pequeña hija y mi amor por ella es más fuerte de lo que imaginé que sería. Mi mamá solía decir que yo era lo mejor que le pudo ocurrir en su vida. Aunque mi vida no ha terminado, estoy segura de que haber traído a esta criatura tan perfecta a este mundo será mi más grande logro. Le daré el mismo amor incondicional y el apoyo que me ayudaron a salir adelante en los tiempos más difíciles. Anhelo enseñarle lugares y experiencias nuevas. Y cuando tenga la edad suficiente, compartiré con ella detalles íntimos de la vida de su abuela para que conozca el legado que le dejó.

Megan Dupree

63

Convertirme en mi madre

De acuerdo, ya es oficial: ¡me estoy convirtiendo en mi madre! En un viaje reciente que hice en avión, no sólo puse todos los líquidos en la obligatoria bolsa de plástico con cierre hermético en mi equipaje de mano, sino que decidí guardar mis demás artículos de tocador en otras dos bolsas de plástico. En mi defensa, estaba cambiando apresuradamente el contenido de mi bolsa al portafolio de la computadora portátil, que no tenía divisiones para objetos más pequeños. En el instante en que lo hacía recordé cómo me horrorizaba que mi madre hurgara en su bolso para sacar cosas de las bolsas de plástico que normalmente llevaba (¡en público!). Me causaba tanto horror que le compré un conjunto de atractivas bolsas para cosméticos para que las usara en vez de esas espantosas bolsas de plástico. ¡Ay, qué le voy a hacer!

> De todos los momentos que uno teme de la maternidad, pocos se comparan con escuchar tus propias palabras salir de la boca de tu hija.
>
> VICTORIA SECUNDA

Mi relación con mi madre nunca ha sido blanca y negra. No sé ustedes, pero yo tengo problemas con la separación. Estar cerca es una espada de doble filo, según creo, al menos para madres e hijas. Durante toda mi niñez, Mamá fue una mujer prominente en nuestro pequeño pueblo, tanto en lo cívico como en lo social. La gente del pueblo siempre me llamaba por su nombre y me decía que me parecía mucho a ella, lo que no me agradaba para nada.

De adolescente, no podía comprender por qué mis amigas toleraban, e incluso invitaban su presencia cuando yo prefería esconderme debajo de una piedra antes que salir en público con ella. Incluso una vez me llevó a rastras a una reunión de un nuevo grupo de adolescentes. He de admitir que los chicos de ese grupo terminaron volviéndose amigos maravillosos. ¿No es odioso cuando tu mamá tiene razón? Aun así, luego de superar varios años muy difíciles en la secundaria y en preparatoria, salí ansiosamente de su esfera de influencia. Después de la universidad me mudé a cientos de kilómetros para estar lejos de su influencia.

Adelantemos la cinta veinte años. Mi madre se mudó a la ciudad donde vivo y comenzó a asistir a la iglesia de mi fe recién encontrada, en mi vecindario. Empezó a estudiar en la universidad local la misma carrera profesional que yo. Pasé por un resurgimiento instantáneo de las emociones de estira y afloja de mi infancia, de sentirme eclipsada por ella otra vez. Mi actitud defensiva, que pondría los pelos de punta a cualquiera, empeoró por el hecho de que yo ya tenía un hijo en ese entonces. Y mi madre y yo teníamos ideas muy diferentes sobre la maternidad: su manera, típica de su generación, incluía corralitos, horarios y disciplina. Mi manera… pues… francamente no.

Mi hijo Sammy sabe muy bien que la forma más eficaz de hacerme enojar es compararme con su Abue, como aquel día que tomé el control remoto y empecé a cambiar de canal cuando veíamos la televisión y me detuve en el programa *Meerkat Manor* de Animal Planet, que mi madre ve hasta el cansancio. Sammy se burló de mí sin piedad.

Al igual que Mamá, mi cabello se ha adelgazado, por lo que ahora me quemo el cuero cabelludo cuando me asoleo. Pero me rehúso (hasta el momento) a usar sombrero cada vez que voy a salir, en parte por mi estilo personal de vestir y en parte porque Mamá usa sombrero. ¿Debo admitir que cuando a veces la gente dice que soy igual a ella, en realidad puedo ver el parecido?

En fechas recientes me han sorprendido llamándole por teléfono para avisarle que darán algo especial en la televisión que sé que disfrutará, aunque pongo los ojos en blanco cuando ella hace lo mismo conmigo. Aún tengo ese espasmo visceral de distanciarme de vez en cuando, como cuando tuve que usar un bastón antes y después de una cirugía de rodilla el año pasado. Me apresuré a dejarlo para no verme como Mamá. Ella usó uno regularmente antes de comenzar a usar la andadera. Madre e hija con los mismos soportes; eso ya era demasiado y, ¡caramba!, ¡tengo veintiocho años menos que ella!

Todas las defensas que construí desde que era adolescente y en la edad adulta para no volverme como mi madre se han venido abajo con la edad; no sé si la suya o la mía. Lo que sí sé es que agradezco haber heredado su fortaleza y resistencia a pesar de que vengan acompañadas de todo lo demás. Y uno nunca sabe, tal vez un día yo también seré una vieja aguerrida.

KAREN KULLGREN

64

Visión de túnel

Me dejé caer con desgano en mi sillón favorito: una reliquia de felpa marrón desgastada que rescaté en una de mis expediciones a una venta de garaje. El desorden del desayuno que habían dejado mis seis hijos me miraba de soslayo desde la cocina mugrienta. Pilas enormes de ropa sucia esperaban detrás de la puerta del cuarto de servicio. Las camas sin tender y las telarañas en las esquinas empolvadas se burlaban de mí hasta llevarme al filo de la depresión.

> El problema de ser padre es que cuando tienes la experiencia necesaria, te quedas sin empleo.
>
> AUTOR ANÓNIMO

—¡Qué demonios! —pensé—. Voy a prepararme una taza de té y me comeré el chocolate que he estado escondiendo —saqué el nuevo ejemplar de *Reader's Digest*, que me llamaba a señas seductoramente desde debajo de una pila de cuentas por pagar.

Dos horas más tarde, terminé de leer la última página de la revista y me despabilé.

—¡Ay, Dios mío! —exclamé—. Nunca voy a terminar de lavar. Los niños llegarán de la escuela antes de que acabe de limpiar la casa —salí disparada a hacer mis quehaceres domésticos.

No había adelantado nada cuando mi madre entró.

—Hola —me saludó en tono alegre, tomó la escoba y comenzó a barrer—. Parece que empezaste tarde —comentó.

Sin molestarme en contestar, entré enojada al cuarto de lavado. Hice un revoltijo de ropa sin separar, lo arrojé a la lavadora y me hundí en una pila de sábanas sucias. La depresión me invadió tan rápido como el agua que llenaba la tina a mi lado.

Después de regodearme en la autocompasión durante media hora, regresé a la cocina. Mamá tenía los brazos sumidos hasta los codos en agua jabonosa y lavaba mis platos sucios. El piso estaba limpio y las mesas relucientes. Me senté a la mesa que mi madre había limpiado y rompí en llanto. Mamá sirvió una taza de café instantáneo y se sentó frente a mí.

—¿Qué te pasa? —me preguntó con voz calmada.

—Mamá —tragué saliva, mientras me secaba las lágrimas con la manga de mi bata de baño—, parece que el trabajo de la casa nunca se acaba. Estoy cansada de levantarme temprano y acostarme tarde y nunca tener tiempo para mí. Es muy difícil pagar los gastos. Cada vez que creemos que vamos a tener un respiro, alguien tiene que ir al doctor o el automóvil necesita reparaciones. Esta casa es vieja, sucia y demasiado pequeña.

Mi madre escuchó pacientemente mis infortunios.

—Norma —empezó a decir—, recuerdo que sentía lo mismo con doce niños que tenía que criar. Créeme, las finanzas mejorarán y podrán salir adelante. Tal vez no la veas, pero hay luz al final del túnel. Dentro de dos años, tu hijo mayor tendrá dieciocho años. Disfruta ahora; disfruta de este momento con tus hijos. El ayer ya se fue. Sólo tienes el día de hoy.

Levanté la mirada y vi que mi madre tenía los ojos humedecidos por las lágrimas. De pronto, sin venir a cuento, ¡entendí lo que dijo! Mamá hablaba por experiencia. Había llegado al otro lado del túnel y recordaba esos años preciosos. Tal vez había algo de lo que se arrepentía, y no quería eso para mí.

"Disfrutaré del momento", pensé. "No voy a dejarme caer por cuestiones triviales".

Unas horas después, por la tarde, observé a mis hijos devorar las galletas recién horneadas. Discutían acerca de quién se comería la última. La mesa estaba llena de migajas y también el piso. No me importó, disfruté cada minuto.

Gracias, Mamá, por lo que me enseñaste ese día, por ese momento y por tu consejo y sabiduría. Estoy muy agradecida.

NORMA FAVOR

65

La magia del desorden

C uando mi madre murió, me quedé con uno de sus tesoros: un pisapapeles gris claro, como de mármol, que decía en letras negras brillantes: "Señor, bendice este desorden". Este artículo representaba una misteriosa idea sobre mi madre. Qué era precisamente, no podía decirlo en el momento.

Yo no conocía la historia detrás de la adquisición del pisapapeles de mi madre, pero podía imaginar su reacción cuando lo vio por primera vez. Con mirada traviesa debió de haber dicho: "¡Ah, eso es justo lo que necesito!" Y luego se habrá echado a reír.

> La mujer que me trajo a este mundo ya no vive, pero parece que soy su hija en formas cada vez más profundas.
>
> JOHNNETTA BETSCH COLE

Desde que tengo uso de memoria, ese pisapapeles decoró con gracia el enorme escritorio de madera que estaba en el rincón del comedor de la casa donde crecí en Kansas. De vez en cuando, uno de mis padres lo movía de un lugar a otro, pero siempre ocupó un lugar prominente en la superficie del escritorio. Algunas veces mi madre bebía café helado en una taza colorida cuando se sentaba al escritorio a trabajar en los libros de contabilidad de la compañía de mi papá o se ocupaba de asuntos personales. Junto a ella tenía su máquina sumadora, su Rolodex y sus útiles de trabajo.

La cubierta del escritorio, llena de libros de contabilidad, pilas de papeles y objetos misceláneos, se veía caótica, pero Mamá tenía la clave. Ella conocía el orden del desorden... por lo general. Bendecir el desorden debió de ser su secreto, ya que este caos ordenado funcionaba. Las cosas se hacían: las cartas se mandaban; los gastos quedaban registrados; las cuentas se pagaban; las decisiones se tomaban. De vez en vez, cuando algo se le escapaba, levantaba metódicamente cada pila colocada en cierto lugar y buscaba hasta encontrar lo que necesitaba. El retraso no le molestaba. Seguía adelante laboriosamente, con una fe formidable en que encontraría lo que buscaba.

–¡Ay, gracias a Dios! ¡Aquí está! –exclamaba con alegría cuando descubría el objeto errante. Entonces, regresaba a su trabajo hasta que percibía los aromas de la cocina que le recordaban que debía detenerse para preparar la cena. En otras ocasiones, sonaba la alarma de la estufa para indicarle que se levantara del escritorio y fuera a terminar de lavar la ropa o a hacer labores de jardinería.

Ahora, como jubilada antes de tiempo y escritora, presido un paisaje indómito en el que el caos ya echó raíces; raíces profundas y enredadas. He enderezado las pilas y probado trucos de organización; sin embargo, me regodeo en la pesadilla de todo escritor: pilas desordenadas, mesas repletas de papeles y estantes de libros atiborrados.

Sin inmutarme, reinvento mi situación desde una nueva perspectiva. Interpreto el desorden sobrecogedor como una revoltura de bendiciones. Las gemas que me inspiran a llegar a nuevos niveles cuando escribo se esconden dentro del desorden. Cuando dudo de la dirección que tomo, acaricio el infame pisapapeles con la leyenda "Señor, bendice este desorden" para que me transmita su magia. Pienso que lo que funcionó para mi mamá también puede funcionarme.

Recuerdo la fe de mi madre, su misterioso toque mágico que hacía maravillas en su escritorio desordenado y sigo adelante.

"Sé que está aquí en algún lado", pienso.

Busco; me impulsa la emoción de la búsqueda del tesoro. Con ojos amorosos, rebusco entre las pilas de libretas de notas, diarios, borradores, pedazos de papel con listas tachadas, citas garabateadas, notas sobre escenas que observo y recortes acumulados. Con cuidado, levanto los libros que me inspiran y me enseñan el arte de escribir, los hojeo y dejo que su sabiduría fluya a través de mí. Me entretengo con el cúmulo de recuerdos guardados, o jugueteo con mis montañas de fotos. En algún punto de la búsqueda lo encuentro: la palabra, la imagen, el objeto o la memoria que me movió a poner palabras en una página. Levanto de nuevo la voz:

–¡Aquí está!

Algunas veces me descubro imitando a mi madre cuando inicio mis exclamaciones con un "¡Ay, gracias a Dios!"

Como ella, el mensaje sencillo de algún objeto ordinario me aterriza: "Señor, bendice este desorden".

La gema, la bendición encontrada, refleja los profundos e indomables impulsos vitales que, una vez nombrados, capturan el corazón del lector. La masa de palabras antes caótica se torna en una forma reconocible para suscitar el interés y alentar la esperanza en el entendimiento de la vida.

Sin el desorden no habría orden; no habría una nueva forma de ver la vida. Entregarse al caos, hurgar en el remolino del desorden enciende la chispa de un cambio de perspectiva, una descripción original, un fragmento de verdad inmaculada.

Gracias a mi madre y su magia, representadas en el pisapapeles, he aprendido a aceptar lo que es, incluido el desorden que impera a mi alrededor. Apropiarme de mi desorden y bendecirlo me lleva al mundo de las palabras rebeldes y los personajes elaborados que retozan en la página y que, una vez que se vuelven conocidos para mí, me enseñan el camino.

La magia de mi madre aún hace maravillas y se lo agradezco. He adquirido perspectiva y el poder que reside en mí gracias a su premisa que la vida se resuelve de una forma u otra.

RONDA ARMSTRONG

66

Desempolvar recuerdos

C omo una niña pequeña que vivía en una zona rural de Alabama, nunca comprendí por qué Mamá pasaba tanto tiempo horneando pan y obligando a mi hermano y a mí a que la ayudáramos. Un día cada segunda semana lo dedicaba a elaborar el pan. Mi hermano y yo estábamos a cargo de moler el trigo para hacer harina mientras Mamá preparaba el resto de los ingredientes. Uno de nosotros vertía el trigo, poco a poco, en la tolva mientras el otro giraba la manivela y después cambiábamos de posición cuando se nos cansaban nuestros pequeños brazos. El molino estaba unido a una mesa de metal en el rincón del comedor, y de vez en cuando, la empuñadura en forma de tornillo se aflojaba y teníamos que parar para apretarla.

> Los momentos más felices de mi vida son los pocos que pasé en casa, en el seno de mi familia.
>
> THOMAS JEFFERSON

A la larga, Papá le compró a Mamá un molino motorizado y nuestra rutina cambió de echar el trigo y molerlo a evitar que el polvo de la harina ensuciara toda la cocina y el comedor. A pesar de nuestros denodados esfuerzos, la harina siempre terminaba dispersa por todos lados. Así que al final del día, mientras se horneaba el pan, limpiábamos el polvo blanco de cada superficie recubierta.

Mientras realizaba mis tareas y ayudaba obedientemente a hacer el pan, pensaba con irritación en la cantidad de horas que pasábamos en la cocina. Miraba con tristeza por la ventana a mis caballos que pastaban cerca de la casa. Prefería estar afuera con mis caballos. En retrospectiva, nunca me gustó la idea que tenía mi mamá de pasar un buen rato en familia con mi hermano y conmigo, por lo menos en lo concerniente a la cocina.

Los años han pasado y ya soy madre. Mi casa está al norte de Idaho. Realizo los quehaceres de la cocina con más gracia ahora que soy adulta, pero prefiero dejar la mayoría de las labores de cocinar y hornear a mi esposo. Es muy bueno en esas cosas.

Una vez, mi esposo Christopher estaba preparando la cena. Yo estaba sentada a la mesa de la cocina revisando la correspondencia cuando nuestro hijo de dos años de edad, Cody, le preguntó a su padre si podía ayudarlo a cocinar. Christopher sonrió e intentó explicarle que la estufa estaba caliente y era peligroso que se acercara a ella. Sin inmutarse e ingeniosamente, Cody tomó una silla de la mesa cercana y con todo su esfuerzo comenzó a arrastrar la silla hacia la mesa más cercana de la cocina, a unos metros de distancia. Aunque tuvo dificultades para tirar de la silla en la alfombra, avanzó con rapidez al linóleo y no tardó en colocar la silla frente a la barra centrada entre el refrigerador y la alacena. Observé divertida su determinación.

Cody se trepó a la silla y alcanzó un vaso en la mesa que contenía aproximadamente dos docenas de corchos de botellas de vino que Christopher coleccionaba. Con los corchos en la mano, señaló la cafetera que estaba en la otra mesa. Su padre le pasó la cafetera desconectada. Su última petición fue una cuchara de madera. Dejé la correspondencia y observé cómo Cody sacaba con cuidado la jarra de vidrio de la cafetera y colocaba los corchos dentro. Revolvió los corchos con su cuchara de madera durante varios minutos antes de regresarlos junto con la jarra a la cafetera.

–¿Qué estás haciendo? –pregunté.

–Ayudando a Papá a cocinar –respondió él con una gran sonrisa–. ¡Estoy haciendo sopa de corchos!

No importaba que Christopher estuviera detrás de él cuidando la comida en el horno. Él estaba en la cocina ayudando a su papá y eso era todo lo que le importaba.

En ese momento, algo en mi interior se removió. Pensé en todos esos momentos, cuando era niña, en que mi mamá me pedía ayuda para hornear pan y yo obedecía de mal humor. Tal vez ella intentaba hacer algo más que sólo pan recién horneado. Tal vez Mamá intentaba transmitirme un sentido de unión en esos ratos que pasábamos en familia. Tal vez intentaba crear algunos recuerdos duraderos.

Al observar a Cody meter y sacar los corchos de la jarra de vidrio y revolverlos con toda la dedicación de un niño de dos años, me di cuenta de que mi hijo había creado un momento atemporal para mí; un momento en el que la disposición de Christopher a permitirle "ayudar" en la cocina creó un profundo sentido de unión familiar en él. Cuando los corchos de vino quedaron suficientemente revueltos en opinión de Cody, me levanté de la mesa y le ofrecí la pequeña balanza de cocina. Pesar los corchos permitiría alargar un poco más el momento para saborear mi nuevo aprecio por las experiencias que mi madre me dio años atrás en su cocina; un lugar donde era bienvenida y al que pertenecía, con todo y el polvo de la harina.

JENNY R. GEORGE

67

La carta

El recuerdo que siempre tengo presente es el de la larga lucha de mi madre y su muerte a causa del cáncer durante mi adolescencia. Aunque ahora es un recuerdo, no era parte de mi realidad entonces. Como todas las buenas madres, rara vez me dejó ver el rostro de la muerte. En su lugar, se ponía una máscara de humor y esperanza. Sin embargo, en su último año, la máscara comenzó a debilitarse y a dejar traslucir la pesada carga que mi madre llevaba a cuestas.

> Mi madre fue una influencia decisiva en mi vida… alguien a quien no debo decepcionar. El recuerdo de mi madre siempre será una bendición para mí.
>
> THOMAS A. EDISON

En sus últimos días, un fin de semana que celebramos el día de las madres, sola, con una pluma en mano, decidió expresar los pensamientos y sentimientos que tan celosamente había guardado detrás de su gentil apariencia. En un diario en blanco escribió lo que luego sería el regalo más preciado que me hizo: un mensaje sentido y sincero de una madre a su hija. La carta quedó inconclusa. Tal vez la marejada de emociones fue demasiado abrumadora. Nunca lo sabré. Sin embargo, esto es lo que sí sé.

Leo esta carta casi cada año en el aniversario del día en que la escribió. Aunque mi madre ya no vivió para ver otro día de las madres, continúa enseñándome a través de sus palabras elocuentes.

De adolescente, sus palabras me decían que estaba orgullosa de mí cuando necesitaba esa reafirmación. Como víctima, algo sobre lo que podía enseñarme unas cuantas cosas, sus palabras me hablaron con sinceridad sobre su propia lucha para enfrentar su enfermedad y ya no me sentí sola en mi circunstancia. Mi madre no iba a la iglesia. Escribió que no quería sentirse como una hipócrita por buscar a Dios en sus últimos días, sólo cuando lo necesitaba. Lo más cerca que se permitió estar cerca de Dios fue cuando hizo servicio de voluntariado en la enfermería de la iglesia local. Ahí hizo amistad con el pastor, tomó notas y, me parece, llegó a conocer a nuestro Dios amoroso después de todo. En su franqueza respecto a su orgullo, me enseñó humildad y sembró las semillas de la fe en mi vida.

Pero la revelación más impactante que tuve mientras leía la carta fue durante el día de las madres en que me enteré de que yo también iba a ser madre. Ese día, y todos los días a partir de entonces, el paradigma cambió. Yo ya no era la niña, la víctima, la estudiante, sino la madre y de hecho, era mayor que ella cuando se sentó en su habitación y se preparó a escribir este increíble regalo. Mientras las lágrimas me escurrían por el rostro, experimenté un cambio de perspectiva. Qué difícil debió ser escribir esta carta, decirle a su hija que ya no viviría; intentar resumir todo lo que significaba para ella, todo lo que quería que su hija supiera en la vida; todo lo que era importante para ella, y todo lo que quisiera haber dicho y nunca lo dijo. La carta está inconclusa. Cómo podía ser de otra forma.

Mi madre me enseñó a escribir; no el oficio, sino el valor que entraña. No para sacar provecho o adquirir fama, sino para que mi hijo me conozca no sólo a través de mis actos e interacciones, sino también a través de mis palabras… algún día, cuando ya no esté aquí, para decírselo yo misma.

Gracias, Mamá.

KATHY MAROTTA

68

Impresiones duraderas

lgunas de mis conversaciones más atrevidas sucedieron mientras mi madre se maquillaba; un ritual matutino que se complementaba con café, lo que también invitaba a conversar.

"Siéntate", me decía, señalando con su lápiz de color la silla frente a ella. Me sentaba con mi madre en la cocina entre una gran cantidad de cosméticos: lápices, polvos, labiales y rubor; cosas serias que sentaban la pauta para conversaciones serias, cosas de mujeres. Nuestras conversaciones eran intensas, personales y yo siempre salía de ellas sintiendo una conexión profunda, sintiéndome segura y amada. Lo que más recuerdo son las respuestas que encontraba en los largos silencios, cuando mi madre dejaba de pintarse los labios o de rizarse las pestañas para explicar algo, o para sonreír por mis sueños de adolescente.

> Una hija es un regalo del amor.
>
> AUTOR ANÓNIMO

Mi madre murió hace unos años después de una valiente batalla contra el cáncer y yo heredé, entre otras cosas, sus productos de belleza: un cofre de madera que pasará a mi propia hija. Saqué el cofre abandonado del armario, lo puse en la cama e invité a Brittny a la habitación.

–Siéntate –le dije, dando una palmadita en el lugar junto a mí–. Esta caja perteneció a tu abuela.

El contenido lleno de color cautivó a mi hija: la base y los polvos, los tubos y lápices, las lociones y ungüentos, los esmaltes y limas para las uñas, los atomizadores y aerosoles, y mi habitación se volvió un salón de belleza, un lugar de transformaciones místicas; un lugar para hablar de cosas de mujeres.

"Jugamos" con el maquillaje. Nos aplicamos base en la cara y rubor en las mejillas con colores corales y rosas; nos delineamos los ojos con colores aperlados y escarchados. También nos pusimos tonalidades sorprendentes en los labios. Algunos tubos estaban muy desgastados, mientras que otros parecían nuevos; tubos de color brillantes, delicados y, en ocasiones, rotos. Nuestras uñas limadas y pintadas refulgían con esmaltes rojos y blancos, morados y azules. Imitamos a las modelos más famosas, como si estuviéramos haciendo un comercial de las compañías de cosméticos mientras nos poníamos zapatos de tacón alto y practicábamos el modo de caminar. Nos reímos, sonreímos y cuando el entusiasmo se desvaneció, conversamos.

Algunas de nuestras conversaciones más atrevidas sucedieron durante los largos silencios, mientras nos cepillábamos el cabello y nos peinábamos. Hablamos de decisiones y cambios, de la escuela y los muchachos; de la vida y la muerte. Fue mi oportunidad para acercarme a mi hija y también su oportunidad para dejarme entrar. Salimos esa tarde con una relación más fuerte y renovada. Nos sentimos conectadas, seguras y amadas. Sabía que el maquillaje se desvanecería y nuestros rizos se alisarían, pero los recuerdos y el vínculo que creamos durarían por siempre.

Entendí las lecciones más importantes que mi madre me enseñó: que la confianza debe ganarse, que las relaciones deben cultivarse y que el amor sobrevive a la muerte. Levanté el pañuelo cuidadosamente doblado que encontramos en el fondo del cofre de maquillaje y se lo di a mi hija. Tenía manchas rojas y también tenía impreso el último beso de mi madre.

JANINE PICKETT

69

Feliz de ser tú

La mayoría de mujeres que conozco tienen reacciones viscerales cuando les dicen que se parecen a su madre, como si instintivamente quisieran gritar: "¡Claro que no!". Si mi esposo Bob dijera: "Esos pantalones no te quedan bien", simplemente iría a cambiarme. Si mi madre dijera exactamente lo mismo, yo estallaría diciendo: "Me quedan perfectamente bien, MA-DRE".

Llega un momento en el que aprendemos que nuestras madres no nos juzgan más que nuestros mejores amigos. Sin embargo, casi siempre interpretamos el consejo de una madre como un intento por controlarnos y entrometerse en lugar de un intento por ayudarnos. Lo que nos parece cariñoso y solidario en una amiga, puede parecernos insultante e insoportable si lo dice nuestra madre. No importa la edad que tengamos, esto no cambia.

> La relación madre-hija es la más compleja de todas.
>
> WYNONNA JUDD

Hace mucho, durante una visita que hice a mi madre, tuvimos una gran pelea. Ella esperó hasta que estuviéramos solas y entonces me preguntó por mi situación financiera. Sabía que Bob y yo éramos pobres.

—Estamos bien, Ma —respondí, tratando de cortar la conversación.

—Sin embargo, ese auto viejo sigue descomponiéndose —repuso pacientemente.

—No te preocupes —contesté a la defensiva, porque me sentí avergonzada.

—Pero claro que me preocupo.

La realidad es que quería ayudar, pero yo interpreté su preocupación como una crítica y sentí que se entrometía en mis cosas, que nada de eso era de su incumbencia.

Salí furiosa y me dirigí a la misma habitación que tenía cuando era niña y, actuando como tal, azoté la puerta.

Estaba que echaba humo cuando ella abrió la puerta despacio y se sentó junto a mí en la cama.

—Si no tienes dinero para pagar las cuentas, podemos…

La interrumpí y me levanté.

—¡Tengo veintiocho años! ¡Soy capaz de valerme por mí misma!

—Me duele ver que no eres feliz —musitó y con ello me rompió el corazón.

Y aunque, de hecho, ya me lo había dicho en otras ocasiones, siempre estaba yo demasiado enfrascada en mi furia defensiva como para escucharla. Pero esta vez, la vi sentada en mi cama con las manos sobre las piernas y me di cuenta de que su expresión no era de censura, sino de amor maternal puro. Fue un parteaguas para mí ver la situación desde su punto de vista en lugar del mío. Fue entonces que sentí su tierna compasión y al fin entendí lo que significa el amor de una madre. Fue entonces cuando finalmente dije: "Gracias, Mamá".

Por eso, creo que debemos reconsiderar las verdaderas intenciones de nuestras madres cuando sentimos que nos critican.

Cuando Mamá decía que no le gustaba que yo viviera tan lejos, me sentía asfixiada. Sin embargo, la realidad era que quería tenerme más cerca. ¿Qué tiene eso de malo?

Y cuando amablemente ofreció darnos dinero ese día, mi respuesta fue oponer resistencia tenaz. Pensé: "Crees que soy un fracaso". Sin embargo, la verdad es que no quería que su hija careciera de nada, y mi felicidad le importaba tanto o mucho más que la suya.

Bob y yo tenemos reglas que seguimos cuando discutimos. La primera es: nada de sarcasmo. Otra es: nada de leer la mente; debemos explicar lo que nos parece mal. Otra más era que ni de broma debía decirme: "Hablas exactamente como tu madre".

Esta regla ya no está en nuestro acuerdo de discusiones porque, si me lo dijera hoy, lo abrazaría y le agradecería desde el fondo de mi corazón; le diría que no podría haberme dicho un halago más amoroso.

SARALEE PEREL

Caldo de Pollo
para el Alma

7

CAPÍTULO

Única

70

Cómo ser especial

Olivia Mai es lo máximo. Ella es mi mamá, y gracias a ella, aprendí que la moda es poderosa. La personalidad de Mamá, atrevida y juguetona y su amor incondicional me enseñaron que ser atractiva no tiene nada que ver con la hermosura, sino que todo consiste en tener un gran estilo.

Crecer con mi madre fue todo un espectáculo. Nos arreglábamos para ir a comprar comida, maquillábamos a las amigas que nos visitaban y nos divertíamos con estilo por mero gusto por la creatividad, no por el dinero ni por las tendencias. Mamá cree que verse bien dice dos cosas sobre una mujer: primero, que le importa su persona; segundo, que quiere que los demás cuiden de ellos mismos. Y tiene razón. Darse tiempo para arreglarse aumenta la confianza, una se siente bien y, en consecuencia, da lo mejor de sí misma a todos. La gente nota la actitud positiva a través del estilo. La moda es poderosa.

> Siempre debes ser la mejor versión de ti mismo, en lugar de ser una versión segundona de otra persona.
>
> JUDY GARLAND

En los primeros años de mi vida, todo fue color de rosa. No tenía ningún problema para ser yo misma y me divertía mucho decorando mis estados de ánimo todos los días. Luego vino el primer día de clases.

Durante todo el mes, Mamá y yo nos habíamos preparado para ese día y yo tenía todo listo desde la noche anterior para llegar y hacer nuevos amigos. Decidí que el color para mi primer día debía ser un morado espectacular, por lo que salté de la cama esa mañana dispuesta a ponerme mi *jumper* a cuadros grises y morados con mi camiseta favorita por debajo, que tenía mi nombre estampado, letra por letra, J-E-A-N-N-I-E, en letras gruesas negras. También había escogido medias de red a la moda color rosa y botas de hule morado brillante que mi mamá me había comprado para los días lluviosos (era un día soleado y la temperatura era de 18 grados Celsius). Mi madre me ayudó con los últimos toques, me puso mis pulseras relucientes, me dio un beso húmedo en la mejilla (con cuidado para no arruinar mi brillo de labios) y caminamos hacia la escuela.

En el instante en el que entré en el salón y me quité el abrigo, todos los niños se me quedaron viendo; los papás también. Mamá vio a la señora Clark, mi nueva maestra, y me dejó un momento para ir a saludarla. De inmediato sentí que todas las miradas se clavaban en mí y revisaban mi indumentaria de pies a cabeza. Varios padres enarcaron la ceja con gesto de asombro, mientras que los niños me señalaban y se reían. Por primera vez me sentí insegura, incluso asustada. Quería ser cualquier otra persona, excepto yo en ese momento. Observé que todas las niñas llevaban el cabello liso, broches, vestidos coordinados y calcetines con sandalias y zapatos apropiados. Me senté deseando poder quitarme las botas y esconderme.

Para mediodía, todos me conocían como Jeannie Weenie Wild. En el almuerzo nadie quiso sentarse conmigo y a la salida, donde los nuevos amigos esperan en grupo a que vayan a recogerlos, yo esperé sola. Cuando Mamá llegó, subí al asiento trasero, me quité las botas y la banda de la cabeza y me hundí en el asiento. Ni siquiera esperé a que Mamá preguntara qué me pasaba. Con lágrimas en los ojos, le reclamé que cómo me había dejado ir a la escuela así; por qué no me había comprado ropa como la de los otros niños y por qué me había puesto un nombre que rimaba con Weenie y por qué...

Mamá detuvo en seguida el automóvil, se desabrochó el cinturón de seguridad y se volvió a mirarme con tal expresión de emoción y alegría que incluso me pregunté si no me habría equivocado de automóvil.

–¿Ya saben cómo te llamas? ¿Qué dijeron? ¡Es MARAVILLOSO!

Yo me quedé perpleja.

–¿No oíste lo que dije? ¡NO! ¡No quiero que sepan cómo me llamo! ¡Odio la escuela! ¡Nunca más voy a regresar! ¡Todo el mundo es muy malvado y odio mi ropa!

Nunca olvidaré las palabras con las que me respondió mi madre:

–*Con* (que significa "hija mía" en vietnamita), este es el mejor de los días. Te crié para que sobresalieras y fueras alguien que diera de qué hablar. No me importa lo que digan. Se fijaron en ti y eres inolvidable. ¡Eres mi hija y estoy muy orgullosa de ti!

Esas palabras cambiaron mi vida por siempre. En el preciso momento en que sus palabras entraron por mis oídos, entendí la diferencia entre "ser uno mismo" y "ser como los demás", una filosofía que practico hoy cuando adopto nuevos estilos. Nunca más dejaría que otros me dijeran quién soy. Ella había dedicado años a enseñarme a celebrar mi persona, y ahora era mi turno de aprender a expresarme. Esta lección construyó el muro de protección que necesito en este negocio. Siempre que mis actos surjan de un espíritu amoroso y divertido, seré una chica dispuesta a todo.

Gracias a Mamá uso esta base de confianza para influir en los demás por medio de la moda.

Y para que lo sepan, me puse mis botas moradas al día siguiente también.

Jeannie Mai

71

Mi bendición

—97, 98, 99, 100…

Cuento mientras Mamá, acostada en el piso frente al televisor, hace sus abdominales al estilo de los marines. Con una pequeña almohada bajo la cabeza, realiza este ritual nocturno que tiene el propósito de permitirle dormir seis o siete horas antes de despertar entre las 6:30 y 7:00 de la mañana. En ese momento, se pone los tenis y sale a dar su caminata diaria de ocho kilómetros.

Durante una fuerte nevada invernal, un cartero le preguntó si le interesaba su empleo.

Yo no salgo con ella a esa hora. He aprendido que no puedo ir a su paso. Ella tiene ochenta y un años. Yo tengo sesenta y dos. Ella camina rápido; demasiado rápido para mí.

—178, 179, 180…

> Los hombres no dejan de jugar porque envejecen; envejecen porque dejan de jugar.
>
> OLIVER WENDELL HOLMES

Mi madre es una maravilla. Se pone pantalones cortos que dejan ver sus piernas bronceadas y bien torneadas. No tiene una pizca de grasa de más en el cuerpo. Su rutina de ejercicio ha sido su trabajo en los últimos cuarenta años. Muchas chicas de preparatoria matarían por tener su figura. Tiene arrugas, pero nada de grasa.

Tiene cuatro hijos, cuatro nietos y seis bisnietos. Pocos pueden aguantar su ritmo. Mi hermana y yo la llevamos a Hawái. Fue bueno que estuviéramos las dos para alternarnos para descansar. Ella nos agota.

Nunca la vimos dormir. Decía que dormiría cuando llegara a casa. Cuando está en Hawái, no tiene un solo segundo que perder. Descansamos hasta llegar a casa. Mamá se ocupó en ver todas las fotografías, hacer un collage para enmarcarlo y colgarlo en la pared y contarle a todos sobre su viaje: el ballet acuático, el luau y las flores.

—249, 250, 251… —continúan los abdominales.

Mamá termina su caminata diaria y sigue con una rutina de ejercicio que realiza en la casa club del parque de casas rodantes para personas mayores en Bend, Oregon. Eso empieza a las 9:00 de la mañana y nunca llega tarde.

Todos saben que no se le debe llamar por teléfono durante su rutina de ejercicio.

Más tarde por la mañana, va a Curves. Su fotografía está en la pared como la ganadora del concurso de aros. Logró mantener el aro girando más que cualquier otra persona. La foto se ve maltratada, pero ella no. Se pone su camiseta de "600 sesiones en Curves".

—323, 324, 325…

Resuelve crucigramas por la noche para mantener la mente ágil. Me ha ganado 987 veces en el juego de Yahtzee en las últimas tres semanas. También jugamos Skip-Bo y a las cartas. A menos que tenga suerte, ella me despedaza.

El único aspecto de pérdida es su memoria a corto plazo. Las palabras nuevas que no utiliza todos los días se le olvidan. ¿Términos informáticos? Ella no los necesita. ¿Cajeros automáticos? Tampoco los usa. ¿iPods y Nintendos? ¡Qué va!

—363, 364, 365…

La llevé a Costco hoy y mientras esperábamos en la fila, le pregunté si quería un café helado o un granizado. No quiso. Siempre cuida lo que come. Saqué mi billetera, le di dos dólares y le pedí que me trajera un café helado. La fila era larga y sabía que insistiría en pagar si se quedaba en la fila conmigo. El ingreso que recibe es mínimo, pero sabe bien cómo sacarle el máximo provecho. Este viaje iba por cuenta mía.

Todos en la fila la observaban. Llevaba ropa perfectamente coordinada con aretes rosa y pantalones cortos talla 6. Regresó muy pronto y me preguntó el nombre de "esa cosa" que yo quería.

—Un CAFÉ HELADO.

La señora que estaba detrás de nosotros sonrió.

Yo era la siguiente en la fila para pagar cuando mi madre regresó de nuevo…

—¿Cómo dices que se llama?

–CAFÉ HELADO, mamá –respondí, señalando el letrero enorme con el hot dog de medio metro.

–¿Ves el hot dog? Bueno, a la izquierda del hot dog hay un café helado. Eso es lo que quiero.

–Como digas –respondió ella, pero la fila está larguísima.

La cajera interrumpió y comentó que avanzaba muy rápido.

Mi madre se fue y la cajera me preguntó, sonriente:

–¿Cree que regrese con un moca helado o con un hot dog?

–¿Sabe qué? Tiene ochenta y un años y me siento feliz de tenerla, así que no me importa realmente lo que me traiga.

Oí que la señora de atrás hizo una expresión de asombro. El anciano encorvado que iba delante de mí se volvió y preguntó:

–¿Cuántos años dijo que tenía?

–Ochenta y uno.

–Pues, no los representa ni de chiste.

–397, 398, 399, 400.

Ya terminó. Es verdad que no parece tener ochenta y un años. No actúa como si los tuviera. Además, no soporta estar cerca de ancianos que constantemente se quejan de sus males y dolores. "Tomen vitaminas y hagan ejercicio", les aconseja.

Cuando doy gracias por todo lo que tengo, la buena salud de mi madre y su entusiasmo por la vida encabezan la lista. Limpia sus pisos a rodilla, descongela el refrigerador y juega Bunko. Le encanta hornear y siempre lleva golosinas al juego de Pinochle los martes y al Bingo los viernes.

Por todo esto quiero ser como ella cuando crezca.

Gracias, Dios mío, por darme el mejor modelo de conducta. Ella es en verdad una bendición.

LINDA BURKS LOHMAN

72

El legado de mi madre

i madre de noventa y cuatro años entrecerró los ojos y me observó desde el otro lado de la mesa del desayunador.

—No comprendo —murmuró; una sombra oscureció el contorno de sus ojos azules—, mi hija que vive en Estados Unidos siempre llama, por lo general un día sí y otro no. Y ahora ha pasado mucho tiempo desde la última vez que supe de ella.

Estupefacta, me incliné hacia adelante.

—Mutti, mírame. Aquí estoy. Crucé el océano para estar contigo. Por eso no he llamado.

—Ah —esbozó una sonrisa de desconfianza—. Ya veo.

Entonces, justo cuando pensé que me había reconocido, comenzó a contarme mi historia personal en tercera persona.

> Si te rompes el cuello,
> si no tienes nada que comer,
> si tu casa se incendia,
> entonces tienes un problema.
> Cualquier otra cosa es un
> mero inconveniente.
>
> ROBERT FULGHUM

Al escuchar el recuento que hizo de mi pasado, me recordó de nuevo todos los obstáculos increíbles que esta mujer fuerte, amorosa y muy graciosa tuvo que superar para convertir mi niñez en la feliz aventura que fue.

Yo tenía apenas cuatro años cuando terminó la Segunda Guerra Mundial y mi madre huyó junto con otros miles de refugiados del Corredor Polaco a Austria, antes de asentarse finalmente en un pequeño pueblo al pie de las montañas de Bavaria.

Aunque el gobierno nos dio un pequeño cuarto en la parte trasera de una vieja granja, encontrar algo que comer todos los días era un reto, ya que la comida era escasa, incluso en aquellos lugares remotos en el campo.

Cuando tenía oportunidad, mi madre ayudaba en los campos, siempre esperando recibir alguna dádiva de la cosecha. Cuando eso no fue suficiente para alimentarnos, tuvo que recurrir a pedir limosna, y yo ayudaba.

A diferencia de mi madre, cuyo acento de Alemania Oriental la identificaba como extranjera, yo aprendí el dialecto local en poco tiempo.

Al sentirme como "uno de ellos", iba alegremente de puerta en puerta en el pueblo a cantar un himno sensiblero que mi madre me enseñó para aumentar las probabilidades de conmover los corazones de los granjeros y que nos dieran comida. Aún me pregunto qué era realmente lo que les conmovía; el tema desgarrador de la canción o mi terrible ejecución.

Sea lo que fuere, funcionaba. A menudo salía de una alquería con una hogaza de pan y otras golosinas bajo el brazo.

Mi madre también me enseñó a cosechar de forma "semilegítima" las manzanas que pertenecían a otros.

En el pueblo, el derecho común y las costumbres sociales dictaban que los frutos de los árboles que caían del lado de la cerca del propietario le pertenecían, pero las manzanas que caían en la calle eran un bien común.

Siempre lista para poner en acción su inmenso repertorio de proverbios, mi madre concluía: "Bueno, no hace mal inclinarse un poco". Era un medio muy eficaz para obtener vitaminas deliciosas.

Tomando en cuenta su propio dicho de "hasta un pollo ciego encontrará un grano a la larga", mi madre no se cansaba de buscar nuevas maneras de mejorar nuestra situación en la medida de lo posible.

Intentó cultivar verduras y experimentó con la cocina, costura y tejido. Pero como tenía que trabajar con lo que tuviera a la mano, renunció a seguir las instrucciones habituales.

Casi nunca la vi consultar un libro de cocina o estudiar una receta. Medía los ingredientes evaluándolos con la mirada o adivinando su peso. Luego, para sazonar los platillos, usaba las papilas gustativas hasta que le parecía que la comida había quedado "como Dios manda".

Sus creaciones no salían muy bien con frecuencia, pero en lugar de molestarse, le encantaba el reto de arreglar las cosas que distaban de ser perfectas.

De esta manera, fue una pionera en eso de "romper los esquemas".

Después de sacar un pastel ladeado del horno, le ponía el glaseado y las decoraciones necesarias para emparejar la forma. Entonces, cuando cortaba el pastel, todos los que estábamos sentados a la mesa recibíamos una rebanada distinta, ya fuera con mucho pastel y poco glaseado o a la inversa.

Luego se presentó el gran dilema de mi graduación de preparatoria. Mamá insistió en confeccionar mi vestido con una tela de nailon estampada de grandes rosas rojas sobre un fondo color crema. El vestido era entallado hasta la cintura y tenía una falda muy amplia de volantes, perfecta para bailar los ritmos de rocanrol de la época.

Desafortunadamente, antes de vestirme, mi mamá decidió planchar el vestido. Cuando la plancha tocó el nailon, una de las rosas rojas desapareció y mi maravilloso vestido quedó con un gran agujero. Sin inmutarse, mi mamá cortó otra rosa de un pedazo de tela sin usar y usando su método de planchado en forma inversa, derritió el parche sobre el agujero y metió las costuras del arreglo debajo de un gran holán. Huelga decir que me la pasé muy bien en la fiesta.

Mi madre también era muy generosa y las cosas materiales le interesaban muy poco. Después de ver a tanta gente perder tanto durante la guerra, se volvió indiferente a las posesiones mundanas. Solía decirme: "no te lo puedes llevar contigo" o "hasta un hombre rico puede comer sólo hasta saciarse" y "la salud es mucho más importante que las cosas".

Siempre antepuso mi bienestar, sin importar lo que pasara. Así que cuando tuve la oportunidad de obtener una mejor educación que la que había en el pequeño pueblo, decidió mandarme a otra escuela en un pueblo cercano que quedaba aproximadamente a 15 kilómetros de distancia. Para pagar la colegiatura, comenzó a trabajar en una fábrica de salchichas cercana.

Aún recuerdo lo cansada que estaba por las tardes después de trabajar todo el día en la línea de montaje, además de tener que desplazarse en un ciclomotor ligero que la exponía a todo tipo de inclemencias del tiempo.

Tomar las cosas a la ligera, reírse de la vida y bromear era su idiosincrasia, siempre apoyándome, haciendo lo que podía y enorgulleciéndose de sus esfuerzos.

Nunca podré pagarle a mi madre todo su amor, devoción y sacrificios. Sólo espero que mi modo de vivir (tomo las cosas de forma amable, acepto la vida con todas sus imperfecciones, me preocupo poco por las cosas materiales y no tomo la vida demasiado en serio) demuestre mi gratitud y mi deseo de honrarla.

H.M. Gruendler–Schierloh

73

Los numerosos sombreros de Mamá

La mayoría de las madres usan muchos sombreros. Mi madre tenía, literalmente, todo un armario lleno de sombreros. Y, para mi enorme vergüenza, los usaba en público.

A Mamá le encantaban los sombreros de todos los tipos; mientras más extravagantes, mejor. Tenía filas de sombreros cubiertos con pañuelos que se desbordaban de su armario y otros más apilados en los estantes del ático. La paja roja vibrante asomaba por un montón, el fieltro color chocolate por otro y una cinta o lazo ocasional sobresalían de la envoltura. A cualquier otro niño le habría parecido que el gusto de mi mamá por los sombreros era algo curioso o emocionante. A mí no. En el pequeño pueblo del medio oeste donde vivíamos, lo que dominaba era la ropa práctica y sencilla. Mi objetivo era amoldarme, el de mi madre, sobresalir.

> Un niño avergonzado de su madre es solamente un niño que no ha vivido lo suficiente.
>
> MITCH ALBOM,
> UN DÍA MÁS

Un invierno gélido durante mis tiernos años de secundaria, Mamá y Papá asistieron a un juego de basquetbol en el que yo era animadora. Los padres entraron en tropel por las puertas, quitándose sus bufandas tejidas y sus gorros de lana. A algunos les costó trabajo despojarse de sus resistentes parkas y chamarras rústicas de lona. Toda la gente se veía igual: insulsa y reconfortante. Cuando llegaron mis papás, no fue difícil distinguirlos. Mamá llevaba puesto un sombrero blanco de piel de conejo con una cinta de cuero (¡era de conejo "belga", incluso de oferta, adquirido en la boutique Esther Kirk!). Parecía que llevaba en la cabeza una criatura del bosque que trataba de protegerse del frío. Me escondí detrás de mis pompones, esperando a que Mamá encontrara un lugar y se quitara el sombrero. ¡Pero no! Hacía demasiado frío en el gimnasio y el conejo se quedó en su lugar toda la noche.

Una fotografía de unas vacaciones inmortalizó para el recuerdo el sombrero favorito de verano de Mamá. Tomaron la foto durante un viaje en automóvil al oeste y aparecemos en ella con los campos de trigo de Nebraska como fondo. Mamá lleva puesto un conjunto color aguacate que se ve discreto y acorde con el trigo ondulante que nos llega a las rodillas. Sin embargo, lleva cubierta la cabeza con un sombrero de paja anaranjado brillante con un ala suficientemente ancha para cortarle la yugular a quien osara acercarse demasiado. En la fotografía, Papá se encuentra a distancia prudente de ella. Ese sombrero frustró mi cometido para esas vacaciones, que era "no vernos como turistas". Hasta el día de hoy, Mamá suspira cuando le enseño esta foto, mira con nostalgia al vacío y murmura: "Siempre me encantó ese sombrero…"

La Pascua, como podrán imaginarse, era el equivalente a los Premios de la Academia en lo que toca a los sombreros. Uno de los favoritos de Mamá era una corona alta de tono rosa subido, completamente llena de flores magenta colocadas a cada centímetro. Las flores recubrían todo el sombrero. ¡Magnífico! Esa Pascua marcó el único intento de mi madre por transmitirnos su obsesión por los sombreros a mi hermana y a mí. Nos compró cintas para el cabello con incrustaciones de flores para que las usáramos. Mi hermana y yo recordamos ese día como la viva prueba de que uno puede terminar con el cerebro perforado por las púas de una cinta para el cabello. Juramos que teníamos charcos de sangre en el cuero cabelludo debajo de las flores celebratorias. Por el lado más optimista, sólo tengo un vago recuerdo de la obstrucción provocada por la extravagancia rosa de mi Mamá en las bancas de la iglesia ese domingo.

El sombrero color mostaza como de policía londinense era quizá el más radical y, como es lógico, el más embarazoso. Acentuado con un cordón de cuero trenzado, exudaba una autoridad que solamente una mujer demasiado segura de sí misma podía usar. Por suerte, Mamá estaba a la altura de ese reto.

No heredé el gusto de mi madre por los sombreros exóticos. Sigo, como en la secundaria, prefiriendo pasar inadvertida. Sin embargo, he llegado a apreciar el valor de mi madre para ponerse los sombreros que le encantaban, aunque provocaran miradas públicas o refunfuños en su familia. Lo más importante es que entendí el mensaje contundente de los actos de Mamá: sé tú misma. No te preocupes por lo que piensen los demás. Cuando la gente te mire, mantén la frente en alto, aunque lleves un conejo encima de la cabeza.

GAIL WILKINSON

74

Labios de pez

Cuando mi hermano y yo éramos niños, pasábamos la mayor parte del tiempo fuera de casa andando en bicicleta, patinando, o trepando a los árboles. Nos turnábamos para jugar a los buenos y los malos, indios y vaqueros y a ser cualquiera de nuestros héroes favoritos de las películas. A los dos nos encantaba Tarzán. Con la ayuda de nuestro padre, construimos una casita en las ramas de un alerce americano cerca de donde vivíamos; una cuerda era la liana perfecta para columpiarnos. Pasábamos días enteros actuando nuevas aventuras y practicando nuestro grito de Tarzán; alardeábamos de que nos salía mejor que al otro y gritábamos hasta quedarnos roncos.

> Nada estimula más
> la creatividad que
> la posibilidad de irse
> de bruces.
>
> JAMES D. FINLEY

Un verano, nuestro pequeño pueblo celebró su desfile marino anual, para el que todos los pescadores locales decoraban sus embarcaciones con flores hechas de papel, conchas y otros temas náuticos y los paseaban por Main Street para anunciar el inicio de una nueva temporada de pesca, que era una buena fuente de ingresos turísticos para el pueblo.

La emoción se sentía en el aire y empezaron a correr rumores de quién sería el maestro de ceremonias ese año. Las madres comenzaron a trabajar en los disfraces de sus hijos y los hombres a lavar y encerar sus botes. Se planeó una comida campestre en el parque del pueblo donde terminaría el desfile. Una gran variedad de antojos, como hot dogs, ensalada de papas, galletas, papas fritas y cerveza de raíz, nos estarían esperando mientras los botes se alineaban para que los jueces deliberaran en el estacionamiento de la estación de bomberos. Todo el mundo tenía algo que hacer mientras el pequeño pueblo se preparaba para el evento.

Nuestra madre estaba muy emocionada. Le gustaba mucho confeccionar disfraces para mi hermano y para mi. Me acerqué y observé cómo sus talentosas manos daban forma a un traje de sirena hecho de lentejuelas. En cierto momento, tuvo que suspender su labor para ir a la tienda del pueblo a comprar el resto de los ingredientes para su famosa ensalada de papa. La acompañé y, mientras oía a medias las conversaciones de las otras señoras y miraba con fijeza los caramelos a través del vidrio del escaparate, no pude evitar oír a mi madre preguntar por el progreso de los disfraces de las otras niñas. De regreso en el automóvil, volvimos a casa por el camino más corto; mi madre iba distraída, sin poner demasiada atención a lo que yo decía. Una vez en casa, regresó a coser y yo salí a jugar con mi hermano.

El día del desfile nos enteramos de que el verdadero Tarzán asistiría al desfile y sería el maestro de ceremonias. La emoción se dejó sentir en el ambiente. Mi hermano de nueve años se paró orgulloso frente al espejo de la puerta del armario y admiró su disfraz de pirata desde todos los ángulos, blandiendo su espada de papel de aluminio que brillaba con la luz del pasillo. Mamá me ayudó a ponerme mi disfraz, cosió la parte de las piernas para que me quedara bien ceñido y luego comenzó a recogerme el cabello largo en un moño que sujetó con un broche en la coronilla. En ese momento comencé a sospechar que algo estaba muy mal. Me puso un gorro redondo en la cabeza dentro del cual metió mis rizos sueltos y luego ajustó una correa debajo de mi barbilla para asegurarlo. En ese momento ya no me cupo la menor duda de que algo no estaba bien.

—Mamá, esto no está bien. ¿No se supone que mi cabello debe ir suelto y adornado con flores y conchas como sirena? —pregunté. Ella sonrió y continuó arreglando mi disfraz. Comprendí que estaba perdida cuando sacó la pintura negra para carteles y comenzó a pintarme círculos negros enormes alrededor de los ojos. El toque final fue cuando delineó el contorno de mis labios con un lápiz labial anaranjado muy vivo.

Me quedé horrorizada cuando me colocó frente al espejo para que admirara su trabajo. Mi hermano mayor había estado fisgoneando todo el tiempo. "¡No!", grité para mis adentros cuando me vi al espejo. ¡Esa no era una hermosa sirena! Una imagen de lo más chistosa del mundo me devolvió la mirada. ¡Mi madre había transformado mi hermoso disfraz de sirena en un traje de pez dorado! Me quedé paralizada de horror mientras trataba de explicarle a mi madre que un pez definitivamente no era una sirena y que sería el hazmerreír de mi escuela si me atrevía a salir así en público.

Recuerdo que me aseguró que tendría el mejor disfraz del lugar. Después de hablar con las otras madres del pueblo, decidió que habría demasiados disfraces de sirena y quería sobresalir. ¿Por qué no pudo una de las otras madres cambiar el disfraz de su hija? ¿Por qué tenía que ser yo la que vistiera diferente?

Durante el trayecto al pueblo me pareció como si estuviera atrapada en el tiempo. Cuando llegamos al estacionamiento y miré por la ventana; por todas partes había decoraciones festivas, botes limpios y brillantes, niños y niñas riñendo por sentarse en la proa de las embarcaciones, listos para que comenzara el desfile. El bote del abuelo era el primero, tirado por su Jeep y para horror mío, sentado en el asiento delantero, iba nada más ni nada menos que el héroe favorito de mi hermano y mío, Tarzán. ¡Ahí estaba en persona!

Al bajar del automóvil con la ayuda de los empellones de mi hermano, nos llevaron directamente al Jeep. Los dos nos quedamos mudos: ¡mi hermano por la emoción que lo embargaba y yo por la vergüenza insoportable! Nos presentaron a Tarzán y mi hermano subió al bote y blandió su espada con orgullo, esperando. Por otro lado, yo tenía un problema. Mi disfraz estaba demasiado ajustado. Con una aleta dorsal y aletas pectorales definitivamente no podía subir. Ni siquiera podía caminar. Pero el abuelo pensó en una solución; me levantó en brazos y me sentó en el regazo de Tarzán en el asiento delantero.

–¿Todo listo, Sisser? –el abuelo me guiñó el ojo.

La mortificación, la vergüenza y la pena se esfumaron por la ventana. ¡Estaba sentada con Tarzán, mi héroe! En ese momento, no me importó que me vieran con mi ridículo disfraz de pez. El abuelo arrancó el Jeep que tiraba del bote. El resto siguió. Mamá corrió a un lado del auto, diciéndome que hiciera "labios de pez", que frunciera los labios y abriera los ojos lo más que pudiera.

El desfile acabó muy pronto. Debo admitir que ese uno de los mejores momentos que pasé en ese pueblo polvoriento de California fue sentarme con Tarzán mientras hacía "labios de pez". Fue un honor que se quedaría grabado en mi mente el resto de mi vida, y todo se debió a la agilidad mental y la creatividad de mi madre.

TERRI L. LACHER

75

Hacer su propio camino

Cuando mi madre se propuso conquistar el mundo, viajar no era el camino más popular o el más conveniente para una mujer, mucho menos para una madre soltera. Ella se había dedicado a ser ama de casa y a cuidar de mi hermana y de mí hasta que se divorció, así que cuando se quedó sola, no tenía experiencia.

Consiguió un trabajo como secretaria en una agencia de seguros y trabajó muchas horas para poder pagar las cuentas. Llevaba un tiempo trabajando en la agencia cuando comenzó a darse cuenta de algo: su jefe la consideraba sólo una secretaria y no le permitía hacer nada más que contestar los teléfonos. Ella hablaba con los clientes y tenía en la punta de la lengua las respuestas a las preguntas que hacían; sin embargo, no tenía permitido proporcionar la información. Tenía que pasarle a su jefe todas y cada una de las llamadas cuando él estaba en la oficina, lo que no era muy seguido, ya que le gustaba jugar golf. En consecuencia, tomaba los recados y les decía a los clientes que él les llamaría, pese a que sabía que ella podía haberlos ayudado fácilmente. Le rogó a su jefe que le permitiera estudiar para obtener su licencia de seguros, pero él le negó el tiempo libre cada vez, no sin antes aclararle hasta el cansancio que ella era sólo una secretaria, sólo una mujer, y que debía conocer el lugar que le correspondía.

> Cuando no podemos hacer nada para cambiar una situación, nos enfrentamos al reto de cambiarnos a nosotros mismos.
>
> VICTOR FRANKL

Una mañana, mi madre entró en la oficina de su jefe a pedirle un favor. Quería ver si podía salir temprano a almorzar. Me habían colocado en el cuadro de honor en la escuela y se iba a hacer una ceremonia para festejarme y a otros cinco estudiantes. Se moría de ganas por estar presente, pero su jefe se negó tajantemente. Mi madre renunció en ese mismo momento. Le dijo que podía soportar que él la menospreciara y que administrara mal la agencia, pero no podía tolerar que le impidiera estar con su familia.

Regresó a la escuela, obtuvo su licencia para vender seguros y fundó su propia agencia. Buscó empleados en los lugares más extraños. Una fue una mujer que vendía copiadoras de puerta en puerta, otro un administrador nocturno de la farmacia local. Contrató dos nuevos empleados con nula experiencia en la industria de los seguros y los capacitó. Quería que obtuvieran su licencia para vender seguros. Los alentó a que hablaran con los clientes para que todos fueran igualmente importantes en la agencia. Mi madre obtuvo su maestría en línea y su agencia se volvió una de las más importantes del estado. Sus empleados (en su mayoría mujeres) tienen que cumplir con el requisito de obtener sus licencias. Les infunde la confianza de que conocen tanto como ella y que son igualmente importantes en el negocio.

Sus dos empleadas originales han estado con ella más de diez años. De los diez empleados que ahora tiene, sólo dos han estado con ella menos de cinco años. Les da permiso para asistir a reuniones familiares siempre que lo necesitan. Acaba de publicar su primer libro, que fue fruto de un proceso de trabajo y amor de más de ocho años. Mi madre me enseñó, desde muy temprana edad, el valor de la familia, de luchar por lo que uno cree y a saber por encima de todo que soy importante y que puedo marcar la diferencia.

KARA TOWNSEND

76

La belleza nunca se desvanece

Una vez a la semana, sin importar lo ocupada que esté, me tomo una tarde libre y simplemente me siento a observar las nubes.

No es siempre sencillo reorganizar mi agenda o posponer las fechas de entrega para cumplir este ritual semanal. De hecho, hay muchas veces que casi me convenzo de no hacerlo. Sin embargo, al final, cuando me siento en mi banca acostumbrada y vuelvo la mirada al cielo, mis preocupaciones y problemas parecen desaparecer mientras las nubes hacen su magia.

–Mira, mira aquella –diría mi madre–. Mira lo suave y afelpada que es. Y se extiende por todo el cielo.

Mi madre tiene ochenta y ocho años y es por ella que acudo puntualmente a esta cita semanal con las nubes. Hace diez años, sus médicos le diagnosticaron demencia. Sin embargo, en su estado presente de constante paz y felicidad, me es difícil verla como una persona demente. A mí me parece trascendente.

> Todo tiene belleza, sólo que no cualquiera la puede ver.
>
> Confucio

He pasado una buena parte de mi vida intentando alcanzar un estado de completa paz y calma mental. Mi madre la ha alcanzado. Yo lucho con los demonios de la culpa, la inseguridad y el miedo todos los días. Mi madre no. Por más que me esfuerce, muchas veces me enfoco en los elementos feos y negativos de la vida. Pero mi madre no. Ella todo lo que ve es belleza. Y está impaciente por compartirla.

–Mmm... siente esa brisa –diría ella–. Suave y agradable.

Me doy cuenta de que si no la hubiera mencionado, probablemente no habría notado la brisa. Sus palabras me tranquilizan y entonces siento la suave brisa acariciándome la mejilla; siento el movimiento en cámara lenta de mi cabello agitándose en el viento.

De vez en cuando, mi madre me mira y me dice:

–Sin embargo, no hay nada mejor que tener a mi hija favorita a mi lado. Eres más bella que las nubes.

Este tiempo que paso con mi madre es agridulce. Ella siempre tuvo buen ojo para la belleza. Siempre se dio tiempo para observar las nubes y admirar la maravilla de una luna llena. Su hogar estaba lleno de objetos de la naturaleza con patrones complicados y diseños tan minúsculos que habrían pasado inadvertidos a una mente menos observadora; una mente que no se diera cuenta de que la vida es corta y llena de bellezas infinitas que observar. Pero ella las veía, las saboreaba y las coleccionaba para enseñárselas a los demás que no se daban el tiempo para hacer una pausa y mirar. Gente como yo. Demasiado absorta en mis trabajos y mis romances e incluso en cosas más prosaicas, como libros, películas o programas de televisión. Estaba demasiado ocupada para ver la belleza a mi alrededor, pero también muy ocupada para darme cuenta en realidad de que toda esa belleza estaba ahí, con mi madre.

Por eso, cada semana, sin importar lo que haga o lo ocupada que esté, me detengo y visito a mi madre y nos sentamos a mirar las nubes.

–¡Mira! Mira aquella –me dice mi madre–. ¿Alguna vez has visto algo más hermoso? –y entonces la miro y me doy cuenta de que, hasta este momento precioso de mi vida, creo que no lo había visto.

BETSY S. FRANZ

77

El corazón de Mamá

Habían caído por lo menos 15 centímetros de nieve esa mañana de San Valentín. Mi hermano, mi hermana y yo nos sentamos juntos en el sillón a ver caricaturas como si de pronto fuéramos a incorporarnos a las filas del Capitán Planeta para ir a salvar al mundo de la maldad de los contaminantes. Mamá nos pidió que nos levantáramos del sillón y nos pusiéramos nuestra ropa invernal. Nos quejamos un poco y nos preguntamos si esta ocasión sería como cuando el tractor de Papá se descompuso y no teníamos forma de avanzar por el trayecto de poco menos de medio kilómetro, lo que significaba que teníamos que recoger la nieve con la pala dos caminos, uno de ida y otro de regreso. Mamá nos aseguró que el tractor no se había descompuesto. Lo único que teníamos que hacer era seguirla.

> Cuando examinas tu vida, las más grandes alegrías se dan en familia.
>
> DR. JOYCE BROTHERS

En el campo nos ordenó que camináramos en una sola fila detrás de ella. Por un momento me pregunté si esto no sería una versión extraña del juego Simón dice. Pero lo que pronto comenzamos a notar al mirar atrás fue la huella de nuestras pisadas, que formaba la figura de un corazón en la nieve del campo. Había visto muchos corazones antes, en especial el día de San Valentín. Los había visto rojos y con diamantina rosa; corazones dibujados con crayón y corazones de rasca y huele. Me habían bombardeado con corazones toda la tarde del viernes en la escuela. Sin embargo, hacer un corazón muy grande en la nieve me asombró como ningún otro corazón lo había hecho. Juntos, creamos esa enorme figura en nuestro propio campo.

Entramos a la casa un momento para reunir botellas llenas de agua pintada de rojo con colorante de alimentos. Vertimos el agua roja en nuestras huellas en forma de corazón hasta que la nieve se tiñó de ese color. Corrimos de nuevo a la casa para rellenarlas una y otra vez y luego volvimos a salir al mundo invernal a pesar de tener las narices entumecidas y la piel de gallina. Cuando el corazón tomó el color de un tulipán del jardín de primavera de mi Madre, nos subimos a la minivan y Papá nos llevó al camino que pasaba más abajo.

Aunque sólo tardamos unos minutos en llegar, nos pareció una eternidad, porque queríamos saber si podríamos ver el corazón desde lejos, si nuestra creación había quedado grabada en nuestro lado de la colina para que todos los que vivían más abajo pudieran verla. Nos inclinamos hacia adelante en nuestros asientos, deseosos de vislumbrar el campo. Y como imaginábamos, ahí estaba nuestro corazón, no era una figura precisamente simétrica, pero era un corazón. Nos alegramos en el automóvil y nos quedamos un rato admirando lo que habíamos hecho juntos antes de regresar a casa.

Han pasado al menos una docena de años desde entonces y aún no tengo un recuerdo de San Valentín más preciado que ese. Ese corazón que hicimos con nuestras pisadas aquel día no es diferente del corazón de Mamá: grande, único y generoso. Gracias, Mamá.

RACHEL FUREY

78

Alguien que le dé vuelta a la cuerda

Como crecí con siete hermanos y hermanas, siempre había alguien con quien jugar. Aunque a veces, cuando mis hermanos mayores estaban desperdigados por el vecindario con sus amigos, no había suficientes niños en casa para jugar algunos de nuestros juegos favoritos. Muchas veces una de mis hermanas o yo corríamos a casa gritando: "Mamá, mamá, necesitamos a alguien que le dé vuelta a la cuerda". Mamá dejaba la escoba o apagaba la plancha para salir a jugar a saltar la cuerda.

Una tarde, mi hermana menor y yo fuimos con Mamá, con cara compungida y ojos suplicantes. Mi hermana llevaba nuestra cuerda desgastada. Yo la había convencido de hacer la petición porque era más pequeña, más tierna y más difícil de ignorar.

> Los niños deletrean el amor como "T-I-E-M-P-O".
>
> JOHN CRUDELE

–Mamá, no podemos saltar la cuerda nosotras solas. Se necesitan dos personas para darle vuelta a la cuerda y por lo menos una persona que salte –entonces le dirigió su sonrisa más cautivadora–. ¿Quieres jugar con nosotros, Mamá? Puedes saltar, ¿verdad?

Mamá se apoyó en el trapeador y me lanzó una sonrisa de complicidad. Sabía que yo había tramado el ardid. Sonreí con timidez y agaché la cabeza, sintiéndome culpable.

–Por supuesto que puedo saltar –respondió Mamá y dejó el trapeador dentro de la cubeta. Después de eso, Mamá nos acompañaba con frecuencia cuando jugábamos a saltar la cuerda. Para mi disgusto, saltaba mejor que yo.

Los juegos siempre eran más divertidos cuando Mamá jugaba con nosotras. Los vecinos sonreían y movían la cabeza cuando veían a Mamá saltar la cuerda o jugar rayuela, burro castigado o softbol con nosotros. Era una mujer menuda, así que a la distancia parecía otra niña. Siempre me pareció que se divertía tanto como nosotros.

Una vez, una vecina cuestionó la disposición de Mamá a dejar lo que fuera para salir a jugar con nosotros.

–Fui hija única y era muy tímida –explicó Mamá, sonriendo–. Rara vez tenía con quien jugar. Creo que estoy compensando lo que me faltó de niña –luego miró al grupo de niños a su alrededor que no nos perdíamos una sola de sus palabras–. No puedo imaginar por qué alguien habría de preferir limpiar el piso a jugar con sus hijos. Mi casa siempre necesitará limpieza, pero algún día, todos estos niños se irán.

Éramos los únicos niños en el vecindario que teníamos una madre que salía a jugar con nosotros. Ella se unía a nuestros juegos con tanto entusiasmo como nosotros. Cuando nos dividíamos en equipos para jugar a la pelota, siempre debíamos escoger un número para decidir de qué lado jugaría Mamá y sonreía cuando peleábamos por ella, ya que siempre la escogían al final cuando era niña. Estoy muy agradecida por haber crecido con una madre que anteponía nuestros deseos infantiles a sus numerosos quehaceres. En su sabiduría, entendía que divertirse era más importante que tener una casa reluciente de limpia.

En retrospectiva, puedo decir con toda sinceridad que no puedo recordar si el piso de nuestra cocina estaba limpio o si había migajas en los rincones. No recuerdo si el baño brillaba o si había una ligera marca en la bañera. No sé si nuestra ropa estaba almidonada y planchada o si nos la poníamos arrugada para ir a la escuela. Sin embargo, recuerdo vívidamente cómo se veía Mamá cuando saltaba la cuerda, con su cola de caballo subiendo y bajando. Oigo su voz cantando: "Miss Mary Mack, Mack, Mack, toda vestida de negro, negro, negro, con botones de plata en la espalda, espalda, espalda" mientras sonreía feliz. Ella nos dejó tantos recuerdos maravillosos que aún hablamos de ellos ahora que somos adultos de mediana edad.

Mamá ha envejecido. Sus pasos son lentos y entrecortados. Su memoria se desvanece. Tiene los hombros encorvados. Pero cuando veo sus cálidos ojos azules, aún veo a la joven madre que pensó que la felicidad de sus hijos era más importante que una casa inmaculada.

ELIZABETH ATWATER

79

Leche derramada

Mi madre tenía el don de avergonzarme, y esta no era la excepción. Ella era mi líder de las Niñas exploradoras y, cuando trabajábamos para obtener nuestro distintivo de patinaje, mi madre, la expatinadora, hacía las volteretas en patines.

Todos mis compañeros pensaban que era la cosa más bella y fascinante sobre ruedas. Le rogaba a Dios, y a cualquier otra deidad que pudiera escucharme, que se cayera y se rompiera algo; por lo menos un brazo. Que no fuera algo muy serio, por supuesto, porque la necesitaba para ocuparse de mí, su

> Canta en voz alta en el automóvil, en especial si avergüenza a tus hijos.
>
> MARILYN PENLAND

preciosa y mimada hija. Sólo necesitaba ser algo lo suficientemente malo para que se quitara los patines.

Ella también cosía todos nuestros vestidos cortos, azules con holanes para presumir nuestras "lindas piernas" mientras patinábamos. Desafortunadamente, también confeccionaba una falda para ella. Hay que admitir que era joven para algunos, tenía casi cuarenta años, pero demasiado vieja para mí. También tenía muy bonitas piernas. Sin embargo, ¡quién quiere las piernas de su mamá en exhibición haciendo nada menos que volteretas en patines! Estoy segura de que algunas de las otras madres la querían tanto esa noche como yo, y todos los demás papás envidiaban a mi papi tanto como las niñas a mí. Nos enseñó bien y obtuvimos nuestros distintivos y muchos aplausos.

Por vergonzosas que pueden ser las madres en ocasiones, también te salvan la vida a veces. Un verano, cuando todas las tías, tíos y primos estaban en el pueblo para una reunión familiar, hicimos una parrillada en nuestra casa.

Los adultos estaban en el patio y a los niños nos habían relegado a una mesa de picnic en el jardín trasero. Yo era la más pequeña de los primos y una de las pocas niñas. Mis hermanos mayores me hacían bromas sin piedad sobre cualquier cosa, y cuando tenían público, era aún peor. Yo intentaba con todas mis fuerzas encajar con los niños "grandes", especialmente con aquellos que nunca querían estar conmigo.

Jimmy, uno de mis primos de Oklahoma, era sin duda la persona más chistosa que había conocido. Me reía de casi cualquier cosa que él dijera. Bueno, Jimmy hizo lo suyo aquel día y nos reímos tanto que apenas tocamos la comida. Yo tenía muchas ganas de ir al baño, pero sabía que me perdería algo chistoso, por lo que decidí "aguantarme", algo que rara vez conseguía.

Entonces sucedió lo peor. Me hice pipí en los pantalones sentada ahí en la mesa de picnic con los niños grandes; aquellos primos y hermanos grandes que me jugaban bromas. Si hubiera podido caer muerta en ese mismo instante, o desaparecer por arte de magia, lo habría hecho. Yo era la única que lo sabía. Sin embargo, a la larga tendría que levantarme y todos me verían en mi humillación. Así que decidí quedarme ahí sentada para siempre, muerta de vergüenza, y nunca levantarme de la mesa.

Finalmente, todos terminaron de comer y reír con Jimmy y decidieron ir con los adultos. Yo me quedé ahí sentada. No había modo que dejara que nadie viera mis pantalones mojados. Nadie me dijo que fuera con ellos porque, como mencioné, era la más pequeña y no les importaba si estaba con ellos o no. Por fortuna, mi madre se dio cuenta de que no estaba con los demás y fue a buscarme. Ahí estaba yo sentada con mi vergüenza. Le tuve que contar lo que sucedió y le dije que nunca permitiría que los demás se enteraran.

Mi madre, la patinadora, la reina de las volteretas que me avergonzaba, tomó mi vaso de leche y la derramó en mi regazo. No podría haberme sorprendido más si me hubiera dado una buena bofetada. —Ay, Becky, lo siento mucho —dijo en voz muy alta—, te tiré la leche. Mira qué desastre hice. Tendrás que ir a la casa a cambiarte la ropa.

Mi madre era un genio. Me salvó la vida ese día como si me hubiera salvado de ahogarme en un río embravecido. Nunca había sentido semejante alivio, tanta felicidad y orgullo de mi madre.

Fuimos del patio al jardín, donde todos estaban reunidos, y ella hizo su anuncio de nuevo y siguió y siguió hablando de lo arrepentida que estaba. Entonces me abrazó y me dijo:

–Nena, corre a la casa y cámbiate para que puedas ir a jugar".

No creo que nunca haya querido más a mi mamá que en ese momento. Sólo tenía ocho o nueve años de edad en ese entonces, y a lo largo de la vida, ella continuó avergonzándome y yo empecé a avergonzarla de verdad. Pero también fue a rescatarme más veces de las que puedo contar en sus ochenta y dos años.

Cada vez que avergüenzo a una de mis tres hijas, y cada vez que corro a rescatarlas, pienso en mi madre. Nunca he derramado un vaso de leche sobre alguna de ellas, pero espero que tengan al menos un recuerdo mío que sea tan maravilloso como este recuerdo de mi madre "la reina de los patines, las volteretas y los derramamientos de leche". Sí, la extraño.

REBECCA LASLEY THOMAS

CAPÍTULO

Regalos del corazón

80

Porque tú estabas ahí

Temblaba desde la línea de banda mientras jugaba mi equipo de futbol de primer año de preparatoria. Empezó a nevar y las condiciones de juego se deterioraron. Era un partido cerrado, así que sabía que había poca oportunidad de que yo entrara en acción. Al otro lado del campo alcancé a ver algunos espectadores, entre ellos, mi mamá. Cuánto anhelaba anotar un gol para ella, para que mi entrenador alabara mis proezas atléticas en su presencia. En cambio, nunca jugué; ni ese día ni muchos otros. Ella estaba acostumbrada a esto. Tampoco era un gran jugador de beisbol. Mientras me descongelaba en el automóvil de regreso a casa, me sentí culpable de haberla hecho ir "para nada". Le dije que no tenía por qué haberse molestado. Ella contestó: "Tenía que hacerlo". Y cuando le pregunté por qué, simplemente contestó: "Porque tú estabas ahí". Tardaría años en entender el significado de sus palabras, y lo único que se necesitó para que me llegara esta revelación espontánea fue convertirme en padre.

> Ser mujer implica mucho más que solo ser madre, pero ser madre implica muchísimo más de lo que mucha gente sospecha.
>
> Roseanne Barr

Con la edad llega la sabiduría y ahora, después de muchos años de ser padre, reconozco y agradezco muchos de los sacrificios que mis padres, pero en especial de mi mamá, hicieron por mis hermanos y por mí. Con este fin, y casi cuatro décadas después, puedo identificarme fácilmente con la razón por la que mi madre pasó tantas tardes otoñales a la intemperie, soportando las inclemencias del tiempo, para estar en las bandas durante mi carrera de futbol, que no tuvo nada de estelar, durante la preparatoria. También he llegado a comprender que su existencia cotidiana giraba en torno de nuestras vidas y el bienestar de mis hermanos, mi hermana y yo; y cómo sus necesidades y deseos de mujer adulta quedaron subordinados a las necesidades y deseos de sus hijos. Este fue un ejemplo invaluable que seguí cuando me convertí en padre.

Mis amigos con hijos actuaban como si fueran poseedores de un conocimiento especial simplemente porque habían engendrado descendientes. Se sentían obligados a ofrecer su opinión experta sobre cómo cambiaría mi vida para siempre al comenzar la vida como padre. Por supuesto, yo ignoraba sus advertencias; después de todo, ningún niño podría tener semejante influencia en la vida de un adulto, o por lo menos así lo creía.

Y luego, una mañana me convertí en padre. Con el nacimiento de Michael, tal como me advirtieron, mi vida cambió. Su nacimiento se convirtió en el catalizador que suscitó en mí la necesidad de ser más consciente de todo lo que ocurría en mi mundo inmediato. ¿Realmente los automóviles pasan muy rápido por la calle? ¿Qué tan buenas son las escuelas? Su nacimiento también hizo que pensara en el mundo a gran escala. ¿Qué sucedía en mi país y en el resto del mundo? Y ¿cómo impactaría la totalidad de las cosas que había empezado a notar la vida de este niño precioso del que ahora era responsable? Su vida importaba más que la mía y sus deseos y necesidades inmediatas superaban los míos. Me di cuenta de que ser padre era gratificante, satisfactorio, una bendición y a veces, una propuesta que daba miedo. El mundo era un lugar temible y pronto me di cuenta de que podía ofrecer a mi hijo sólo un mínimo de seguridad durante un tiempo limitado. El nacimiento de mi hija Tracy sólo aumentó lo que ya sentía.

A la larga, me sentí más cómodo en mi papel de padre, como protector y proveedor. Además, aprendí que, como mis amigos que tenían hijos predijeron, la paternidad me había cambiado para siempre. Mis hijos son mi prioridad, y por ello, dejé de lado gustosamente todo lo que podría haber hecho por lo que sabía que tenía que hacer; estos son ecos de mi propia infancia y la devoción de mi madre. Mi disposición a participar en las diversas facetas de sus vidas a veces me sorprendía, ya fuera para ser "ayudante de la clase" en la excursión para recoger calabazas en el jardín de niños, hacer un castillo comestible con un foso lleno de galletas para un concurso de los Cub Scouts, o ir de chaperón con una camarilla de adolescentes llenos de hormonas y fuera de control durante la noche de un viaje escolar.

Al pasar el tiempo, entendí que mucho antes de convertirme en padre, mi educación para ser un padre participativo y proactivo ya había iniciado. Todo como resultado del amor incondicional, la guía y el ejemplo permanente de Mamá. Me enseñó muchas lecciones sutiles y sin embargo muy valiosas durante la infancia.

Mi hijo fue parte del equipo de lacrosse de la preparatoria durante cuatro años. Jugó en casi todos los partidos, muchas veces como titular. Sin embargo, durante su último año, prácticamente dejó de jugar. Aun así, yo iba a sus juegos, celebraba los pocos minutos que pasaba en el campo y lo consolaba cuando no jugaba. Algunas veces me pregunté si se sentía incómodo por mi asistencia, pero si así era, nunca lo mencionó. Pasara lo que pasara, yo tenía que estar ahí. Era cuestión de ser buen padre, pero esto me lo enseñó mi mamá hace mucho tiempo. Siempre estuve orgulloso de él por su dedicación al equipo y al juego. Tal vez algún día él se pregunte por qué fui a todos sus juegos, sus obras de teatro y excursiones de la primaria, sus actividades con los niños exploradores y cualquier otra cosa que hizo. Si lo hace, responderé a su pregunta de la misma manera en la que me contestó mi madre: "Tenía que hacerlo, tú estabas ahí".

Stephen Rusiniak

81

El edredón

Empecé a oír hablar de él desde un año y medio antes de verlo. En nuestras llamadas cada dos semanas de un lado del país al otro, mi mamá me contaba de los avances que iba haciendo.

"Ya escogí el material… Ya terminé de unirlo. He estado hilvanándolo a la guata…" y, finalmente, en tono triunfal, "¡Terminé de dar la última puntada!"

A lo largo de todo el proceso, demostré entusiasmo y apoyo; sin embargo, curiosamente, me sentía desconectada del trabajo que mi madre estaba realizando. Había hecho edredones fabulosos para mi hermana y hermano y ahora era mi turno.

> Nuestras vidas son como un edredón: pequeños retazos unidos, alegría y dolor, cosidos con amor.
>
> Autor anónimo

Lo vi por primera vez la mañana de Navidad en la casa de mis padres en Whisler, Ohio. Sabía que estaba terminado y que pronto lo tendría en mis manos. El sólo pensarlo me confortaba y me hacía sentir como la pequeña niña que fui cuando viví en el campo hace muchos años. Los rituales de la mañana de Navidad llegaron y se fueron, pero trajeron consigo el sentimiento de totalidad que a veces me falta en California debido a la distancia que nos separa.

El momento había llegado por fin. Mamá fue al armario y regresó con su tesoro. ¡Ahí estaba! La culminación de literalmente cientos de horas de trabajo que en repetidas ocasiones me dijo que era "fruto del amor".

Al extenderlo frente a nosotros, los colores vibrantes y el diseño me encantaron. Mamá captó mi amor por la naturaleza en los verdes frescos. Los marrones y anaranjados eran reflejo de los incontables atardeceres que había presenciado al pasar de los años. Cada cuadro grande contenía cinco corazones bordados que representaban el lazo permanente entre madre e hija. El diseño se denominaba Dresden Plate y de verdad parecía un plato con abanicos de material que irradiaba del centro.

Mientras asimilaba con los ojos la miríada de colores, me sentí abrumada por los pensamientos y emociones.

"¡Realmente no merezco algo tan bello y especial como esto!" Pensé en las muchas ocasiones en las que sentí que había decepcionado a mi mamá. Pero sus ojos contaban una historia distinta. Vi orgullo y amor en su mirada, y sé que ella vio lo mismo en mis ojos llenos de lágrimas. No sabía en realidad qué esperaba sentir, pero esto era mucho más intenso de lo que imaginaba.

Al tocar la tela y pasar las manos por la superficie cálida y texturizada, recordé algo que me comentó Mamá cuando estaba haciendo el edredón: "Me siento a coser, y mientras entra y sale la aguja, pienso en ti. Te recuerdo de bebé sonriendo en mi regazo, tus primeros pasos y balbuceos; recuerdo cuando te mandé a la primaria con tu vestido nuevo que te hice, las noches que pasé en vela esperando a que llegaras a casa los fines de semana cuando estabas en la preparatoria; cómo te ayudé a empacar para ir a la universidad y te vi alejarte con tus amigos en tu vieja camioneta rumbo a California".

¡Entonces me quedó perfectamente claro! Con cada puntada, Mamá estaba conmemorando nuestros recuerdos. Para un extraño, este trabajo podría parecer un edredón bonito, pero ordinario. Pero para mi madre y para mí, era un legado; algo que nadie más en el mundo podía compartir. Era nuestro. Y ahora me lo daba. Me pregunté cómo se sentiría ella. ¿Era difícil para ella dejarlo ir? ¿O era un alivio regalarlo?

Ocho años después tuve una idea de lo que pudo haber sentido cuando, en el mismo cuarto, en la misma casa, yo también regalé algo en lo que trabajé muy duro. Había cosido a mano un edredón de bebé para una amiga de la familia. Era un proyecto en el que trabajé, como terapia, durante el mes que pasé en casa ayudando a cuidar a Mamá que poco a poco se iba de este mundo a causa del cáncer. Durante ese tiempo ella, junto con mi hermana y mi tía, me enseñaron a hacer edredones, y a Mamá le impresionó mucho que su hija, que no era nada apta para estas cosas, emprendiera una labor de ese calibre y, por si fuera poco, hiciera un excelente trabajo. Ella nunca lo supo, pero esto fue una misión que me ayudó a conservar la cordura. Necesitaba que viera que podía hacerlo y que continuaría su legado.

Desafortunadamente, mi regalo del edredón que hice fue un poco anticlimático. Nuestra amiga expresó su agradecimiento, pero no fue la reacción entusiasta y arrolladora que esperaba. Me di cuenta de que lo que mi mamá y yo sentimos ocho años antes había sido más profundo. Mi mamá me había dado el regalo máximo de amor, hecho de cuadros, diseños y colores, que me calentaría y consolaría hasta que volvamos a encontrarnos.

HOPE JUSTICE

82

La fe de una madre

L a Navidad con mi hermano Ken siempre era un momento mágico.
Nunca fue "demasiado maduro" para no emocionarse por las fiestas
como el resto de nosotros. Ken era el hijo de en medio de los doce
que tuvieron mis padres. Nació un mes antes de tiempo en una época en que los cuidados intensivos pediátricos
no eran lo que son en la actualidad. A la mitad
del parto, los médicos se dieron cuenta de que
el cordón umbilical estaba enredado en el cuello de Ken y que impedía el paso del oxígeno
al cerebro. Cuando por fin estuvo en manos de
los médicos, la falta de oxígeno le había causado
parálisis cerebral, retraso leve y sordera profunda. Sin embargo, Dios es
bueno y lo compensó con creces por sus discapacidades al darle una personalidad fascinante, gusto por la vida, fe infantil y una sonrisa magnética
que atraía a todo el mundo.

Debido a que mi hermano Mark nació menos de un año después
que Ken, y mi hermana Gail había nacido diez meses antes, cuidar a
Ken no era una opción. Él fue parte de la pandilla desde el primer día
y aunque no caminó sino hasta después que cumplió doce años, nunca
tuvo problemas para seguirnos el paso, o para interaccionar con la enorme cantidad de niños del vecindario y primos que se pasaban el día en
nuestra casa.

En el hospital, los médicos aconsejaron a mis padres que no vieran
a Ken, que lo internaran en una "institución especial" y olvidaran que

> Cáete siete veces,
> levántate ocho.
>
> PROVERBIO JAPONÉS

lo habían tenido. Decían que nunca caminaría o hablaría; que nunca se alimentaría por sí mismo y que no viviría más de diez años. Ken tenía siete años cuando yo nací y me da mucho gusto que los doctores nunca le hayan dicho nada de lo anterior. El Ken que conocí era delgado y fuerte, luchador y travieso y comía todo lo que no se lo comiera primero a él. Le encantaban las fiestas, le fascinaba ser el centro de atención y amaba todo lo que tuviera que ver con Navidad.

Uno de mis recuerdos favoritos de Navidad es del año que mis abuelos nos mandaron un resbaladilla con columpio. Desde el primer instante, Ken quedó encantado con la resbaladilla. Se pasaba todas las vacaciones sentado haciendo comentarios cada vez que nos deslizábamos por la resbaladilla. Gritaba de felicidad cuando comenzábamos a resbalarnos; echaba la cabeza hacia atrás y reía cuando caíamos de golpe a sus pies, luego nos perseguía a gatas intentando agarrarnos para hacernos cosquillas antes de que pudiéramos volver a subir a la resbaladilla (y uno no quería que lo atrapara, porque Ken no conocía su propia fuerza). Nunca intentó subir por la resbaladilla. Sus piernas flacas y retorcidas no funcionaban como debían.

El día que el resto de nosotros volvimos a la escuela, Mamá supo lo que tenía que hacer. Tomó a Ken en brazos, lo sacó al patio, lo llevó a la escalera de la resbaladilla y comenzó a rezar.

—Señor, Ken quiere deslizarse por la resbaladilla. Necesito toda Tu ayuda para que pueda intentarlo.

Años después, mi madre me contó lo difícil que fue verlo subir y caer; subir y caer una y otra vez. Rompió los pantalones de las rodillas al intentarlo, lo que de todas formas lograba casi todos los días (sus parches tenían parches encima), se cortó un codo, se abrió la frente y sufrió un golpe que lo dejó en el suelo llorando y sobándose la nuca mientras Mamá se obligaba a no correr a ayudarlo.

La vecina de atrás de la casa se acercó a la cerca y le gritó a mi mamá: "¿Qué clase de mujer eres? ¡Aleja a ese niño de la escalera!" Mamá contestó de la forma más amable posible que si le molestaba, tendría que cerrar las cortinas y dejar de ser fisgona. Ken había decidido lanzarse por la resbaladilla y así lo haría sin importar cuánto tiempo tardara en lograrlo.

Cuando todos regresamos de la escuela, Ken estaba todo sucio y amoratado, con una sonrisa de oreja a oreja. No sólo logró subir y deslizarse por la resbaladilla a gran velocidad, sino que había que tener cuidado de no interponerse en su camino.

Esa resbaladilla con columpio fue un generoso regalo de mis abuelos. Estoy seguro que les costó mucho. Sin embargo, el verdadero regalo vino de mi mamá; mi mamá que amaba a mi hermano Ken tanto como para verlo luchar, rezar para tener el valor para no interferir y saber lo importante que era que él hiciera las cosas por sí mismo.

Esto ocurrió hace casi cincuenta años. Ojalá supiera dónde están esos doctores ahora. Estaban tan listos para decirnos lo que mi hermano jamás podría hacer. Obviamente, no conocían al Dios que nosotros conocemos. ¿Qué dirían si vieran a Ken ahora de cincuenta y cinco años, viviendo solo y con un trabajo? Ellos no sabían entonces que Dios tenía un plan más grande para mi hermano y no conocían a la madre que lo amó tanto y confío en Dios lo suficiente como para darle el mejor regalo de Navidad que recibiría jamás.

MIMI GREENWOOD KNIGHT

83

Hija de nadie más
que de Mamá

Tenía seis meses de embarazo, pero en lugar de estar emocionada y feliz, estaba desolada. La mujer a la que llamaba "Mamá", que me crió desde la infancia, acababa de morir. Me dolía que mi bebé nunca tuviera la alegría de conocer a esta maravillosa mujer.

Después de que mi madre biológica nos dejó a mi padre y a mí, él decidió que no había lugar en su vida para una niña. Cedió la custodia legal a una amiga cercana de su familia; una mujer de cuarenta y siete años que pensaba que se quedaría sin hijos para siempre.

Aunque mi padre pagaba una pensión de manutención, nunca fue más que una figura distante y remota en mi vida. Fue Mamá quien me ayudaba con mi tarea y me acompañaba en las excursiones de la escuela. Cuando algunos de los niños se burlaban de mí diciendo que no tenía padres "verdaderos", Mamá se sentaba conmigo y me aconsejaba a su manera directa y sin rodeos.

> Cuando alguien que amas se vuelve un recuerdo, el recuerdo se vuelve un tesoro.
>
> AUTOR ANÓNIMO

—Olvídate de ellos —me decía—. Mantén la cabeza erguida, sé lo mejor que puedes ser y siempre recuerda sonreír. Esto hará que se pregunten qué estás tramando.

Cuando me gradué de la preparatoria, Mamá me animó a ir a la universidad, aunque ella no había pasado de la secundaria.

El día después de que recibí mi título profesional, ofreció una gran fiesta.

—Felicita a mi hija, la maestra —le dijo a uno de sus primos—. La primera en la familia que se gradúa de la universidad —no le importaba que, técnicamente, ninguna de esas personas estuviera emparentada conmigo. Yo era su hija y eso era todo.

Unos meses antes de mi boda, Mamá sufrió un infarto. Aunque los médicos se mostraban pesimistas respecto a que asistiera a la boda, Mamá estaba determinada a ir. En lugar de discutir con el doctor como siempre hacía, siguió sus instrucciones al pie de la letra, y pudo llevarme al altar.

Cuando descubrí que estaba embarazada, Mamá fue la primera persona a la que le contamos. En cuanto se enteró de la noticia, me abrazó y bailó por el cuarto.

—Mi bebé va a tener un bebé —cantó. Me besó en una mejilla y luego en la otra antes de envolverme con sus enormes abrazos. Su emoción aumentó cuando le conté mis planes de ser una mamá ama de casa.

—Podremos pasear juntas por el parque —le dije. Y luego bromeé—: E incluso puedes venir cuando quieras a cambiar uno o dos pañales.

—Como si no hubiera cambiado suficientes pañales en mi vida —rio.

Mamá hizo todo excepto contratar una avioneta para anunciar que iba a ser abuela. Una tarde, llegó en bicicleta a la casa, se veía tan emocionada como un niño en Navidad.

—Me encontré esto hoy por la tarde. Había olvidado que te lo estaba guardando —explicó. Me pasó una pequeña caja. Al quitar la tapa, encontré un pequeño anillo, una pulsera y un collar.

—Estos fueron mis regalos de bienvenida para ti —dijo con expresión de nostalgia—. Si tu bebé es niña, los podrá usar.

Para celebrar nuestro aniversario de bodas, mi esposo y yo hicimos reservaciones en un hotel a dos horas de distancia. Cuando llamé a Mamá para despedirme, sus últimas palabras fueron: "Te amo, ahora ve a pasártela bien. Puede que no tengas estas oportunidades para celebrar cuando nazca el bebé".

Esa noche llamaron del hospital. Mamá se había desplomado en la casa de una amiga mientras jugaban cartas. Su estado era grave. Corrimos al hospital, pero cuando llegamos, Mamá ya había muerto.

A pesar de las innumerables muestras de cariño de todos, yo estaba inconsolable. Estaba esperando un hijo y, sin embargo, me sentía como una niña que me había quedado huérfana mientras lloraba por mi madre. Rechacé invitaciones de amistades que querían llevarme a almorzar o de compras. En su lugar, seguía guardando luto, caminando a solas durante el día y conduciendo largamente por la noche. Ni siquiera mi esposo podía animarme. La única persona que podía lograrlo ya no estaba.

Un domingo, mi tía Annie, la hermana de Mamá, me invitó a pasar la tarde con ella. Cuando abrió la puerta, veinticinco amigas mías y de mi mamá me sorprendieron con un baby shower.

Cuando los juegos y los refrigerios terminaron, llegó el momento de que abriera mis regalos. Pronto, el piso de la sala se llenó de ropa diminuta, juguetes para bebé e incluso una carriola. Casi sentí alivio cuando abrí el último de los regalos. No sabía qué me dolía más, si los pies o la espalda. No podía esperar para llegar a casa a acostarme en el sillón.

—Sólo uno más —la tía Annie corrió a su habitación y reapareció con un paquete grande. Las risas estallaron en el cuarto. Como nunca gastaba en envolturas elegantes y moños, Mamá siempre envolvía sus regalos con lo que tuviera a la mano, asegurándolo con lo que encontraba en su caja de costura. Este paquete estaba envuelto con la sección de tiras cómicas del periódico y atado con un largo lazo de seda verde.

Cuando quité el lazo de seda y la envoltura cayó, me quedé con un edredón de cuna en las manos; era de tonalidades rojas, verdes y azules. Observé las costuras hechas con precisión y más que nunca extrañé a mi madre.

Todos se acercaron rápidamente a tocar el edredón. Yo lo abracé y me rehusé a que nadie más lo tocara. Había algo muy familiar en estos cuadros coloridos, pero no estaba segura de dónde los había visto antes.

Annie, que me había estado observando, se acercó e inclinó su cabeza a la mía.

—Esos cuadros están hechos con algunos de los vestidos que usabas de niña —susurró—. Tu mamá dijo que te gustaban tanto que no pudo nunca deshacerse de ellos. Cuando le contaste que estabas embarazada, estaba tan emocionada... —dejó de hablar, embargada por la emoción.

Acerqué el suave edredón a la cara. Tuve una visión de Mamá, ocupada en sus proyectos y, al mismo tiempo, tratando de ayudarme con mi tarea de matemáticas. Los recuerdos me abrumaron mientras acariciaba el edredón.

—Ella te quería mucho —dijo Annie con ojos brillantes—. Siempre dijo que cada día que pasaba a tu lado era un regalo.

Con lágrimas en los ojos, observé la tarjeta unida a una esquina del edredón por medio de un cordón delgado. Estaba escrita con la entrañable letra de mi mamá:

"Es tiempo de que hagas tus propios recuerdos, pero nunca olvides que siempre serás mi bebé".

–Gracias –susurré–. Y tú siempre serás mi madre.

ELLEN FINK

84

El vestido azul

Yo soy la mayor de seis hijos y casi siempre estaba de acuerdo con mis padres sobre el dinero. Como ellos, pensaba que era insensato gastar sin necesidad y me preocupaba por sus escasas finanzas. Pero ese día, no quise ser frugal. Me habían invitado a una graduación de preparatoria; se trataba de mi primera invitación formal a un baile, por lo que quería un vestido que me hiciera ver como una princesa angelical. Me había imaginado el vestido durante semanas: tela rosa con pequeños lazos blancos y dos aros cosidos a la falda. Usaría unas bonitas y pequeñas sandalias y un bolso de cuentas.

> El amor de una madre aumenta al prodigarlo.
>
> CHARLES LAMB

Cuando salimos de compras a buscar el vestido, pasamos por una tienda a consignación que tenía algunos artículos en exhibición en la vitrina. Según recuerdo, prácticamente salté, en cámara lenta, frente a mi madre, para evitar que viera un vestido usado de gasa que sabía que llevaríamos a casa si Mamá entraba a la tienda. Mamá entró a la tienda y le encantó el vestido en el preciso momento en el que vio el precio: ¡veinte dólares!

—¡Cariño, mira! —exclamó—. Es justo para ti, ¿no lo crees?

Hubiera hecho hasta lo imposible para hacerles las cosas más sencillas a mis padres. También sabía que el vestido que quería costaría más de lo que mi mamá podía pagar. No me quedó más remedio que estar de acuerdo con ella.

Sonreí y le dije a mi madre que yo también creía que era el vestido ideal. No sólo tenía un precio increíble, sino que el vestido, además, presentaba algo que mi madre no podía rehusar: ¡un reto! Casi podía escuchar los pensamientos gritando de emoción en su interior.

—Bueno, no es rosa, pero el azul claro se verá mucho más bonito en ella que tiene una piel tan blanca.

—Es casi cuatro centímetros más corto de lo que debería; sin embargo, vi un encaje de lo más lindo en la tienda de telas el otro día que es suficientemente ancho para agregar el largo necesario.

—Pero la falda no viene con el aro y (suspiro) el par de aros costarán lo doble que el vestido.

Mientras pensaba cómo resolver el reto que presentaban los aros, no dejó de ponerme el vestido frente a la cara al tiempo que recalcaba todos los delicados detalles del vestido que otros no tenían. Acordamos que ese sería el vestido que usaría en mi primer baile formal. Fuimos a la caja a pagar; una muy contenta, otra renuente, con este vestido de finos detalles y pagamos a la vendedora los veinte dólares.

Todo el camino de regreso, Mamá habló sobre sus ideas para arreglar el vestido. Mientras ella hablaba, yo luchaba con mis conflictos internos. Estaba sorprendida de la habilidad de mi madre para encontrar lo que necesitaba y me enorgullecían su talento creativo y su actitud optimista. Sin embargo, sabía que todas las niñas usarían vestidos de boutique que no necesitaban arreglarse con encaje de cuatro centímetros de ancho para que les quedaran bien. Luchaba con mi inmadurez y mi egoísmo. No quería conformarme, una vez más, con lo que pensaba que era lo segundo mejor. No quería ser razonable. No quería tener cinco hermanos en casa que también necesitaban cosas. Sólo quería el vestido perfecto que transformara mi apariencia simple en la de una señorita elegante.

Mis berrinches siempre eran internos y nunca los manifestaba al exterior. Yo no sabía en ese momento que mi madre podía ver lo que guardaba mi corazón con sólo ver la expresión de mi cara. Nunca hizo nada que me hiciera pensar que sabía que yo estaba secretamente decepcionada. Simplemente hacía todo lo que podía para transformar mi decepción en la emoción que ella sentía.

Por consiguiente, cuando subí las escaleras a mi habitación aquella noche, miré el vestido que colgaba de la puerta junto a la máquina de coser de mi mamá y me dije que no era un vestido tan feo y que la tela de gasa era tan suave como tocar los pétalos de una rosa. Un breve suspiro y ese fue el final de mi berrinche interno.

A la mañana siguiente, cuando desperté, oí el ruido de la máquina de coser de mi mamá. Cuando puse la mano con suavidad en la espalda de Mamá para preguntarle qué estaba haciendo, ella exclamó llena de júbilo que ya sabía qué hacer con el asunto del aro. Entonces, para mi sorpresa, levantó dos pesadas sábanas blancas y explicó que las cosería juntas para unirlas a la cintura con resorte y las insertaría justo en los niveles adecuados con los aros para convertirme a mí y a mi vestido en una verdadera belleza sureña. Yo sólo pude formular una pregunta:

–¿Y qué vas a hacer con esos agujeros del cloro en las sábanas?

¡*Voila*! Levantó un pequeño trozo de tela azul claro en forma de nube.

–Coseremos estas pequeñas nubes sobre los agujeros con un pequeño lazo de satín azul a la mitad de cada nube –me explicó.

–Está bien, Mamá –respondí–. Si realmente crees que eso funcionará.

¿De qué hablaba? ¡Por supuesto que ella pensaba que funcionaría! Era tan terca como talentosa. Después de varios viajes a la tienda de telas, llegó el día de la graduación. Cuando levanté los brazos en el aire, Mamá pasó el aro por mi cabeza y lo llevó hasta mi cintura. Aunque estaba un poco doblado a la izquierda, debo admitir que superó todas mis expectativas. Mientras que las otras niñas usaron aros que compraron en la misma tienda local en nuestro pequeño pueblo, yo podía mirar hacia abajo y admirar discretamente el bordado a mano alrededor de cada nube que sólo mi madre y yo sabíamos que cubría los agujeros de abajo. Los pequeños lazos de satín a la mitad de cada nube eran más delicados y detallados que lo que había imaginado.

Cuando Mamá me puso el vestido, este cayó con gracia en su lugar, tocando suavemente la punta de mis zapatos. El lazo quedó muy bonito y parecía como si fuera parte del diseño original. Mamá hizo un moño perfecto a la mitad de la espalda y quedé lista para salir.

Cuando llegó mi pareja por mí, con un hermoso ramillete de flores blancas y azul claro para la muñeca, sus ojos enviaron el mensaje que yo había oído en mis sueños. Me despedí de mi familia y salí con mi pareja para el baile.

Es curioso cómo sólo el tiempo nos enseña a apreciar realmente los regalos especiales de la gente que nos ama. Mi madre me dijo hace no mucho que sabía que yo no quería el vestido de veinte dólares. Sabía que usarlo era un gran sacrificio para mí, a pesar de que le aseguré que no importaba.

Lo que ella no sabe es que los veinte dólares que gastó ese día pagaron mucho más que un vestido de graduación. Pagaron el amor más profundo de una hija por su madre. Pagaron una lección de economía y creatividad. Pagaron lecciones de desilusión como también lecciones de aprecio y madurez. Los veinte dólares permitieron que mi mamá me diera, además de un vestido y una crinolina, el regalo de sí misma, de su amor de madre.

JENNIFER GILKISON

85

El mejor libro para colorear de la historia

—Mamá, necesito un nuevo libro para colorear.

Estaba segura que mi madre comprendería. Cualquiera que viera mis viejos libros para colorear se daría cuenta de que ya no podía seguir usándolos. Había coloreado cada página usando cada uno de los sesenta y cuatro crayones de mi caja.

—Están bien, Becky —me dijo casi sin mirarme—. Ahora ve a jugar.

Mi amiga del vecindario, Denise y yo lentamente caminamos de regreso a mi habitación. Sabía que había nacido para ser artista. Me encantaba colorear. Simplemente nunca podía traducir la belleza que veía en mi mente al papel. Lo que en realidad quería era un cuaderno de dibujo y una verdadera paleta de colores de un artista. No como el papel de borrador que Papá llevó a casa de su trabajo, usado por un lado. Yo quería hojas blancas.

> El simple hecho de tener hijos no las vuelve madres.
>
> John A. Shedd

Pasé las hojas despacio, esperando encontrar un lugar nuevo para colorear. Quería crear algo perfecto; la combinación correcta de colores, mezclados y matizados. Mi sueño era crear el tipo de dibujo con el que la gente se pudiera identificar. Hasta entonces, tendría que conformarme con ser capaz de no salirme de las líneas de un dibujo prefabricado.

Seguía pasando las páginas con una falsa esperanza infantil cuando vi a mi madre parada en la puerta de mi habitación.

—Oye, te conseguí un nuevo libro para colorear —anunció. Denise y yo tomamos todos los crayones que podíamos llevar y corrimos detrás de mi madre. La seguimos por el pasillo hasta llegar a la sala del otro lado de la casa. Estábamos tan emocionadas que nos reíamos como, bueno, pues como lo que éramos, niñas pequeñas. Entonces, ¿dónde estaba? ¡Tenía que ser muy especial para tener que usarlo en la sala de la casa!

—¿Ves esta pared? Este es tu libro para colorear. Pero sólo esta pared, ¿entiendes?

Nos quedamos paralizadas. Esto debía de ser una trampa. Tal vez aún no conocía todas las reglas de la vida a esa edad tan temprana, pero había algunas que conocía a la perfección. No dibujar en las paredes era una de las más importantes. No podía moverme. Me quedé viendo a mi madre y me pregunté por qué intentaba engañarme. Ella me dio un pequeño empujón hacia la pared. Miré mis crayones. Si esto iba a suceder realmente, sería mi obra maestra; tenía una pared en blanco sólo para mí. Muy despacio, dibujé una línea y rápidamente me di la vuelta para observar si mi madre había cambiado de parecer. Ella sólo sonrió y regresó a la cocina. Me quedé absorta. Por horas, coloreé, dibujé y llevé a cabo mi creación.

Como era la cuarta de cinco hijos en un vecindario lleno de niños, la noticia se esparció como reguero de pólvora. Pronto el cuarto se llenó de niños de todas las edades que competían por un espacio para dejar su propia marca en la pared. Tener permiso para dibujar en la pared era tan extraño como tener permiso para comer helado en el desayuno. Mi madre se apresuró a reservar un pequeño espacio para que mi hermana mayor dibujara algo cuando llegara a casa. A mí no me preocupaba perder espacio, estaba segura de que una adolescente pensaría que eran cosas de niños y se daría media vuelta. Sin embargo, la edad no influyó en nada aquel día. Incluso mis hermanos mayores, que normalmente eran "demasiado grandes" para estas cosas, tomaron los crayones con entusiasmo para dibujar. El cuarto estaba lleno de risas y gritos: "¡mira esto!", "hazme espacio". Muy pronto ya no había más espacio para dibujar.

Gracias a mi madre, mi sueño de dibujar sobre un lienzo en blanco se cumplió. Ella me dio esta oportunidad única para dibujar fuera de un libro para colorear y para que experimentara la magia que sólo es posible cuando uno no está restringido por los límites. Luego me enteré de que mis padres iban a remodelar la casa y que mi lienzo era la pared destinada a derribar. Después de que los trabajadores de demolición vinieron y se fueron, la mayoría de nosotros nos quedamos a buscar entre los restos de los paneles de yeso nuestros dibujos, recordando y, tal vez, reviviendo la alegría.

REBECCA OLKER

86

Aprecio por los fanáticos

Recuerdo cuando tenía dieciséis años que estaba sentado en la cocina de nuestra casa en Miami, Florida. Me sentía frustrado y confundido después de haber tenido problemas con una novia aquel día. Te miré a los ojos y exclamé: "¡Mujeres! Mamá, ¡me da mucho gusto que no seas una de ellas!"

Diez años después, te pedí que fueras mi "padrino" de bodas. Supongo que es un concepto poco convencional (que una mujer sea el padrino de bodas), pero parecía tan natural y lógico para mí. Desde mi perspectiva, creía que la persona que debía estar a mi lado el día más importante de mi vida, el día de mi boda, debía ser la persona más importante para mí hasta ese momento. Esa persona eras tú, Mamá.

> No esperes a hacer de tu hijo un gran hombre; haz de él un gran niño.
>
> AUTOR ANÓNIMO

Te lo ganaste.

Yo no crecí en una familia disfuncional o en un hogar sin calidez, amor o sin recursos. Parece que muchas historias de personas exitosas comienzan con dificultades personales. No sucedió así conmigo. Lo que tuve fue una madre que me amaba incondicionalmente. Realmente superaste todas las expectativas cuando se trataba de darme y reforzar en mí todo el bien que sabías cómo dar.

Cuando tenía nueve años, te rompiste el dedo jugando a atrapar la pelota conmigo. ¿Te quejaste o quisiste dejar de jugar? No. Me hiciste sentir que atrapar mi bola rápida en la esquina interior de la base era mucho más importante que tu dedo. En ese momento, supongo que tenía sentido ya que, después de todo, tú tenías diez dedos, pero yo sólo tenía una bola rápida.

Luego llenaste la máquina de lanzar bolas con una infinita cantidad de bolas para que pudiera practicar mi bateo y me llevaste a las prácticas y a los partidos, mientras te sentabas a observarlos. Lloviera o tronara, no importaba. Tú estabas ahí, viendo cada lanzamiento y apoyándome cada vez que abaniqué con el bate, lancé y atrapé la pelota. Siempre me hiciste sentir que eso era lo más importante que tenías que hacer. Ahora que soy padre de tres niños increíbles, entiendo por completo, aprecio y admiro los sacrificios que hiciste por mí.

Probablemente la parte más increíble fue que lo hiciste sin esfuerzo o por lo menos, así me lo parecía. Todos somos humanos y nuestra paciencia tiene límites. Incluso con aquellos que más amamos, a veces no tenemos ganas de hacer algo con o por ellos. Pero si alguna vez te sentiste de esta manera, nunca me enteré. Cada vez que pedía tu ayuda o tu atención, aunque fuera algo sin importancia, siempre respondías como si nada más en el mundo importara. Esa es atención incondicional. Eso es lo que me diste siempre.

¿Recuerdas la vez que yo estaba en primer año de la preparatoria y llegué a casa de la práctica de beisbol? Estaba enojado porque era la primera vez en mi vida que un entrenador me decía que no era lo suficientemente bueno para ser titular del equipo. Estaba dispuesto a renunciar. No me importaba que hubiera jugado beisbol y que hubiera sido el mejor jugador del equipo durante doce de mis diecisiete años de vida. En mi mente, el entrenador era un idiota y yo ya no quería tener nada que ver con el beisbol.

Estábamos junto a la lavadora. Tú me escuchabas mientras yo desahogaba mi frustración, mi decepción y mis lágrimas. Sé que sentías cada momento de dolor que yo experimentaba, pero fuiste la voz de la razón cuando más lo necesitaba.

Me dijiste que podía renunciar; que era mi decisión. Sin embargo, debía pensarlo cuidadosamente y no apresurarme a decidir cuando estaba enojado.

"Tómate el fin de semana para pensarlo un poco más", me aconsejaste. También me recordaste que había otras ocho posiciones en el campo y que podía aprender a jugar alguna de ellas.

Me recordaste que las derrotas son una parte crucial de lograr el éxito y que enfrentar y superar las dificultades y las derrotas era lo que definía el carácter de una persona.

Terminé trabajando duro para aprender la posición de jardinero. Comencé aquel año como jardinero y luego fui a jugar a la Universidad Colgate y llegué a ser el capitán del equipo en mi último año de la universidad. Cuando me gradué, retiraron mi jersey de beisbol, que está enmarcado y colgado en mi pared junto a mí mientras escribo esto. Me sirve como recordatorio constante de la lección de vida que me enseñaste hace más de veinte años cuando estábamos parados junto a la lavadora y que es: en la vida, lo que le sucede a una persona no es tan importante como lo que esa persona hace con lo que le sucede.

Esa lección permanente de vida, aquella que me enseñaste, se ha vuelto la filosofía central alrededor de la cual gira mi carrera como entrenador de alto rendimiento y que me ha permitido ayudar a la gente a encontrar su propia grandeza interna.

Acabamos de celebrar tu cumpleaños número sesenta y cinco. Me puse de pie y pronuncié algunas palabras en un cuarto lleno de familiares y amigos que has acumulado con los años. Cada palabra que dije fue desde el corazón; tuve que contener las lágrimas de alegría, amor y admiración mientras decía cada palabra. Eres una persona increíble, Mamá. Sé que no te lo digo con la frecuencia que debería.

Cuando recuerdo estas cosas ahora que soy padre de tres hijos, me doy cuenta de que realmente hiciste las cuatro cosas más maravillosas que una madre puede hacer por sus hijos.

Hacerlos sentir amados incondicionalmente.

Hacerlos sentir seguros en cada momento.

Mostrarles sus alas.

Darles la confianza para usar las alas.

Hasta el día de hoy, no estoy seguro de si realmente fuiste aficionada al beisbol. Pero si yo jugaba beisbol, entonces beisbol era lo que ibas a ver desde las gradas. Recuerdo que una vez me dijiste que tus amigos te decían que no sabían que eras tan fanática del beisbol. Tú les decías: "No soy una gran fanática del beisbol. ¡Soy una gran fanática de Doug!"

Bueno, pues gracias, mamá, por ser mi primera y más grande fanática; por hacerme sentir amado, por hacerme sentir seguro y, sobre todo, por mostrarme que tenía alas.

DOUG HIRSCHHORN

87

Alivio silencioso

Nueve años después de que Mamá sufrió un derrame cerebral, seguíamos optimistas pensando que se recuperaría por completo. En la terapia mostraba señales de progreso, pero después de que pasaron un par de años, la cruda realidad acabó con nuestro optimismo. Las frecuentes visitas al doctor dieron por resultado un pronóstico de demencia progresiva y su diabetes empeoró. Teníamos entonces que encontrar la mejor atención médica posible para ella. La mayoría de nosotros vivíamos fuera de la ciudad y nuestra situación financiera no nos permitía dejar nuestros trabajos para brindarle los cuidados que necesitaba. Después de agotar todas las opciones, tuvimos que tomar la difícil decisión de internarla en un centro de cuidados cercano. Durante nuestras visitas, hacíamos un esfuerzo concertado por mantenernos positivos y demostrar buena actitud. Sólo pensar en el ambiente del centro de cuidados nos deprimía y daba origen a interminables llamadas de larga distancia para consolarnos unos a otros.

> Lo que soy o espero ser, se lo debo a mi angelical madre.
>
> ABRAHAM LINCOLN

Otra dificultad surgió cuando el doctor nos hizo saber que el pie y la pierna izquierda de nuestra madre se habían gangrenado. La amputación era la única solución para mantenerla con vida. Sabiendo que ella no era capaz de tomar decisiones coherentes, tuvimos que decidir qué hacer. Rezamos para pedir un milagro, pero nos dimos cuenta de que la operación era inevitable. Mi madre siempre tuvo muy bonitas piernas. Sus pantorrillas clamaban por un par de tacones de aguja. Ver cómo se marcaba la porción restante de su pierna bajo la sábana me dejó débil, triste y mentalmente agotada. Tres meses después de la operación regresamos a la misma situación, pero en esta ocasión se trataba de la pierna derecha. La segunda amputación se hizo rápidamente, pero el efecto emocional doloroso no fue fácil de soportar.

¿Cómo se sentía realmente Mamá? ¿Estaba deprimida, amargada o enojada? Había tantas preguntas que nunca serían contestadas porque ya no hablaba desde hacía un par de años. Siempre será un misterio para nosotros qué provocó que dejara de hablar. Se las arreglaba para transmitir sentimientos con la mirada cuando la visitábamos, pero no los podíamos descifrar. ¿Tenía dolor, se sentía sola, contenta, decepcionada? ¿Sentía rencor porque la internamos en el centro de cuidados, porque le habían quitado las piernas? Sólo podíamos sonreír para animarla, y hablar para hacerle saber que estaría bien, además de rezar por ella.

Dos meses antes, en la víspera de la Pascua, mi hermana llamó por teléfono para decirme que habían trasladado a mi madre del asilo al hospital. Su tensión arterial estaba peligrosamente baja. Cerca del mediodía del domingo de Pascua, mi hermana me informó del estado de Mamá. Su tensión arterial continuaba bajando. Los doctores intentaron un procedimiento distinto para ver si ayudaba, pero no funcionó. La respiración de Mamá se volvió difícil. Fui a mi habitación, lloré y recé. Le pedí a Dios que no se la llevara en ese momento. Tal vez era egoísta de mi parte, pero siempre pensábamos que podía recuperarse. Justo cuando las cosas se complicaban más, ella salía adelante sorprendentemente. ¡Siempre! Ahora debía controlarme. Esta vez mi espíritu sentía algo diferente. Le dije a Dios que si había llegado el momento de que se la llevara, lo aceptaría renuentemente. Ya no quería que mi mamá sufriera. Era evidente que se acercaba el momento de que Mamá hiciera la transición a otro lugar. Debía dejarla ir, y así lo hice.

Mamá murió la noche de Pascua. Esta festividad se ha vuelto más sagrada para nosotros. Como esperábamos, la semana de su funeral fue difícil no sólo para la familia, sino para todos los que la amaban. Estábamos llenos de recuerdos maravillosos y de recordatorios de las marcas indelebles que dejó tras de ella. Siempre nos atormentará no haber sabido qué pensó o sintió en sus últimos días. Por mucho tiempo, esperamos escuchar que simplemente dijera "Te amo" de nuevo. Al sentarnos bajo el dosel de la funeraria en el cementerio, mientras llovía a cántaros, esas palabras que queríamos escuchar quedaron sepultadas con su cuerpo.

Unas semanas después, mientras buscaba en mi mesa de noche, encontré un par de cartas que Mamá escribió once años antes. Una estaba dirigida a mí y la otra a mi hermana y a mí. Irónicamente, la carta dirigida a las dos era una carta de agradecimiento por las tarjetas de Pascua y los regalos que le dimos ese año. La nota de Pascua me indujo a sentarme en el suelo de mi habitación a continuar leyendo. Tenía los ojos llenos de lágrimas cuando terminé. Mamá terminó su carta con un "Los amo mucho, Mamá". No podía creer las palabras que estaba leyendo. Después de dejar la carta, no pude resistir leer la carta dirigida solamente a mí. Escribió que agradecía mucho lo que había hecho por ella ese verano. Terminaba la carta con: "Por favor, recuerda que te amo mucho, Mamá".

Las cartas me sobrecogieron. Por los sellos postales me daba cuenta de que había leído ambas cartas once años antes. Después de secarme las lágrimas, llamé a mi hermana y le leí las dos cartas. Ella quedó igual de sorprendida que yo. Las dulces y reconfortantes palabras que habíamos querido escuchar de nuestra madre antes de que muriera se nos comunicaron exactamente en el momento en que necesitábamos escucharlas. Fue entonces que mi hermana y yo encontramos la paz. Mamá nos envolvió con sus brazos celestiales.

KYM GORDON MOORE

88

Nuevos vestidos

Aunque sabía que no éramos ricos cuando era niña, no sabía que éramos "pobres". Siempre tuve todo lo que necesité y todo lo que quería, incluso vestidos elegantes. Sin embargo, según mi madre, yo no tenía suficientes vestidos. Aún puedo recordar vívidamente que fuimos a KMart a ver aquellos hermosos vestidos. Cuando mi madre me comunicó que iríamos, yo sabía que eso significaba que pronto estaría posando como modelo, probándome nuevos vestidos para un público ferviente constituido por una sola persona: Mamá.

> Tus hijos necesitan más tu presencia que tus presentes.
>
> JESSE JACKSON

También sabía que regresaría a casa con un nuevo atuendo. Siempre tomaba de la mano a mi madre en el estacionamiento y en la tienda. Ella me llevaba a los probadores en la parte posterior y mientras yo me maravillaba con las luces y los artículos en venta que se exhibían, mi mamá recorría la tienda buscando cualquier cosa que quería que me probara. Podía examinar tallas, estilos y precios y aun así, saber exactamente lo que yo hacía. Me sorprendía cómo parecía saber cuándo me sentía tentada a esconderme entre los bastidores de ropa o a perderme caminando.

Una vez que la pila de vestidos estaba lista para que la modelara, la señorita de los probadores me preparó mi propio cuarto para comenzar el espectáculo. Después de probarme cada prenda, mi madre corría por un nuevo vestido y tal vez un sombrero que coordinara. Su mirada sigue impresa en mi memoria; una mirada ansiosa y amorosa que decía "Sí, este puede ser mejor que el anterior". Entonces añadía: "Nena, pruébate sólo uno más" y luego, cuando yo salía del probador, se llevaba la mano a la boca maravillada y sonreía.

Algunas veces durante este proceso, yo la observaba y percibía en ella una especie de añoranza. Era una mirada dolorosa. Era casi como si estuviera dispuesta a sacrificar cualquier cosa suya con tal de comprarme otro vestido bonito. Y más que eso, tenía una mirada de puro amor y alegría. Quería con toda su alma darle a su pequeña niña todo lo que necesitaba y quería, pero lo que no sabía era que su pequeña niña ya tenía todo lo que necesitaba y quería: su mamá.

STACIA MARIE ERCKENBRACK

89

Un paseo por los recuerdos

E ra un hermoso día soleado. Disfrutaba de una deliciosa Coca-Cola fría acostado en una hamaca del jardín trasero cuando oí niños gritando y peleando en el callejón. Presté atención a la conversación entre dos niñas pequeñas por un segundo antes de darme cuenta de qué discutían.

—Rápido, súbete a la bicicleta, casi lo lograste en esta ocasión –dijo la niña mayor.

—No puedo, deja que vuelva a ponerle las rueditas de entrenamiento –respondió la menor de ellas, cuyas piernas estaban cubiertas de raspones y tiras adhesivas.

> La vida es como andar en bicicleta; para mantener el balance, uno debe seguir moviéndose.
>
> ALBERT EINSTEIN

—No, esta es mi bicicleta y no quiero andar en ella con las rueditas de entrenamiento sólo porque tú crees que no puedes andar sin ellas.

Me reí de la inocencia de las dos niñas. Se trataba de dos hermanas que vivían al otro lado del callejón de donde yo vivía. Volví a colocarme la gorra sobre la cara y continué descansando los ojos. Intenté regresar al estado de completa relajación en el que me hallaba antes de la interrupción, pero su conversación me hizo recordar el día en que aprendí a andar en bicicleta. Tenía alrededor de cuatro años.

—Christopher –mi mamá me llamó desde la puerta de la sala familiar, apoyada sobre el marco con una toalla al hombro. Me había encontrado jugando con mis carritos de juguete en el tapete. Empujaba los carritos alrededor; iba y venía de las casas de vecinos imaginarios y me detenía en el camino para saludar a mi padre. Llevaba jugando toda la mañana con mi hermano menor, pero él se había cansado y estaba durmiendo la siesta, acostado con los brazos separados del cuerpo, la cabeza a un lado, babeando y la panza fuera de la camiseta.

–Sí –respondí; volví la cabeza hacia mi madre y en seguida regresé al carrito que salía del campo imaginario.

–Ven, vamos afuera –invitó–. Hace un día muy bonito y ya terminé mi trabajo.

En ese momento, yo no estaba realmente interesado, porque pensaba que ella querría que la ayudara en el jardín o algo por el estilo, así que continué jugando.

–¿Qué vamos a hacer? –pregunté.

–Ah, no lo sé –hizo una pausa. La miré y me sonrió–. Pensé que sería bueno que aprendieras a andar en bicicleta hoy.

Una oleada de emoción me hizo saltar de alegría. Corrí por la casa lo más rápido que pude, salí por la puerta hacia la terraza. Tomé mis botas de hule lodosas de atrás de la puerta y salí al sol para tomar la pequeña bicicleta morada con llantas blancas de mi hermana. Mi madre salió de la casa tras de mí.

–Lleva la bicicleta al garaje.

Estaba muy emocionado, así que corrí con la bici hacia el garaje. La entrada de autos del patio de la granja era ligeramente inclinada; la íbamos a usar como una especie de rampa para iniciar. Salté en la bicicleta y esperé a que mi madre me diera instrucciones.

–Muy bien, Christopher, cuando comencemos, voy a sujetar la bicicleta y tú pedaleas lo más rápido que puedas y no pares.

–No me sueltes –pedí.

Ella colocó una mano en el manubrio y la otra en la parte trasera del asiento.

–Claro que no –me aseguró–. ¿Estás listo?

Asentí con la cabeza y miré hacia el frente; estaba listo para salir tan rápido como el viento.

–¡Vamos! –gritó ella. Comencé a pedalear rápido y la bicicleta comenzó a bajar por la pendiente, aumentando la velocidad. Mi mamá corrió a mi lado sujetando con las dos manos en la bicicleta como me había prometido. Yo tenía toda la confianza del mundo cuando estaba con ella de que nada malo me sucedería. Mamá comenzó a cansarse.

–Muy bien hecho –gritó casi sin aliento–. Detén la bicicleta y lo volveremos a intentar.

Hicimos exactamente lo mismo unas cuatro o cinco veces más. Cada vez íbamos ganando más confianza en mis habilidades. En los siguientes intentos, Mamá quitó la mano del manubrio, para darme la oportunidad de explorar mejor el equilibrio por mí mismo. Cuando parecía que la bicicleta se bamboleaba demasiado, ella me guiaba de regreso a lo seguro.

—De acuerdo, esta vez voy a soltar la bicicleta —me advirtió.

—¡No! ¡No me sueltes! —le rogué—. Todavía no estoy listo.

—Está bien, no lo haré en esta ocasión.

Comencé de nuevo como las veces anteriores. Pedaleé con todas mis fuerzas mientras Mamá corría para mantenerse al paso, sujetando el asiento con una mano mientras sincronizaba el otro brazo con las piernas.

—Buen trabajo, sigue adelante —me decía constantemente para tranquilizarme y alentarme—. Buen trabajo. Te voy a soltar ahora.

—¡No me sueltes! —grité temeroso—. No estoy listo, no me sueltes. ¡No me sueltes!

—Está bien, no lo haré —mintió—. Sigue adelante, más rápido, más rápido. Lo estás haciendo muy bien.

Su voz se volvió cada vez más lejana. Entonces me di cuenta de lo que había hecho y me enojé.

—¡Me soltaste!

—Sigue adelante; lo estás haciendo tú solo. ¡Buen trabajo! —me gritó. Mi enojo se convirtió en alegría cuando me di cuenta de que estaba andando en bicicleta por primera vez.

Bajé rápidamente por el camino de entrada y llegué al camino de grava. Mi perro viejo y cansado despertó de su siesta de la tarde en la entrada de la casa y vino a correr a mi lado, ladrando como si me aplaudiera mientras el viento agitaba mi cabello. Mi sonrisa era enorme cuando traté lentamente de girar el manubrio para dar la vuelta hacia mi mamá. Llevé la bicicleta a su lado y me detuve torpemente. Me recibió con besos y abrazos y también recibí una buena lamida de mi leal perro.

Un automóvil en el callejón me desconcentró de mis recuerdos. Tenía la sensación de haberme quedado pensando sólo unos segundos. Sonreí. No había pensado en ello en mucho tiempo. Mamá murió después ese invierno, y mis pocos recuerdos de ella se desvanecieron como pisadas en la arena. Trato lo más que puedo de no olvidar nuestros momentos juntos. Mis hermanos, mi hermana y yo nos reunimos en Navidad y compartimos nuestros recuerdos de ella para ayudarnos a nunca olvidar. Las historias empiezan a hacerse viejas y repetitivas últimamente, pero esta es una nueva historia. Nunca he contado este recuerdo. No lo pensé en él sino hasta ahora. Es un recuerdo de algo muy simple, como aprender a andar en bicicleta, pero al mismo tiempo es algo tan entrañable que las palabras no pueden describirlo.

Me levanté de la hamaca. Saqué de la hielera un par de latas de refresco. Caminé por el pasto hasta el callejón donde aún podía oír a las niñas discutiendo sobre las rueditas de entrenamiento. Les ofrecí una bebida para aliviar la sed que hacía con el sol de verano. Sus ojos brillaban cuando aceptaron felices la bebida. Me di la vuelta para regresar a la casa cuando oí tras de mí simultáneamente: "¡gracias!"

Esta palabra me afectó de forma inusual, como si no mereciera su agradecimiento. Me volví y me despedí con la mano. Estaba en deuda con ellas por rescatar mi recuerdo. En voz baja les dije a las niñas: "No, ¡gracias a ustedes!"

CHRISTOPHER HARTMAN

90

Los mejores paquetes de ayuda del mundo

Hace poco descubrí que un amigo mío de Inglaterra da clases al norte de Connecticut. A través de la máquina del tiempo de Facebook nos dimos cuenta de que vivíamos muy cerca, por lo que Simon vino a Greenwich de visita.

Hace veintidós años, era becario de English-Speaking Union, y el único estadunidense en King's College, un internado en Taunton, Somerset, en Inglaterra. Simon estaba en la misma ala de la residencia Meynell, justo enfrente de mí. También jugábamos juntos en el equipo de basquetbol. Durante su visita reciente a Connecticut, lo que más nos hizo reír fue el número y el tamaño de los paquetes de ayuda que me mandaba mi madre cuando estuve en el King's College ese año. Era mi primera vez que estaba fuera de casa y tenía dieciocho años.

> Qué cosa tan maravillosa es el correo; es capaz de transmitir un cálido apretón de manos a través de los continentes.
>
> Autor anónimo

Las famosas cajas de cartón de mi mamá llamaban la atención, ya que eran enormes. Casi cada tres semanas, recibía un enorme paquete lleno de Kool-Aid, Pop-Tarts y barras de chocolate, que atraían a toda la escuela a mi habitación. Cuando llegaba el regalo, recibía una nota en mi buzón. Entonces tenía que ir a recoger la caja a un edificio y llevarla con dificultad a mi dormitorio. En consecuencia, todos, maestros y alumnos, me veían haciendo malabares con la enorme y pesada caja de cuidados. Con gusto repartía los regalos y golosinas contenidos con mis amigos: Butterfingers, Milky Ways, Snickers.

Mientras Simon y yo recordábamos en su visita reciente, nos reímos de que esos regalos terminaron siendo su inducción a las Pop-Tarts, un artículo que estaba ansioso por comprar cuando llegó a Estados Unidos como profesor.

Sin embargo, para mí, esos paquetes se convirtieron en la forma en la que Mamá me demostraba su afecto cuando no estaba en casa. También escribió a mano muchas cartas cariñosas, que aún tengo guardadas en una caja en mi armario. Un paquete en particular contenía un pequeño animal de peluche llamado Pound Puppy. Mis amigos en la escuela, incluido Simon, solían secuestrar el Pound Puppy y lo mantenían cautivo.

Si alguna vez han estado fuera de casa por mucho tiempo y sienten nostalgia por regresar, saben que *cualquier* correspondencia que reciban de su familia es algo maravilloso. Las pequeñas cartas son algo hermoso. ¡Los paquetes son un sueño!

Los tiempos han cambiado. Ahora tengo cuarenta y un años. Ya no como Pop-Tarts con demasiada frecuencia, pero cuando pasé por uno de los peores años de mi vida en 2008 (como muchos), los paquetes continuaron llegando. Algunas veces contenían una chaqueta de lana de la tienda de segunda mano, o unos zapatos usados J. Crew, o una caricatura recortada del periódico.

Mamá incluso vino a Connecticut desde Virginia en tren y me llevó una trompeta de plata que ahora toco y que compró por diez dólares en una venta de garaje. Es de plata labrada a mano. También me manda libros de música. Compra la mayoría de estas cosas en tiendas de segunda mano, que son lugares que nos gusta visitar cuando estamos juntos.

La imagino comprando las cosas, reuniéndolas en el comedor, haciendo el viaje a la oficina de correos y finalmente, envolviendo el paquete tan bien que ni un machete podría abrirlo. Siempre necesito una navaja para cortar las capas de cinta adhesiva. Una vez que abro la caja, saco el papel periódico de relleno que utiliza como aislante. Entonces comienza la diversión. ¿Qué habrá pensado en mandarme esta ocasión? ¿Un libro que sabe que me gustaría tener? ¿Ropa cómoda? ¿Una estatuilla de San José?

En mis visitas a Virginia, por lo general hay una pequeña sorpresa esperándome. La última vez, se trataba de una figura de cerámica de Elvis con camisa azul y cabello negro. Por supuesto, siempre salgo con un corte de cabello gratis y mi ropa sucia lavada y planchada.

Su paquete más reciente contenía una pequeña máquina de escribir de madera tallada, pintada de negro y blanco. Es un intrincado pisapapeles que compró tal vez por cincuenta centavos. Y parece una vieja máquina Underwood en miniatura. Incluso corté un pequeño pedazo de papel que decía "Escribe algo" para ponerlo en la pequeña máquina de escribir. La tengo en mi escritorio, como un recordatorio constante de que Mamá piensa en mí.

Las cajas sorpresa siguen llegando después de veintitrés años. Parece que llegan cuando más las necesito. Poseen una dulce sincronía maternal que me hace saber que ella me ama. Miro a mi alrededor en mi departamento y veo mi Elvis de cerámica, mi máquina de escribir en miniatura y sí, mi Pound Puppy, sobre mi cama, y estoy seguro de que los paquetes de ayuda de mi madre son lo mejor del mundo. Mi amigo Simon de seguro coincide plenamente. Tengo pruebas internacionales.

Mark Damon Puckett

CAPÍTULO

El legado de mi madre

91

Mil y una historias,
un millón y una palabras

Mi madre no me dejó mucho. No me dio mucho. No tenía
tiempo, ni en la Tierra ni en su vida.

Al final de los años sesenta, cuando era niña y mi madre
era una mujer hermosa en el mejor momento de su vida, ella y mi padre
estaban atrapados en lo que parecía un sello distintivo de ese tiempo: no
se cansaban de socializar.

En la cúspide de su belleza y ánimo de
divertirse, mi madre murió muy rápido del
mismo tipo de cáncer cerebral que mató al
senador Ted Kennedy.

> La mejor escuela es el
> regazo de una madre
>
> JAMES RUSSELL LOWELL

Todavía no cumplía veinte años y sentí,
y aún siento, que apenas la conocí.

La noche que murió recuerdo que pensé: ¿a quién intentaré impresionar ahora? ¿Quién se enorgullecerá de mí? Mi madre abandonó la preparatoria, pero tenía una aguda inteligencia y siempre insistió en que mi
hermano y yo nos esforzáramos por ser los mejores, los más brillantes y
los más hermosos. Por lo tanto, se podría decir que mi madre me regaló
la obstinación de nunca sentirme realmente satisfecha conmigo mismo;
lo cual no es ningún regalo y, de hecho, ha sido la fuente de mayor dolor
en mi vida.

Sin embargo, el otro regalo que me dio balancea ese vago y familiar
sentido de no ser suficientemente buena.

Mi madre me dejó la palabra. Supongo que se podría decir, en el sentido más verdadero, que ella me inspiró la palabra. Me la inculcó.

En lo que ahora parece un pintoresco y tierno gesto, nunca salía sin contarme una historia. Antes de salir, ya arreglada con sus botas negras de tacón de aguja y vestido de coctel con la espalda descubierta, iba a leernos algo a mi hermano y a mí. Y ese algo nunca era basura.

Cuando yo era joven e hicieron una película de dibujos animados basada en *El libro de la selva*, recuerdo la decepción que sentí cuando vi lo alegre que Disney había vuelto una historia que, en esencia, es muy triste. Recuerdo las lágrimas en los ojos de mi madre cuando nos leyó que la loba madre dejaba a su hijo Mowgli para que volviera al mundo de los humanos, diciéndole que ella y el padre de Mowgli ya eran viejos. Recuerdo cómo los lobos saludaban a los otros animales en la selva india: "Somos de una sola sangre, tú y yo".

Recuerdo la historia de una niña llamada Velvet que compró un caballo por un chelín y ganó la carrera Grand National Steeplechase. No recuerdo un tiempo en el que no imaginara que yo era Jo de *Mujercitas* y Laura de *Little house in the Big Woods*. Mi mamá me leyó la historia del Pájaro de fuego y la vieja leyenda nórdica de Baldur que murió por una flecha hecha de muérdago, y todos los mitos griegos y romanos hasta que los nombres de los dioses y diosas me resultaron tan familiares como si fueran amigos.

Ella me leía poemas. Teníamos una vieja enciclopedia para niños empastada con un material rojo que parecía cuero, y una y otra vez, hasta que pudiera repetir cada palabra, mi mamá me leyó la historia de Bess, la hija de ojos negros del terrateniente, de la luna que era un huevo de Griffon, del cuervo que sólo podía decir una sola palabra (¡y qué palabra!), del venado fantasma que aparece cuando Daniel Boone sale de noche; de Paul Revere y el puente que se arqueaba por encima de la inundación. Ella era una lectora tan apasionada que, aunque he ido al puente que se arquea por encima de la inundación en Concord, Massachusetts, más de cien veces, sigo sin poder repetir las palabras del poema sin que se me haga un nudo en la garganta. Mi madre nunca me explicaba nada de lo que trataban las historias y los poemas que me leía. La forma en que los leía hacía que el significado fuera evidente por sí mismo. Apenas podía llegar al final del poema de Robert Burns "Jon Anderson, my Jo!" o "Gunga Din" (¿por qué le leía eso a una niña, en primer lugar?), porque esos poemas eran muy solemnes y tristes.

Y no sólo le atraía la lectura, sino también las palabras.

No trató de animarme a practicar algún deporte. No iba a las obras de teatro en las que actuaba y nunca se me hubiera ocurrido pedirle que participara en la venta de pasteles en la escuela o que fuera líder de venta de galletas.

Tal vez todo lo que le importaba era leer palabras. No necesitó decirme que las palabras tenían un poder casi alquímico. Era evidente con su inflexión. Era palpable en el poder que tenían las palabras sobre nosotros, sus hijos.

Supongo que mi hermano y yo éramos el mismo tipo de niños peleoneros y revoltosos como lo son mis hijos. Sin embargo, mi madre podía hacer que nos quedáramos quietos con una oración: "Había una mujer gitana que tenía un hijo…" Podía mandarnos volando a dormir con levantar un libro. Incluso sentada frente a su tocador, aplicándose delineador con elaborados trazos sobre sus fabulosos ojos, podía crear personajes con sus tubos, delineadores y brochas y usarlos en las historias que nos contaba; desde la historia de Diana la cazadora hasta la historia de Gypsy Rose Lee. Sabíamos que Julieta no estaba suspirando, sino que se sentía muy frustrada cuando decía: "¿Dónde estás Romeo?" (Pero, ¿cómo era posible que mi madre, que dejó de estudiar cuando tenía quince años, distinguiera a Shakespeare de Rod McKuen, para luego contarle las historias a una niña de once años usando un frasco de Noxzema como el balcón?)

Tal vez mi madre pudo haber sido la escritora que yo nunca seré.

No sólo tenía gusto por lo dramático en la vida y el arte, sino que no se conformaba con nada que no fuera lo mejor, en nosotros mismos (para exasperación nuestra), y en lo que leíamos (para nuestra felicidad).

Ahora bien, se me ocurre que mi madre probablemente estaba aburrida de leerles a niños y pensaba que leer cosas contemporáneas infantiles era una pérdida de tiempo. Por eso nos leía cosas que la conmovían y la emocionaban. Tal vez, en realidad, las leía por primera vez cuando nos las leía a nosotros.

En mayor o menor grado, con cierto éxito, he hecho lo mismo con mis hijos.

A la hora de dormir, no se atreven a llevarme libros de Scooby Doo o de los Transformers, ni siquiera *Un cuento de Navidad* en cualquier otra forma que no sea la historia de Dickens. Por este motivo me odian un poco. Pero casi todos ellos eran capaces de recitar cualquier poema de Emily Dickinson cuando llegaron al segundo grado porque los habían escuchado muy a menudo. Al final del día, eso es probablemente un mejor regalo para ellos que todos los juegos de futbol, las obras escolares y las noches de sábado que hemos pasado en casa. Mis hijos reconocen una buena palabra o una buena historia cuando la escuchan.

Cuando mi madre murió, mi padre me preguntó si quería escoger un verso para su epitafio. Quise y lo hice. Elegí: "Ella camina en la belleza, como la noche…" Y sé que mi madre lo entendería y lo aprobaría.

JACQUELYN MITCHARD

92

Herencias

Mi madre tuvo cuatro hijas. De seguro había algo en el agua, porque mi tía tuvo cuatro hijas también. Nuestras edades estaban escalonadas. Su hija menor era un poco mayor que yo. Cuando el verde primaveral salía o el otoño volvía amarillas las hojas, yo esperaba con ansias la llegada de una caja de cartón; se trataba de ropa usada que pasaba de las manos de una madre a las manos de otra.

> Lo que la hija hace, la madre lo hizo antes.
>
> PROVERBIO JUDÍO

Sonó el timbre de la casa, salté como resorte y dejé mi libro de colorear. Mis piernas de diez años eran larguiruchas, pero fuertes. Me apresuré a llegar a la puerta, la abrí y recibí de golpe el aire frío en la cara.

—¡Ya llegaste! Pasa —invité.

Mi tía cruzó la puerta y se limpió las botas en el viejo tapete. Alcancé a ver su sonrisa por encima de la pesada caja que cargaba.

—Estamos aquí atrás —gritó Mamá del otro lado de la habitación—. Las niñas han estado esperando —entonces la oí que retomó el ritmo de la canción que estaba cantando sin perder un compás.

Seguí a mi tía a la cocina. Ella hizo a un lado el frutero de Mamá y puso la caja sobre la mesa. Mis hermanas y yo juntamos las sillas y nos sentamos sobre las manos para no abalanzarnos a despedazar la caja. La emoción se acumulaba en nuestras pancitas, mientras esperábamos con los ojos bien abiertos.

Admiré los lados abultados de la caja. Entonces miré a mi mamá; ella asintió con la cabeza y comenzó a tararear una canción.

Nos lanzamos precipitadamente sobre la caja. Sacamos el contenido. Había zapatos, faldas, pantalones vaqueros y camisetas. Yo tiré de un suéter de lana, me lo puse y sonreí.

Estaba muy contenta. Sentía que había recibido una gran herencia.

Los años pasaron y cuando me hice mayor tuve lo opuesto a mi madre más uno: cinco hijos varones. La ropa usada siguió siendo una forma normal de vida y me alegraba que Mamá me hubiera enseñado su valor.

–Subamos al ático a ver qué podemos encontrar –propuse un día. El verano había traído consigo una onda de calor y los niños estaban emocionados de poder usar la piscina que teníamos en el patio trasero. Subimos juntos los delgados escalones que conducían al ático. Empecé a tararear mientras subíamos.

La tarde se nos pasó en buscar entre las cajas de plástico los trajes de baño del año pasado. Nos asomamos bajo las tapas de las pesadas cajas de plástico. Arrastramos las enormes cajas azules por el piso polvoso del ático. Finalmente, encontramos una llena de trajes de baño.

Sentía que habíamos encontrado un tesoro mientras corríamos a la piscina.

El agua se sentía tibia y refrescante después de chorrear de sudor en el ático. Jugamos, nos salpicamos de agua y nos lanzamos las pelotas de playa. Era normal en mí cantar mientras jugábamos. Entoné una canción simple y bobalicona que mis hijos aprendieron de inmediato. Cantábamos *a cappella* aunque la tonada se interrumpía por los estallidos de risa.

Cualquier deficiencia de talento se compensaba con abundancia de alegría.

–Mamá, suenas igual que la abuela –me dijo mi hijo Grant–. Cantan todo el tiempo –luego se hundió como delfín y pasó junto a mí.

En el momento no pensé mucho en el comentario. Sólo seguí con el siguiente verso de la canción.

Sin embargo, más tarde, cuando la casa estaba tranquila, las palabras de Grant volvieron a mi mente. Los niños se habían cansado temprano, y mi esposo y yo descansábamos juntos en el sillón. Al considerar lo que Grant me dijo, mi mente voló de la sala a la época de mi niñez.

Mi mamá debió de haber nacido con una canción en el corazón. Cantaba todo el tiempo. Su voz recorría la casa y se oía por encima de los macizos de flores y viajaba con nosotros cuando nos amontonábamos en el automóvil. Cantaba cuando nos mecía por la noche, cuando teníamos fiebre, cuando tostaba el pan; cuando preparaba el almuerzo de Papá;

mientras nos hacía trenzas y cuando empujaba el columpio. Las canciones de Mamá eran algo natural en nuestro hogar. Su voz cubría fielmente a nuestra familia de alegría y amor.

Me senté un momento a pensar en Mamá. Estaba emocionada de que mis hijos la reconocieran en mi canción. Me encantaba la idea de que algo tan simple tocara sus vidas y sus corazones.

La canción de Mamá se volvió la mía.

Ahí sentada, en la oscuridad creciente, comprendí que los mejores tesoros no están en cajas u organizadores. No quedan raídos con el paso del tiempo. Y no se pasan de las manos de una madre a las de otra.

Se pasan de un corazón a otro.

Son los tesoros eternos del amor y la alegría contenidos en el ritmo de la canción de mi madre.

—Una herencia —susurré—. La mejor. Gracias, Mamá.

Cerré los ojos y sonreí.

Entonces tarareé en el silencio de la noche.

SHAWNELLE ELIASEN

93

Un poema en su bolsillo

Mi madre siempre llevaba un poema en su bolsillo. En lugar de memorizar la letra de la canción más reciente de Michael Jackson, mi madre y yo recitábamos las armoniosas palabras del poema "Annabel Lee" de Poe, "Stopping By Woods on a Snowy Evening" de Frost, o de algún poeta desconocido que acabábamos de oír en la universidad cercana. La poesía no estaba reservada únicamente para el salón de clase o para la sesión de lectura de poesía. La poesía me tocaba en momentos inesperados; cuando estábamos en la tina llena de burbujas o íbamos en el automóvil rumbo a la escuela. Ella coleccionaba palabras. No sólo en su memoria, sino también en su estante de libros. Como vivíamos cerca de Nueva York, a menudo íbamos a esa bulliciosa ciudad para asistir a una lectura de poesía y complementar la aventura con un chocolate caliente en Serendipity. Antes de salir de la lectura, le pedíamos al autor que firmara su colección. El estante de mi mamá lentamente se fue llenando de una magnífica y ecléctica colección de textos que incluían a Gwendolyn Brooks, Sharon Olds, Mark Doty y otros poetas que no eran tan famosos pero igualmente talentosos. Nunca me di cuenta de lo importante que eran esos textos hasta que los perdí.

> La poesía es un bolso lleno de recuerdos invisibles.
>
> CARL SANDBURG

En mi último año en Princeton, mi madre murió de cáncer de ovarios, pero los recuerdos tangibles de nuestras aventuras en el mundo de la poesía seguían en los estantes. Unos años después, ayudé a mi padre a limpiar la casa. Los libros en los estantes estaban llenos de polvo, como también mis recuerdos de esos viajes de poesía. Hicimos una venta de garaje para librarnos del desorden de la casa y junto con este, perdí mi tesoro. Vi que una mujer que asistió a la venta levantaba cada libro de mi madre y abría la primera página. Luego decidía quedárselo o devolverlo. Sabía exactamente lo que estaba haciendo: buscaba un tesoro escondido. Esas firmas, esos recuerdos eran como pepitas de oro encontradas en un río de aguas turbias. Y la observé; simplemente la observé. Después de un rato se acercó a mi escritorio donde yo tenía organizadas mis monedas de un centavo y de 25 centavos y ella puso su cambio sobre la mesa para llevarse aquellos preciosos momentos con mi madre. No dije una sola palabra. Por alguna razón, fui muy tímida o me dio vergüenza decirle que los libros autografiados no estaban a la venta.

Por muchos años, no busqué en el estante para ver cuántos libros se había llevado la señora. Estaba muy enojada conmigo por dejar que una extraña se llevara mi herencia a cambio de unas monedas. Después de varios años de nómada, regresé a mi casa de la infancia a recuperar todas las cosas que había dejado atrás durante mis viajes. Quería establecerme y construir mi propio nido. Cerré los ojos, luego los abrí y busqué en el librero para ver lo que quedaba de la colección de mi madre, si es que quedaba algo.

Para mi sorpresa, muchos libros seguían ahí. ¡La extraña no se había llevado todo! Reuní los que quedaban y me los llevé a mi nuevo hogar. Sin importar los libros que perdí, la poesía que me acompañó durante la infancia sigue grabada en mi mente gracias al amor de mi madre por las palabras. Cuando crezcan mis pequeños, los llevaré a nuevas aventuras poéticas para llenar sus bolsillos con poemas como mi madre lo hizo conmigo hace tantos años. Nuestro pequeño estante de viajes literarios crecerá junto con mis hijos y su amor por estas palabras musicales.

MICHELLE DETTE GANNON

94

Oda al Viejo gritón

Algunas veces son las cosas más sencillas las que nos dan alegría, pero muy a menudo son estas mismas cosas a las que es más difícil renunciar. Las amamos tanto porque nos conectan con los demás en formas especiales, haciendo que agradezcamos nuestras vidas y por la gente que forma parte de ella. Fue una conexión de este tipo la que experimenté con mi hijo más pequeño, Chris, hace muchos años cuando se vio obligado a dejar algo simple que amaba.

> Ninguna cuerda o cable puede soportar o aguantar lo que el amor puede con un hilo trenzado.
>
> Robert Burton

Cuando Chris era pequeño, a todas partes llevaba una manta amarilla raída que nuestra familia llamaba "Viejo gritón". Era de algodón térmico y, en realidad, se la habían dado a mi mamá como regalo para mí, pero por alguna razón Mamá no la usó y me la dio en óptimas condiciones. Yo no la recordaba, por supuesto, pero esa situación cambiaría pronto. Estaba agradecida por la ayuda que Mamá me brindó esos primeros años en que con trabajos aprendí a ser mamá, pero no imaginaba que una vieja manta amarilla pudiera hilar de forma tan significativa tres generaciones. Mamá la había doblado con esmero y la había guardado en su empaque original, y aunque la caja estuviera un poco desgastada por el tiempo, la manta se veía suave y nueva.

Sin embargo, eso fue antes de que Chris se la apropiara; antes de que la arrastrara por playas y charcos de lodo; antes de que la atara en árboles y que la usara como capa de superhéroe; antes de que (¡ay, caray!) se le cayera al inodoro o antes de usarla para limpiar las llantas de su triciclo. Sí, el Viejo gritón se volvió una especie de leyenda en nuestra casa; el eterno acompañante de Chris. Él y su manta eran inseparables.

Incluso la separación mientras se lavaba era demasiado para él.

—Pero Mami —protestaba con la voz más acongojada posible cuando me llevaba la manta a lavar—. ¿Qué tal si algo le pasa al Viejo gritón mientras te lo llevas? ¿Y si lo pierdes y nunca lo recupero?

—Necesita un baño, bichito —le explicaba yo, usando el apodo que le había puesto a mi hijo—. Nada le sucederá al Viejo gritón; te lo prometo.

Pero con el tiempo, algo acabó por pasarle al Viejo gritón.

Viejo gritón se hizo muy, pero muy viejo. El color comenzó a desaparecer. De un tono amarillo brillante a un blanco enfermizo; se empezó a deshilachar y tenía jirones colgando. La manta estaba tan raída que comencé a preocuparme de que mi hijo durmiera con ella. ¿Y si uno de los jirones colgantes se le enredaba en el cuello y lo asfixiaba? Sabía que había llegado el momento de dejar ir a Viejo gritón; y sabía que no sería sencillo.

—Pero Mami —dijo Chris con lágrimas que hicieron brillar sus enormes ojos castaños cuando me atreví a insinuar el asunto—. Sólo porque algo es viejo, no significa que debamos tirarlo.

Traté de contener el llanto. Debía admitir que yo tampoco podía tirar a la basura al Viejo gritón.

Así que juntos decidimos retirar al Viejo gritón y sustituirlo con algo nuevo. Se nos ocurrió un plan y fuimos de compras.

El plan marchó sobre ruedas… al principio. En la tienda, Chris escogió otra manta amarilla tan suave y fresca como un durazno recién cortado. Llamamos a la nueva manta Nuevo gritón, y empacamos al Viejo gritón en una bolsa de plástico brillante en la parte superior del armario de mi hijo, donde la pobre y vieja manta pudiera descansar en paz. Chris parecía feliz con Nuevo gritón, su nuevo fiel amigo, y yo me sentí aliviada.

Problema resuelto. Hasta la mañana siguiente cuando fui a despertar a Chris para ir a la escuela. Ya era un niño grande que iba en segundo grado, y aunque yo sabía que llegaría el momento de dejar ir también al Nuevo gritón, al menos habíamos dado un paso para acercarnos. Nos acabábamos de mudar a una nueva ciudad, una nueva casa; mis hijos iban a nuevas escuelas y a Chris se le estaba dificultando un poco adaptarse. Yo no quería quitarle otra cosa que le era familiar y creía que Nuevo gritón era la solución a corto plazo. Pero ahí estaba mi bichito, dormido con el Viejo gritón al lado. Nuevo gritón estaba tirado en el suelo.

Me senté en la orilla de la cama.

—Cariño —dije cuando despertó—. ¿Cómo llegó el Viejo gritón aquí? Creí que teníamos un acuerdo.

De nuevo, sus ojos comenzaron a humedecerse.

—No puedo, Mami. No puedo dejar ir al Viejo gritón.

Me explicó que a media noche había llevado una silla arrastrándola a su habitación, se subió en ella para alcanzar la parte alta de su armario y sacó a su compañero inseparable. La sola idea de que se hubiera subido a la silla me preocupaba, por lo que entendí que el plan necesitaba algunos ajustes.

Decidimos al final que tal vez los dos Gritones podían vivir en el cuarto de Chris lado a lado, con sólo una condición: debía prometer mantener a Viejo gritón doblado al pie de su cama mientras dormía con Nuevo gritón en sus brazos. Cuando fui a despertarlo al día siguiente, sus Gritones y él estaban precisamente como debían estar, tal como lo prometió. Me incliné para besarle la frente, y él me pasó el brazo alrededor del cuello.

—Gracias, Mami —susurró.

—De nada, cariño —fue todo lo que pude decir ya que, de nuevo, mis ojos se llenaron de lágrimas.

A veces los resultados pueden parecer derrotas cuando realmente son éxitos disfrazados. Así le sucedió a Chris con sus dos mantas (por cierto, todavía tengo las dos). A menudo en mi oficina, cuando escribo, me froto la mejilla con Nuevo gritón, que cubre la silla de mi escritorio, lo que me transporta a aquellos días lejanos de inocencia. Chris se encargó de guardar a Viejo gritón en la ahora tiesa bolsa de plástico y mi nuera, Nicole, me cuenta que protege mucho a su viejo amigo de la infancia.

En retrospectiva, sé que Viejo gritón nos hizo bien. Nos enseñó que hay cosas usadas tan cómodas, tan importantes en nuestras vidas, que nunca pueden realmente dejarse a un lado u olvidarse. Son los lazos que nos unen, que limpian nuestras rodillas raspadas cuando caemos, que nos aman en toda nuestra gloria desvaída y rota.

A menudo pienso "Gracias, Mamá" por darme la manta de Viejo gritón en primer lugar, para que pudiera dársela a mi hijo. Gracias, hijo, por el privilegio de ser tu madre y por el recuerdo de tu dulce voz de niño que viene a mí cuando despierto a la mitad de la noche, asustada de lo rápido que se va la vida. "Sólo porque algo es viejo, no significa que debamos tirarlo".

¿Podíamos acaso haber pedido algo más a esa vieja manta amarilla?

THERESA SANDERS

95

Pero espera, aún hay más

Cuando mi madre llamó por teléfono para darme la noticia de que mi hermana Cathy había dado a luz a su segundo hijo, un niño al que llamaría Tommy, me comentó: "Sheila, ¡no sé cómo lo hace!"

En ese momento no pensé en recordarle a Mamá que ella había dado a luz también. Si haces el cálculo, piensas: "Claro, al menos dos veces".

La verdad es aún más extraña. Mi madre tuvo diez partos. Sí. Incluso en los años sesenta, cuando muchos católicos seguían la prohibición de la Iglesia sobre el control natal, recuerdo que amigos de mis padres reaccionaban al enterarse de que tengo tantos hermanos. Comentaban: "¡Pero si no parece que tu madre tenga diez hijos!"

> La maternidad tiene un efecto de humanización. Todo queda reducido a lo esencial.
>
> MERYL STREEP

Y en verdad no lo parecía. Ella era, y sigue siendo, una belleza: alta, delgada, con rasgos similares a Grace Kelly y con un sentido de la moda que era tanto clásico como cosmopolita. Tenía un aura de serena tolerancia, tanto para el mundo exterior como, y de forma más importante, en casa con nosotros.

¿Cómo lo hacía? Diez embarazos en veinte años. Náuseas por la noche y la mañana, mes tras mes. Pienso en los nueve años de su vida que Mamá pasó con náuseas, y teniendo que cuidar simultáneamente de la tripulación, limpiar la proa y dirigir el barco.

Además de esto, mi padre era piloto de la Fuerza Aérea, lo que significaba que ella no podía dejar de preocuparse. Incluso después de la guerra, cuando nadie intentaba derribar su avión, los accidentes eran comunes. Algunas amistades suyas murieron así, entre ellas, un miembro del equipo de vuelo acrobático de Papá durante una exhibición mientras mi familia observaba.

Como toda familia militar, nos transferían cada año. Dicen que el estrés que provoca mudarse es el segundo mayor después de perder a tu pareja. Para mi mamá, supongo que las dos cosas estaban extrañamente entrelazadas. ¿Acaso el timbre del teléfono traería las peores noticias del mundo, o si tenía suerte, sería mi padre diciendo que era momento de empacar de nuevo?

Narrar su historia es como en aquellos infomerciales nocturnos: "Pero espere, ¡aún hay más!"

Para empezar, antes de que yo naciera le diagnosticaron tuberculosis a mi madre. En aquellos tiempos, la enfermedad era una sentencia de muerte además de ser muy contagiosa. Un minuto estaba mi madre en el consultorio del médico con su recién nacido y al siguiente se la llevaron a un cuarto de hospital en una cuarentena que duró un año completo. Imagínense esto: *Anchorage, Alaska, 1949, mañana de Navidad.* Papá se encuentra fuera del hospital con mis cuatro hermanos mayores, de edades de seis meses a seis años. Llevan puestos trajes para la nieve y saludan a Mamá en la ventana, que trata de sonreír convincentemente desde una distancia imposible.

Décadas después, cuando le diagnosticaron cáncer en etapa terminal a mi hermano menor Tom, que a la sazón tenía veintiocho años, sería esta historia la que nos repetiríamos: Mamá tenía una enfermedad terminal, pero gracias a un nuevo fármaco experimental, *sobrevivió.* No sólo eso, sino que tres años después, empezó lo que llamamos "la segunda mitad" de la familia: seis hijos más, entre ellos Tom. Había esperanza. Los milagros sí existían.

Esta era la historia a la que nos aferramos, incluso cuando los doctores suspendieron el tratamiento de Tom. Era marzo de 1992, el mismo mes, por coincidencia, en que mi hermana Cathy necesitó cirugía durante el embarazo antes mencionado para extraer un quiste que no se había "resuelto".

Uno se acostumbra a esta terminología médica, a palabras como "resuelto" y "encapsulado", que emplean los doctores cuando intentan hacer comprender lo inimaginable.

Esa cirugía salvó la vida de mi hermana. Le extirparon el ovario derecho que tenía carcinoma germinal contenido por una fuerte pared de células normales.

Dos meses después, daría a luz a un hijo sano, Tommy, y lo pasaría a los brazos de mi hermano agonizante, que vivió dos meses y dos días más después del suceso milagroso.

Suceso milagroso; sus palabras, no las mías. Tom no solía utilizar un lenguaje sentimentalista. Si él describió el nacimiento de esa manera, ¿quién era yo, que nunca había atestiguado el proceso, para no estar de acuerdo?

El doctor de la familia fue quien habló en su funeral. Aseguró que aunque nunca había creído en la vida después de la muerte, le parecía imposible aceptar que alguien que tenía una energía tan magnífica no siguiera adelante de alguna manera. Las leyes de la naturaleza no lo permitirían.

Había que conocer a Tom para entender. Era chistoso, sumamente atractivo y muy vital, incluso en sus últimos días, *era* imposible creer que pudiera desaparecer sin dejar rastro.

Hasta ese momento de tristeza, siempre había dicho que no tenía un solo "hueso espiritual en mi cuerpo". Por extraño que parezca, en el peor momento de mi vida, cuando Tom dejó de respirar, vi algo, o lo sentí, que me cambió la vida para siempre. Una presencia me visitó en ese momento que sólo puedo describir como una bondad abrumadora. Me pregunto si esa es la misma sensación que la gente describe cuando ve a un niño venir al mundo.

Los científicos dirán que después de haber soportado tanto dolor, las endorfinas rescataron mi cerebro. Tal vez así es como mis padres han logrado sobrevivir después de haber perdido a su hijo. Tal vez así es como mi madre continúa llamando con tal efusividad, como lo hizo hoy, cuando aceptaron a mi sobrina en la universidad que quería.

O tal vez es tan sencillo como esto: después de vivir lo peor, Mamá comprende que la vida no está conectada a su control remoto. Entonces la disfruta mientras pueda, pues las nubes regresarán, al igual que la lluvia.

Hasta el momento en que escribo esto, a seis de sus hijos se les ha diagnosticado cáncer. Todos hemos sobrevivido, excepto Tom. Esperamos tener una vida larga y feliz, inspirada en el ejemplo de nuestros padres, que nos han demostrado tanto valor y gallardía, incluso ahora que tienen noventa años.

Mi madre es una mujer muy fuerte para imitarla. Aun así, ¿por qué no levantar los brazos e intentarlo? ¿Por qué no salir a regocijarse, como mi hermana Dede hizo la tarde que Tom murió?

—¡Oigan, tienen que salir a ver el arco iris!

Lo sé, Hallmark nos va a demandar y los dioses literarios se lamentan: *¡No puede ser!* Pero incluso si la verdad no concuerda con la veta irreverente de Tommy, no puedo decir que no sucedió, aunque se trate de cosas al estilo de Mi pequeño Poni o los duendes de Keebler.

Dede tomó a mis padres de la mano. El resto la seguimos. A la distancia, sobre las montañas, se veía el arco iris a todo color más impresionante que he visto, como los de aquellas tarjetas postales en las que aparece Dios en camisón.

Más tarde esa noche, cuando una amiga de Chicago llamó, le conté lo de del arco iris.

–Qué extraño –murmuró–. Yo también vi uno como a las siete de la noche.

Pero esperen, aún hay más.

Mi hermano John vio uno en Florida de camino al aeropuerto, lo mismo que dos familiares en Atlanta y una amiga en Maine. Todos al mismo tiempo, el mismo día.

¿Es posible semejante cosa? ¿Intentaban estas personas hacernos sentir mejor? O tal vez así son los arco iris y se extienden más lejos de lo que uno piensa.

¿Y el gancho del infomercial? "Pero esperen, ¡aún hay más!" Tal vez sea un engaño. Aunque, tal vez, como mi madre sabe mejor que yo, cada paquete que uno recibe viene con una pequeña sorpresa. Algunas serán agradables, otras nos decepcionarán; pero lo extraño es que la historia nunca se acaba realmente, incluso cuando estás seguro de que ha terminado.

SHEILA CURRAN

96

Un legado sencillo y duradero

lgunas veces pienso que mi madre y yo seguimos conectadas a través de un marcador de textos. Como forma de recordarme de aceptar la palabra escrita, el marcador de textos fue una de las cosas que me dejó cuando murió. Después de todos estos años siento como si ella estuviera conmigo cuando leo y subrayo algo que toca las fibras sensibles de mi corazón y mi mente.

Ella marcaba los textos con timidez: usaba un punto al inicio de una idea y otro al final de la frase. ¡Yo subrayo todo!

A mi madre le encantaba leer y me enseñó a buscar palabras que exigieran mi atención y palabras que me obligaran a reflexionar. Mi recuerdo más temprano de la palabra escrita es de una colección de los libros de *Oz* escritos por L. Frank Baum. Era muy pequeña cuando mi madre nos leía capítulos a mi hermana y a mí cada día. Con esos primeros libros nos guió con afecto a un mundo de imaginación y maravillas. Aunque el gusto de mi madre por leer y su curiosidad por el mundo la llevaron en muchas direcciones literarias, también contribuyeron a inculcar a sus hijos la necesidad de seguir sus intereses y apreciar la variedad de libros que teníamos a nuestra disposición.

> El valor de un libro se mide por lo que puedes extraer de él.
>
> JAMES BRYCE

Ella leía dondequiera y siempre que podía. Yo también soy así. Leo por la amistad; leo por la conversación mental; leo por esa conexión invisible e intangible con un espíritu afín. En el camino, he descubierto que leer es un lugar seguro donde lo nuevo y lo familiar pueden dar vueltas en mi cabeza y hacerme compañía. Leo porque me encanta, pero subrayo porque debo hacerlo.

Hace poco revisé una caja con los papeles de mi madre y encontré una caricatura que recortó del periódico hace años. La caricatura muestra a un hombre y una mujer sentados en la cama leyendo libros. El hombre dice: "¡Has estado mirando fijamente ese libro cada noche desde hace un año y medio!" Ella contesta: "Si leo la siguiente página, será el final del mejor libro que he leído, y no puedo soportar despedirme de él". La caricatura me hace sonreír. He leído libros así. Es una de las razones por las que subrayo. Termino el libro, pero el subrayado ayuda a que los personajes continúen brillando y me da acceso fácil a las palabras que amo.

Si pudiera subrayar a un personaje completo, a veces pienso que lo haría. Ha habido algunos tan memorables que de vez en cuando me vienen a la mente, dependiendo de las circunstancias de mi vida. He vivido con ellos en épocas difíciles; he compartido con ellos la felicidad y la tristeza y, con un poco de suerte, aprenderé una o dos cosas en el camino.

Como mi madre, mi pasión por subrayar, junto con mi incapacidad para "pintarrajear" un libro que no me pertenece, me vuelven una persona extraña en la biblioteca pública, una cliente favorita en las librerías y una cara reconocible en las librerías de viejo. Algunos de mis libros subrayados han llegado con el tiempo a las librerías de viejo; sus frases han encontrado su lugar y han completado el camino de la mente al corazón. Ya forman parte de mí y aunque años después no pueda citarlos literalmente, conozco su mensaje. Por eso no me disculparé con la persona que finalmente reciba mis libros usados. El asunto no es que haya marcado el libro, sino que lo aprecié.

Tal vez son las cosas sencillas las que nos moldean. Los primeros libros de *Oz* de mi niñez siguen en mis estantes hasta el día de hoy, y aunque el marcador de textos que me dio mi madre se gastó hace mucho, siempre estaré agradecida con el legado sencillo de su alegría por la lectura por lo que su reverencia por la palabra escrita permanece.

PAMELA UNDERHILL ALTENDORF

97

Conservar los recuerdos

—Sí, Mamá, estoy en Utah con Robin y Steve, nuestros amigos de Filadelfia. Estamos visitando a Alex, que trabaja en una montaña y va a empezar su maestría en Nueva York en el otoño. Llegaremos a casa el miércoles por la mañana.

En seguida cuelgo el teléfono y muevo la cabeza. Esta es por lo menos la 500ª vez en los últimos seis meses que he tenido la misma conversación con mi madre sobre su nieta. Mi madre tiene noventa años y su memoria a corto plazo se desvaneció hace mucho.

Es difícil ver envejecer a una madre. Si tenemos suerte, nos queda una imagen fija en la mente de nuestros padres en su mejor etapa de la vida. Mi papá falleció hace casi treinta años. Trato de recordar todas las cosas que hacían a mi papá ser quien era. De vez en cuando, me viene a la mente la imagen ofensiva de la última vez que lo vi, destrozado por los efectos del cáncer. Trato de quitarme esta imagen de la cabeza y reemplazarla con las imágenes de él que atesoro.

> Hijo, creciste y dejaste mi regazo, pero nunca mi corazón.
>
> AUTOR ANÓNIMO

Yo crecí en una casa al estilo de *Leave it to Beaver*. Mi madre adoraba a mi padre y hacía que mi hermana y yo sintiéramos que podíamos caminar sobre el agua. Mi papá se graduó en primer lugar de su generación de la facultad de leyes de la Universidad de Nueva York a la edad de veintiún años; fue esgrimista profesional, abogado exitoso y un padre y esposo absolutamente dedicado. Mi hermana, desde que era pequeña hasta el día de hoy, intentó protegerme y asegurarse de que mi vida estuviera llena únicamente de buenos pensamientos.

Quiero tener una imagen integral de mi madre. Quiero que despierte por la mañana lúcida y resuelta. Quiero que pueda contestar el teléfono y hablar con ella de cosas nuevas e interesantes. Quiero que pueda volver a conducir su automóvil, como le encantaba. Quiero que sea capaz de vivir fuerte e independientemente. Quiero la mamá que recuerdo y aún veo en mis sueños.

Pero la realidad no hace caso de los sentimientos. Es cruel y despiadada. No nos permite regresar la cinta, ni que seleccionemos los recuerdos que queremos conservar. Nos lleva a donde quiere que vayamos. Si no nos gusta, no le preocupa.

Mis llamadas a mi hermana ahora siempre empiezan con "Acabo de hablar con Mamá y está bien pero…" Yo nunca quise tener una conversación de este tipo con ella de nuevo. Aceptación de lo que es, en lugar de lo que debería ser no es una tarea sencilla.

Mi hijo tiene una maravillosa capacidad de ver más allá de las imágenes que ve y lo que escucha de su abuela e interacciona con ella de una forma cariñosa y eficaz. Aunque a veces debe contestar cinco o más llamadas en una hora sobre el mismo tema, nunca parece perder la paciencia. Aprendemos mucho de nosotros y de los demás en tiempos como este.

Sé que mi mamá se esfuerza por sobrellevar lo que le sucede. Ella quiere decir que se encuentra bien y siempre pregunta qué puede hacer por nosotros. Sin embargo, comprende que sus dificultades son nuestras dificultades. Sabe que ya no puede tener treinta y nueve años, como lo intentó durante cincuenta años. Entiende que su papel como matriarca de la familia cambió por una posición nueva e imprevista. Recuerda sus días de esplendor, pero se le dificulta mucho recordar qué almorzó.

Comienzo cada día levantando el teléfono para decirle que todos estamos bien y preguntarle cómo se siente. Sé que se esforzará todo lo posible por mantener una actitud positiva para que yo pueda comenzar mi día sin tener que llamar a mi hermana y comenzar de nuevo el ciclo de preocupación. Sé que quiere que conservemos la imagen de ella como una mujer vibrante e independiente y que tengamos ese recuerdo cada día.

Son casi las 9 de la mañana en Nueva Jersey. Estoy sentada en Utah frente a la computadora y sé que cuando termine mis pensamientos debo levantar el teléfono. Espero que hoy sea uno de sus días buenos. Espero que sea mi madre de nuevo; espero que algún día exista una cura de la demencia para que la próxima persona sentada frente a su computadora no tenga que recordar los buenos tiempos pasados, sino que pueda disfrutar el momento; espero que hoy sea el día en el que el presente sea claro para mi mamá; espero.

ROBERT S. NUSSBAUM

98

China

La lluvia arreció y no podía dejar de oír el ruido hipnótico de los limpiaparabrisas del taxi en el que mi mamá y yo nos dirigíamos a la tumba de sus padres en Tai Shan. Grupos de pinos emergían frente a un paisaje montañoso, y los arbustos silvestres y la maleza cubrían el terreno. Delante de nosotros, un hombre que llevaba puesto un sombrero de paja pedaleaba una bicicleta a la orilla del camino. Tenía los pantalones recogidos hasta las rodillas y su ropa de trabajo estaba empapada.

> Los pueblos que no veneran a sus ancianos han olvidado de dónde vienen y a dónde van.
>
> RAMSEY CLARK

Recogimos a nuestro guía en una casa de ladrillos gris en un campo abierto, cerca del sector de las lagunas de pesca. El hombre, que llevaba puesto un impermeable transparente, señaló hacia el frente y habló en chino a mi madre con oraciones cortas y compactas como si hablar fuera muy difícil. Por una de las pocas veces en mi vida, lamenté no comprender mi propio idioma.

Después de soportar un tramo del camino lleno de baches, el guía le pidió al conductor que detuviera el automóvil y bajó del vehículo. Mi madre alcanzó su paraguas y abrió la puerta del taxi para salir a la lluvia torrencial.

El conductor abrió la cajuela y mi mamá y yo recogimos nuestras bolsas de suministros. El guía chapoteó en el pasto, tan alto que le llegaba a la rodilla, hasta llegar a un camino estrecho; mi madre y yo lo seguimos por un sendero empinado y lodoso, a través de rocas y de arbustos ásperos.

Seguimos adelante contra el viento y la lluvia. Al poco tiempo llegamos a una cañada por la que corría un riachuelo de poco menos de un metro y medio de ancho. El hombre le dijo algo a mi madre y luego se metió al riachuelo que le cubrió por completo las botas de trabajo y le empapó los pantalones hasta las rodillas.

Mi madre atravesó el río sin inmutarse por la corriente que empapaba sus zapatos y pantalones. Yo fui tras de ella, con las piernas completamente sumergidas. Al llegar al otro lado, sentí el chorro de agua fría que salió de los calcetines al pisar con los tenis, y tenía los pantalones pegados a la piel. Otros veinte minutos y llegamos a un claro que dominaba un valle de pinos.

Entonces la vi: una pequeña losa de cemento a la orilla de la pendiente del acantilado. Nos abrimos paso hasta llegar a la lápida en la tierra cubierta por pasto y maleza.

Mi mamá soltó su bolsa, se apresuró a llegar al pie de la lápida y comenzó a arrancar la maleza a mano limpia. Dejé mi bolsa y el paraguas en el suelo para ayudarla. Limpiamos toda el área alrededor de la tumba como si la vida nos fuera en ello. Mi madre estaba empapada, el cabello mojado le caía sobre la cara.

Se limpió la frente con la manga de la blusa y fue por su bolsa. La llevo a la lápida y sacó un envase con pato asado. El guía llevó el resto de las bolsas mientras yo iba por el paraguas para proteger a mi mamá de la lluvia. Ella abrió una caja de bizcochos, puso uno en un saco vacío y lo giró hacia la lápida como si estuviera poniendo la mesa para un invitado de honor. Luego colocó manzanas, mangos e higos en otra bolsa.

Después de arreglar la comida, sacó las varitas de incienso y las plantó en la tierra al lado de la tumba. Sacó una caja de fósforos y prendió uno. No encendió, por lo que me acerqué más a ella para protegerla de la ráfaga de lluvia. Fueron necesarios tres intentos para producir una llama que protegió con la mano desocupada como un niño cubriría una mariposa.

Cuidadosamente, mi mamá acercó la llama a las varitas de incienso y el dulce olor del jazmín comenzó a surgir de las finas volutas de humo.

No paraba de llover. El agua le escurría por el cuello cuando se arrodilló frente a la tumba, juntó las manos e hizo tres reverencias en señal de respeto.

Cerró los ojos y comenzó a hablar en chino en voz baja y solemne, como si quisiera transmitir algo desde las profundidades de su alma.

Continuó rezando un momento, y yo la observé atónito, sin poder moverme.

Mi mamá repitió las reverencias antes de abrir los ojos. Los tenía rojos y llorosos, y comprendí que las gotas que caían por sus mejillas eran lágrimas. Luego se volvió y caminó lentamente hacia la orilla del claro.

Fui a la tumba, me arrodillé y coloqué el paraguas de modo que cubriera el incienso y la comida. Cerré los ojos e hice tres reverencias. Al comenzar a rezar, aparecieron imágenes en mi mente: mi madre como una niña de rostro sonrosado y cola de caballo, vestida con el traje negro tradicional de túnica y pantalones, las mangas largas y anchas arremangadas hasta el codo, lavando la ropa a mano en una palangana; su padre, delgado como yo, con pelo canoso, trabajando el campo con un azadón, rastrillando y labrando la tierra. Podía verlos con toda claridad.

Comencé a hablar en voz baja:

—Me llamo Raymond, y soy su nieto. Lamento haber tardado tanto en venir a verlos. Vivo en Estados Unidos y es importante que sepan que tengo una educación universitaria. Mi mamá trabajó muy duro para darme esa oportunidad. Algunas veces, no me doy cuenta de lo afortunado que soy por las oportunidades que he tenido. Doy por sentadas muchas cosas: mi educación, mi trabajo y mi familia. Pero durante este viaje, he visto la forma en la que vive la gente, cuánto trabaja. Me ha ayudado a apreciar la vida en Estados Unidos y eso es algo que nunca volveré a dar por sentado.

Hice una pausa y respiré profundamente.

—Hay algo más que quiero decirles. Es sobre mi mamá. Me trajo aquí para estar con ustedes. Es importante para ella. Ha tenido una vida difícil. No tenía idea de lo dura que ha sido su vida hasta este viaje. Fue por mi culpa. Por muchos años no quise ser chino. No quería ser diferente, así que nunca le pregunté por ustedes. No quería saber nada. Lo siento; estaba equivocado y les pido perdón. Su hija cuidó a un hombre profundamente herido; un hombre que no podía amarla. Pero se quedó con él y trató de ayudarlo. Crió prácticamente sola a dos hijos. Michael y yo somos muy distintos. Él es práctico y orientado a los negocios como ella. Algún día será dueño de su propia empresa de marketing y será exitoso. Lo aprendió de mi mamá.

"En cambio yo soy terco. Mamá me dice cabeza dura y está en lo correcto. Pero si hay algo que sé, es que marcaré la diferencia en este mundo; tal vez con mi trabajo o con mi obra; o quizá por ser el tipo de persona que soy.

"Mi mamá me crió para ser un hombre íntegro y honrado; una persona que se interesa por los demás. Me enseñó a ser valiente con el ejemplo de su vida.

"Quiero que sepan todo esto sobre su hija y espero que se sientan tan orgullosos de ella como yo lo estoy".

Sabía que mis abuelos me habían escuchado y sonreían. Hice tres reverencias y abrí los ojos. Luego me puse de pie, me di la vuelta y fui con mi mamá.

RAY M. WONG

99

Cosas que mi madre me enseñó

A mis treinta y tres años, puedo cocinar una comida completa, limpiar una casa entera, lavar la ropa, pagar mis cuentas, dirigir un negocio de forma profesional y no tengo miedo de decir lo que pienso. Aunque esto no parezca extraño en un adulto, ya hacía todo esto cuando tenía diez años.

Cuando tenía siete años, mi madre y yo salimos de la casa de una amiga. Mi madre perdió el equilibrio y cayó por las escaleras. Me asusté mucho y lloré todo el camino hacia el hospital.

> Si quieres que tus hijos mantengan los pies en la tierra, coloca un poco de responsabilidad sobre sus hombros.
>
> Abigail Van Buren

Esa noche, me quedé dormida sola sobre la cama de mi madre esperando a que regresara. Llegó temprano a la siguiente mañana con el brazo roto enyesado en un cabestrillo azul. Después de la caída, me di cuenta de que no actuaba normalmente. También parecía que tenía una infinidad de citas con los doctores. Sabía que algo ocurría pero no sabía qué.

Mi madre tenía cuarenta y siete años cuando le diagnosticaron esclerosis lateral amiotrófica (ELA). Este diagnóstico cambió nuestras vidas para siempre. Soy la más joven de siete hijos, y como la "pequeña de la casa", mis responsabilidades eran pocas y lejanas. Al confrontar su mortalidad, mi madre comenzó a reflexionar sobre la vida de sus hijos y se preguntó si estaríamos preparados para el mundo cuando ella no estuviera.

Con este nuevo diagnóstico, mi madre se centró en prepararme para el mundo y a asegurarse de que tuviera todas las herramientas que necesitaba para prosperar. Ella quería que fuera independiente. Mi familia sabía muy poco sobre su esperanza de vida, o cómo respondería su cuerpo a la enfermedad. Al ser la menor, siempre había pasado mucho tiempo con mi madre. Pronto me convertí en su "ayudante". Iba con ella al banco, a las citas con los médicos y al mercado. La ayudaba a lavar la ropa y a hacer otras tareas varias y mandados. Mi lección de vida había comenzado.

Una mañana de verano cuando tenía ocho años, mi mamá me pidió que reuniera todos sus estados de cuenta bancarios, sus pagos pendientes, su chequera y el teléfono. Mientras estábamos sentadas sobre la cama, ella marcó un número y me pasó el teléfono.

—Necesito que averigües cuánto dinero hay en mi cuenta —dijo.

Yo me aterroricé al darme cuenta de que iba a hablar por teléfono con un adulto de verdad que no era un pariente. Mientras esperaba a que contestaran el teléfono, la miré y dije:

—Apenas tengo ocho años. No creo que deba estar haciendo esto.

—Yo te diré lo que tienes que decir —repuso ella, después de mirarme largamente.

Obtuve la información necesaria y después de eso continuamos haciendo otras llamadas telefónicas. Llamé a la compañía de gas, la compañía de la luz y algunos otros lugares. Ella me guió en cada conversación. Para cuando yo tenía diez años, me conocían bien en el banco y podía utilizar una chequera sin ayuda. Con el tiempo pude administrar mi propia cuenta de ahorros. Cada mes pagábamos juntas las cuentas, y cuando ella ya no pudo escribir, yo llenaba los cheques, rotulaba los sobres, compraba los timbres y mandaba por correo la renta y los otros pagos.

Mi madre era una cocinera excelente y hasta este día nadie (ni siquiera yo) hace mejor el relleno del pan de maíz. El Día de Acción de Gracias era una festividad importante en nuestra casa. Como teníamos una familia grande, mi mamá siempre se aseguraba de que hubiera suficiente comida para todos y suficientes sobras para que duraran, al parecer, toda la vida. Dos días antes del Día de Acción de Gracias, mi madre compró todo lo necesario para la cena. La noche anterior, rellenó el pavo y lo puso en el horno. A la mañana siguiente, la encontré muy molesta y llorando porque no se sentía bien. Pensaba que no podría terminar la cena. Para la mejor cocinera de la ciudad y madre de siete hijos, esto era más de lo que podía soportar. Le dije que yo cocinaría y que lo único que tenía que hacer era darme indicaciones. Comencé a cocinar a las siete de la mañana y continué durante todo el día. Ella se sentó a la mesa de la cocina dándome instrucciones a cada paso. Esa fue la primera ocasión que preparé una comida completa para toda mi familia, incluidas las esposas de mis hermanos, amigos e invitados regulares. Fue la primera de muchas lecciones de cocina.

Para cuando tenía catorce años, preparaba la cena regularmente. Cocinaba para la familia en Navidad y podía hacer la mayoría de las cosas sin necesidad de instrucciones. Sin embargo, aún había platillos que no dominaba. En consecuencia, debía probar todo lo que preparaba antes de servirlo en la mesa. Me encantaba cocinar y disfrutaba de estos momentos con mi mamá.

Cuando la enfermedad avanzó, se hizo necesario que guardara cama. Un día simplemente se acostó y nunca más se levantó. Yo continué con la responsabilidad de ayudar a mi madre a administrar nuestras vidas. Cuando tenía diecisiete años, vivíamos en una zona "mala". Recuerdo que pensé: "¡Nos mudaremos de aquí!" Entré a la habitación de mi madre y anuncié: "Ya no quiero vivir aquí". Al día siguiente, comencé a hacer llamadas y a buscar un nuevo lugar donde vivir. En el proceso, conocí a una mujer que se convertiría en nuestra casera. Ella me dijo que no podía creer que yo tuviera diecisiete años e insistió en conocer a mi madre. Quedó tan impresionada con la forma en que mi madre me había criado que nos dio la casa y nos mudamos dos semanas después. Hice las llamadas necesarias para que instalaran los servicios necesarios, para que cambiaran la dirección de nuestra cuenta de cheques y para que nos enviaran el correo a la nueva dirección. Durante la mudanza, no hubo una sola habilidad que mi madre me había enseñado que no utilizara.

Mi madre fue la mayor influencia en mi vida. Con cada reto que enfrentó, guió a nuestra familia con elegancia y fortaleza inspiradora. Se aseguró de que fuéramos autosuficientes y capaces. Diez años después de su muerte, sigo extrañándola mucho. Sin embargo, cuando murió, nunca me sentí asustada o dudosa de mi futuro. Y el año que murió mi madre, mi familia y yo celebramos su cumpleaños con todos sus mejores platillos. Pude preparar cada uno de ellos para mi familia en memoria suya.

Con la bendición de la retrospectiva, hoy me doy cuenta de lo asustada que debió sentirse mi madre con una hija pequeña y sin saber cuánto tiempo le quedaba para enseñarle todo lo que necesitaba saber. Aunque tuve responsabilidades diferentes a las de la mayoría de mis amigos, comprendí por qué. Mi madre hizo lo mejor que pudo para asegurarse de que tuviera las herramientas necesarias para ser un adulto responsable, independiente y capaz. Y por eso, estoy muy agradecida.

KRIS HALE

100

La nota

Siempre llevo conmigo la pequeña nota. La llevé en mi billetera durante la era de Vietnam, un episodio terrorista en Italia, la operación Tormenta del Desierto, Sarajevo y el conflicto en los Balcanes. La he llevado conmigo todos los días a lo largo de mi carrera de treinta y seis años en el ejército. Sigue ahí, doblada de la misma manera como cuando la guardé por primera vez en mi billetera hace muchos años.

> Recuerdo las plegarias de mi madre y siempre me han acompañado. Se han aferrado a mí toda mi vida.
>
> ABRAHAM LINCOLN

Encontré la nota en el escritorio de mi cuarto la noche antes de partir para unirme al ejército. Mi madre escribió la nota en la parte de atrás de una hoja de cálculo que quedó del curso que tanto detesté. Sospecho que la escribió con prisa para asegurarse de que estuviera ahí cuando regresara de una última noche con mis amigos de preparatoria.

Mi madre era una escritora maravillosa, pero posiblemente debido a que tenía prisa o a que estaba preocupada, la nota no es particularmente elegante ni está bien escrita. Sin embargo, es completamente adecuada. Por lo menos para mí, tenía algo especial: el cariño palpable, el orgullo, el sentimiento reconfortante que quedaba después de leerla que, aunque estuviera fuera de casa, llevaría un pedacito conmigo. Esta nota me conmovió hasta el fondo del corazón desde la primera vez que la leí.

La nota dice:

Soy una "llorona", pero quiero que sepas que aunque te extrañaremos mucho, estamos orgullosos de ti (ninguna madre se ha sentido más orgullosa y más enamorada de sus hijos como yo lo estoy de todos ustedes). Quiero que seas feliz y sé que te gustará la Fuerza Aérea y harás un buen trabajo sin importar dónde te encuentres. Dios te observa y te cuida.

Las despedidas siempre son lo más difícil.

Sin embargo, irás haciendo amigos y con tu trabajo, eso siempre ayuda.

Te amamos.

Mamá.

La nota tenía veinticinco años cuando mis hijas partieron a la universidad. Hice copias y se las envié. Espero que haya evocado los mismos sentimientos en ellas que en mí.

Al pasar de los años, he pegado la nota en varias ocasiones cuando el tiempo y el uso la han roto en los dobleces. La saco y la releo cada 28 de abril como un pequeño tributo a las cosas que vale la pena recordar. En el "aniversario" más reciente la pegué de nuevo y volví a guardarla en mi billetera, donde siempre permanecerá.

TOM PHILLIPS

101

La razón por la que toco

A la mitad de los años setenta, en la ciudad conservadora y religiosa de Bogotá, Colombia, mi madre decidió ir en contra de todas las normas sociales de su tiempo y fue madre soltera. En ese tiempo, era una empresa muy difícil, tanto en lo personal como en lo financiero.

Mis abuelos fueron músicos. Mi abuelo era propietario de una banda de concierto y tocaba el trombón; mi abuela tocaba la guitarra. La vida de mi familia giraba alrededor de la música. Mi madre creció con el amor por la música, pero al mismo tiempo había visto el lado oscuro de la vida de un músico a través de mis tíos y la vida ardua y penosa que llevaban en Nueva York. Cuando nací, mi madre esperaba tener un hijo con una profesión distinta; alguien con una carrera "de verdad".

> Soy un gran creyente en la fortuna y me doy cuenta de que mientras más me esfuerzo más fortuna tengo.
>
> THOMAS JEFFERSON

Mi infancia fue hermosa, un sueño. El amor de mis abuelos y mi madre llenó por completo el vacío de la ausencia de mi padre. Respirábamos la música; bailábamos y cantábamos todos los días. Desafortunadamente, perdí a mis abuelos a causa del cáncer y cuando yo tenía siete años, mi madre y yo nos quedamos solos. Siguieron tiempos financieros difíciles. Comíamos arroz con frijoles o lentejas y arroz, o arroz con chícharos, de una quincena a otra. Mi madre trabajaba mucho y a veces pasaban varias semanas sin que nos viéramos debido a su horario de trabajo y a mi escuela. Aun así, la fortaleza que veía en ella, y nuestras circunstancias, me obligaron a ser responsable.

Al llegar a la adolescencia, también llegó el momento de buscar mi identidad. Extrañaba mi infancia, mis abuelos, la música que escuchaban (salsa neoyorquina y jazz latino). Comencé a escuchar los discos que había en casa una y otra vez y a enamorarme de la música de Tito Puente, Eddie Palmieri, Miles Davis y, sobre todo, de Ray Barreto y sus congas. En una ocasión, le dije a Mamá que estaba fascinado con la música, pero debido a su familiaridad con el ambiente, ella siempre evitaba el tema o decía que yo era ya muy grande para convertirme en músico. Me dio a entender que sería mejor para mí ser ingeniero de sonido, representante de un artista u otra cosa, en lugar de ser un músico.

Mi pasión por la música aumentó al punto en que se hizo evidente para los amigos de Mamá que yo quería ser músico y seguir los pasos de mis tíos en Nueva York. Una tarde, salió el tema en la conversación y Mamá preguntó:

—Samuel, ¿realmente quieres ser músico? ¿Tienes idea de lo difícil que es?

—¿Lo que tú haces es sencillo? —pregunté a mi vez.

A partir de ese momento, ella me apoyó en todo lo que podía. El siguiente semestre, me inscribió en el programa de música para jóvenes en la Universidad Javeriana de Bogotá.

—Si vas a ser músico, tienes que ser muy bueno y estudiar mucho.

Al principio de mi carrera musical, pasé por momentos difíciles. Cada mañana me despertaba a las seis e iba a la escuela. Después de la escuela, iba a las clases de música en la universidad y llegaba a casa a las ocho de la noche a hacer la tarea. También salía dos o tres noches a la semana para tocar en clubes o para ver a otros músicos, lo que significaba no dormir antes de las dos de la mañana. Era difícil, pero no me quejaba; mi madre me había enseñado que la única forma de lograr las cosas era con trabajo duro y persistencia.

Mi pasión eran las congas, así que cada fin de semana, cuando tenía quince años, mi madre y yo salíamos a bailar salsa o música cubana. Cuando cerraban los bares, los conocedores de música se reunían a discutir lo último en la música cubana, el jazz o la música clásica. Mi madre se quedaba y participaba. Fue durante esas reuniones que entré en contacto con mucha de la música que influyó en mi desarrollo profesional.

Éramos conocidos por todos los dueños de bares y los DJs. Éramos clientes asiduos, aunque no muy rentables, ya que sólo tomábamos agua. Ellos me cuidaban (ya que era aún adolescente) y me protegían, en especial de las drogas y el alcohol, que son muy constantes en el ambiente musical. Llegó el día en que mi madre ya no pudo salir conmigo, por lo que debía ser precavido con las personas que me rodeaban y entender en quiénes podía confiar y en quiénes no. Había sido testigo de cómo las drogas destruían vidas enteras. No era de extrañar por qué mi madre no quería que fuera músico.

Ahora soy músico, y mi carrera musical sigue evolucionando. Mi madre estuvo a mi lado en todo momento para apoyarme. Ha pasado el tiempo y me doy cuenta de cuánto le debo al ejemplo que me puso mi madre, a su voluntad de seguir adelante y superar retos personales muy difíciles. Ella me mostró que la vida es una lucha constante llena de momentos enriquecedores.

A veces, cuando me siento asustado o inseguro, pienso en todo lo que logró mi madre y entonces me siento inspirado para seguir adelante. Gracias, Mamá, porque tú me enseñaste a establecer metas y a alcanzarlas; tú me enseñaste a cuestionar las normas de la sociedad y a no seguirlas ciegamente.

Gracias, Mamá, por todo el amor que me has dado. Estoy agradecido porque ser tu hijo es el más grande regalo que la vida pudo darme.

SAMUEL TORRES

Conoce a nuestros colaboradores

Pamela Underhilll Altendorf vive en Wisconsin con su esposo. Estudió Escritura creativa en la University of Wisconsin—Stevens Point. Sus historias han sido publicadas en el *Christian Science Monitor, The Chicago Tribune, Chicken Soup for the Father's Soul,* y otras revistas y periódicos. Pam también es una tutora voluntaria de inglés como segundo idioma y disfruta viajar.

Desiree Diana Amadeo es la orgullosa hija de Diana Marie Amadeo y Leonard Ray Amadeo. Desiree aprecia verdaderamente a su familia y está muy agradecida por su continuo amor y apoyo. Actualmente estudia Ingeniería Química en el Massachusetts Institute of Technology para prepararse para una carrera profesional en el área de energías alternativas.

Michelle Anglin recibió su título profesional con mención honorífica del Salem State College donde actualmente estudia el grado de maestría en Educación preparatoria. Michelle disfruta escribir historias de la vida real y planea escribir libros para niños algún día.

Joyce A. Anthony es escritora, madre y defensora de los derechos de los animales con una fuerte experiencia en Psicología. Ella actualmente estudia para obtener el grado de justicia criminal en psicología forense. Su lema es "Escribir un arco iris de esperanza". Contacta a Joyce vía correo electrónico a la dirección: rainbow@velocity.net.

Ronda Armstrong y su esposo disfrutan de los bailes de salón. También aman a sus dos gatos y a sus amigos y familia. Los ensayos e historias de Ronda han sido publicados en *Caldo de Pollo para el alma, The Des Moines Register*, y una antología sobre el Medio Oeste "Knee High by the Fourth of July". Contacta a Ronda a través de su correo electrónico: ronda.armstrong@gmail.com.

Aditi Ashok es actualmente estudiante de preparatoria en el Área de la Bahía de San Francisco. Ella disfruta de: escribir, la fotografía, lacrosse y de pasar tiempo con sus amigos y su familia.

Elizabeth Atwater es una sureña de un pueblo pequeño que ama escribir desde que tenía la edad suficiente para sostener un lápiz con la mano. La vida es dulce en las nueve acres que comparte con su esposo Joe, donde crían caballos de carreras.

Christy Barge nació y se educó en Papillion, Nueva Inglaterra. Actualmente es estudiante de segundo año en el Nebraska Christian College.

Sandra R. Bishop se graduó de la Purdue University y es enfermera titulada y maestra de ciencias en una primaria. Ella vive con su maravilloso esposo desde hace treinta y un años y disfruta escribir y la fotografía. El papel de Sandy como mamá y abuela ha sido su verdadera vocación, un honor inspirado por su madre, Marian.

Julie Bradford Brand recibió su título profesional de Susquehanna Univesity y luego asistió a NYU para obtener su maestría en administración de negocios. Ella trabajó en Recursos Humanos antes de decidir quedarse en casa con sus tres hijos. Julie disfruta correr y pasar tiempo con su familia. Su mamá continúa siendo una fuente de inspiración para ella.

John P. Buentello es un escritor que ha publicado historias de ficción, de la vida real y también poesía. Es coautor de la novel *Reproduction Rights* y de la antología de cuentos *Binary Tales*. Actualmente trabaja en una colección de historias de la vida real y en una nueva novela. Puede ser contactado al correo electrónico: jakkhakk@yahoo.com.

Steve Chapman recibió su título profesional en 1996 y su grado de maestría en 2006. Da clases de inglés en el Crowder College en Neosho, Missouri y es el autor de *The Miller's Wife*. Steve actualmente vive en Monett, Missouri con su esposa Sabina. Puedes contactarlo a la dirección de correo electrónico: schapman711@hotmail.com.

Harriet Cooper es escritora independiente, editora y maestra de idiomas. Se especializa en escritura creativa no ficcional, humor y artículos y a menudo escribe sobre salud, ejercicio, dietas, gatos, familia y sobre el medio ambiente. Es colaborora frecuente para *Caldo de pollo para el alma*; su trabajo también ha sido publicado en periódicos, revistas, correos informativos, antologías, sitios electrónicos y en el radio.

Maryanne Curran es una escritora independiente que vive en Lexington, Massachusetts. Esta es su primera colaboración para *Caldo de pollo para el alma*. Maryanne disfruta de viajar y leer. Escríbele por correo electrónico a: maryannecurran@verizon.net.

Sheila Curran es la autora de *Everyone She Loved*, una historia sobre los esfuerzos de una mujer por proteger a su familia incluso después de su muerte. Su primer libro, *Diana Lively is Falling Down*, es una comedia romántica que Jodi Picoult calificó como cálida, chistosa, creativa y original, mientras que *Booklist* la calificó como una "gema". Visita la página www.sheilacurran.com para más información.

Jim Dow vive en el noreste de Estados Unidos con su esposa y dos hijos. Disfruta leer, ver deportes, y pasar tiempo con su familia. Actualmente busca terminar una carrera profesional en una escuela nocturna.

Aviva Drescher vive en la ciudad de Nueva York con su esposo Reid y tres hijos. Ella asistió a la Fieldston School y al Vassar College donde recibió su título profesional. En la New York University obtuvo su título de maestría en francés y asistió también a la Cardozo Law School. Ella pasa su tiempo libre dando asesorías a gente discapacitada.

Megan Dupree recibió su título profesional de la Texas State University-San Marcos donde actualmente trabaja en el departamento de vivienda. Megan disfruta leer, viajar, escribir y pasar tiempo con su familia que incluye a su esposo Geoff y su hija Lilah. Megan puede ser contactada en la dirección: mgdupree@msn.com

Shawnelle Eliasen y su esposo Lonny crían a sus cinco hijos en una vieja casa victoriana a las orillas del río Mississippi. Ella le da clases privadas a sus hijos menores. Su trabajo ha sido publicado en diversas revistas. Escribe sobre la vida, la familia, la amistad y sobre la gracia de Dios.

Stacia Erckenbrack nació y fue criada en California; se graduó de artes liberales del San Diego Mesa College. Siempre ha disfrutado escribir, dar paseos y los deportes acuáticos. Su actividad favorita es pasar el tiempo con su amorosa familia. Stacia puede ser contactada en: myboyz2000@yahoo.com o al número (707) 655-3303.

Joanne Faries es originaria del área de Filadelfia aunque vive en Texas con su esposo Ray. Ha sido publicada en Doorknobs & Body paint. Ella también ha publicado historias y poemas en *Shine Magazine* y en *Freckles to Wrinkles*. Joanne es la crítica de cine de *Little Paper of San Saba*. Revisa su blog: http://wordsplash-joannefaries.blogspot.com.

Norma Favor actualmente vive en la Columbia Británica con su hija y su familia. Ella viene de una larga tradición de cuenta cuentos. Norma ama escribir estas historias. Ha publicado varias veces en las colecciones de *Caldo de pollo para el alma* y algunas historias han sido utilizadas por Adams Media.

Aaron Felder es director ejecutivo del conservatorio de música Brooklyn Queens, una escuela comunitaria de música en la ciudad de Nueva York. Vive en Windsor Terrace, Brooklyn con su esposa Michelle y su hija Lucy. Puede ser contactado vía correo electrónico en la dirección: aaron_felder@hotmail.com.

Ellen Fink vive en Woodstock, Georgia. Está casada y tiene tres hijos. Cuando no escribe, pasa el tiempo en el jardín, paseando con su perro, leyendo historias de misterio y haciendo trabajo de voluntariado.

Christina Flaaen actualmente vive con sus padres, su hermana, seis gatos y dos perros. Disfruta leer, viajar y coleccionar artículos de

Lucille Ball. Christina estudia actualmente un título profesional de Contaduría en la Arizona State Unversity. Después de su graduación espera poder estudiar Derecho Ambiental y algún día volverse ejecutiva de televisión.

Carol Fleischman ha sido una colaboradora frecuente en el *Buffalo News*. Sus artículos cubren un amplio rango de eventos cotidianos; desde ventas de garaje hasta bodas. El tema que usualmente aborda es sobre la vida como una persona ciega, especialmente la alegría y el reto de tener que trabajar con perros lazarillos.

Carolyn Mott Ford disfruta pasar tiempo con su familia en las costas de Jersey y también disfruta escribir poesía, ensayos e historias para niños. Su trabajo ha sido publicado en varias ocasiones en *Caldo de pollo para el alma*. Su libro de fotografías *Ten Hats, A Counting Book* fue publicado recientemente.

Betsy Franz es una escritora independiente y una fotógrafa especializada en la naturaleza, la vida salvaje, el medio ambiente y las relaciones humanas. Sus artículos y fotografías que reflejan las maravillas exquisitas de la vida han sido publicadas en varios libros y revistas. Vive en Florida con su esposo Tom. Visita a Betsy en internet en la dirección: www.naturesdetails.net.

Rachel Furey es oiginaria del norte del estado de Nueva York, actualmente es una estudiante de doctorado en el Texas Tech. Ganó anteriormente el Sycamore Review's Wabash Prize por una obra de ficción. Su trabajo también ha sido publicado en *Women's Basketball Magazine, Chicken Soup for the Soul: Twins and More, Freight Stories, Squid Quarterly* y en *Waccamaw*.

Michelle Gannon se graduó de Princeton con un título profesional en arte y arqueología. Luego de trabajar como consultora, regresó a su pasión verdadera: las artes. Después de terminar la maestría en Columbia, Michelle comenzó a dar clases de humanidades, literatura y de cine. Michelle recientemente terminó de dar clases en la Temple University en Japón para regresar a Estados Unidos.

Diane Gardner recibió su título profesional en periodismo y su maestría en comunicaciones masivas en la California State University en Fresno. Ella y su esposo viven en el hermoso estado de Colorado, donde ella trabaja desde su casa como editora independiente. Ella disfruta pintar al óleo, leer, ir al teatro y trabajar con niños.

Jessica Gauthier recibió su título universitario en educación artística de la Millersville University de Pensilvania en 2002. Trabaja como maestra de arte en el Allentwon Art Museum en Pensilvania. Jessica es madre de una hija, Camden Isabelle y actualmente trabaja en una colección de libros para niños.

Jenny R. George vive en una pequeña granja de cinco acres al norte de Coeur d'Alene, Idaho con su esposo y dos hijos. Ella creció en Alabama pero dice que el Noroeste es su casa, al mudarse después de su graduación en la Arizona State University. Los padres de Jenny se mudaron cerca para ver a sus nietos crecer.

Jennifer Gilkison recibió su título profesional en Literatura inglesa y norteamericana de la University of South Florida en 1995. Ella vive y trabaja en Lutz, Florida. Jennifer disfruta la equitación, los ministerios femeninos y escribir sobre los placeres simples de la vida. Favor de contactarla en: brad933@aol.com.

H.M. Gruendler-Schierloh tiene una licenciatura en periodismo y créditos avanzados en lingüística. Además de trabajar como maestra de idiomas y traductora, ha escrito por años. Actualmente busca un editor para sus dos novelas mientras trabaja en una tercera.

Stephanie Haefner es una esposa, madre y novelista de ficción para mujeres y de romance contemporáneo. Su primer libro, *A Bitch Na-*

med Karma pronto estará a la venta bajo el sello editorial Lyrical Press. Visiten su blog en la dirección electrónica: www.thewriterscocoon.blogspot. com o su página: www.stephaniehaefnerthewriter.com..

Krisk Hale actualmente está terminando su carrera profesional en inglés. Planea volverse maestra de inglés en la preparatoria a la que asistió siguiendo los pasos de su maestra favorita Shiela Dunn. Ha trabajado con niños por más de veinte años. Disfruta leer, ver películas, viajar y pasar tiempo con sus amigos. Por favor contáctenla en la dirección electrónica: mskris253@aol.com.

Gemma Halliday es autora de varias novelas de romance y de misterio, incluidas las colecciones de misterios románticos *High Heels,* y *Hollywood Headlines*. Actualmente vive en el área de la bahía de San Francisco, pero puedes visitar su hogar electrónico en: www.gemmahalliday. com.

Kathy Harris se graduó de su carrera profesional en Comunicaciones de la Southern Illinois University y trabaja de tiempo completo en la industria del entretenimiento. Ella recientemente terminó su segundo libro de una trilogía sobre ficción cristiana *A New Song Series*. Visita su página electrónica en www.kateshiloh.com.

Christopher Hartman recibió su título profesional con mención honorífica en Educación en inglés de la Minot State University en 2008. Da clases en el Athol Murray College of Notre Dame en Wilcox, Saskatchewan. Chris disfruta ser entrenador de hockey, el tenis y viajar.

Rebecca Hill sabe que la relación entre madres e hijas puede ser complicada. Recientemente, ha sentido nostalgia por situaciones tan simples como la descrita en "Siempre serás "Mamá"". En las buenas y en las malas, Rebecca está muy agradecida por el amor que su mamá, su papá y su hermano le demuestran. Contáctala por correo electrónico en: bohoembassy@verizon.net.

Dr. Doug Hierschhorn tiene un doctorado en psicología con especialización en psicología deportiva. Es autor del libro *8 Ways to be Great* (Penguin/G.P. Putnam's Son). Sus clientes incluyen atletas de élite como también algunas de las más grandes instituciones financieras del mundo. Puedes contactarlo en la página electrónica: www.DrDoug.com.

Teresa Hoy vive en una zona rural de Missouri con su esposo y una gran familia de gatos y perros rescatados. Su trabajo ha sido publicado en la colección de *Caldo de pollo para el alma*, *The Ultimate Series*, y otras antologías. Además de escribir, crea arte con papel reciclado. Visítala en la dirección: www.teresahoy.com

Elizabeth M. Hunt es una madre de dos hijos y ama de casa. En su tiempo libre disfruta leer, escribir, practicar pintura y artesanías y pasar tiempo de calidad con su familia.

Janelle In't Veldt es de Ontario, Canadá. Escribió su historia a la edad de dieciséis años y debe este triunfo a todos los que la apoyaron en el proyecto. En su tiempo libre, Janelle ama editar videos y actuar en el teatro musical. Ella quisiera agradecer a su mamá por ser una modelo a seguir tan increíble.

Jennie Ivey vive en Tennessee. Es bibliotecaria, columnista de periódico y autora de tres libros. Ha publicado varias obras de ficción y de la vida real, entre ellas, historias para varios libros de *Caldo de pollo para el alma*.

Hope Justice se graduó de la Ohio State University con un título profesional en Educación. Actualmente da clases en el quinto grado de primaria en el norte de California. Hope disfruta de pasar tiempo con la familia, amigos y con los muchos animales de su mini rancho que comparte con su compañero de largo tiempo, Robyn.

Kiran Kaur ha escrito historias desde los cuatro años. Sus pasatiempos incluyen leer, escribir historias y guiones, viajar y su perro. Siempre ha encontrado un escape en los buenos libros.

Mimi Greenwood Knight es escritora independiente que vive en el sur de Louisiana con su esposo David, cuatro hijos y demasiados perros. Ha publicado más de cuatrocientos artículos y ensayos en revistas, antologías y sitios electrónicos. Mimi disfruta de criar mariposas, hacer pan artesanal, el estudio de la Biblia y el arte perdido de escribir cartas. http://blog.nola.com/faith/mimi_greenwood_knight/.

Karen Kullgren es escritora y editora independiente con un interés particular en explorar la vida de las mujeres, los viajes espirituales, culturas diversas y la universalidad de la experiencia humana. Por doce años ha sido editor colaborador de las revistas *Washington Parent* y *Washington Woman*, donde su columna "Gracia en las áreas grises" aparece mensualmente. Conoce más en: www.graceinthegrayareas.com o por correo electrónico a graceinthegrayareas@gmail.com.

Terri Lacher es una autora y columnista independiente, además de ser madre de una familia combinada de seis, y es abuela de catorce. Su amor por contar historias tiene como impulso a su familia, al darle una infinita cantidad de humor e ingenio. Ella vive en Texas con su esposo y su labrador. Contáctala por correo electrónico en: btlacher@sbcglobal.net.

Tom LaPointe es un amoroso esposo y padre que cuida de la casa para su hijo adoptivo de necesidades especiales. Es un orador y entrenador motivacional irresistible. Es dueño de una compañía de mercadeo automovilístico desde su hogar en Florida. Ha sido por mucho tiempo escritor independiente en revistas y autor del libro *Modern Sports Cars*. Contáctalo en: www.tomlapointe.com, tom.lapointe@yahoo.com o al 727-6380195.

Mary Laufer es la quinta hija de Betty Jane Smithley Penfold, una madre extraordinaria que inspiró a sus hijas a escribir historias y poemas. El trabajo de Laufer ha sido publicado en varias antologías, que incluyen *Chicken Soup for the Girl's Soul* y *A Cup of Comfort for Military Families*. Vive en Forest Grove, Oregon.

Corrina Lawson, madre de cuatro hijos, actualmente es colaboradora importante del Geek Dad Blog de Wired.com y también escribe literatura romántica de ficción. Su primer libro, *Dinah of Seneca*, es una original historia de romance y se publicó en 2010. Puedes buscar más información en: http://corrinalaw.livejournal.com.

Kiashaye Leonard tiene doce años. Actualmente es parte del consejo estudiantil de patinaje artístico y representante del estado de Nueva York en el Congressional Youth Leadership Council. Pertenece al programa High Expectations Scholar en el Harlem Educational Activities Fund, y disfruta escribir, tejer, coleccionar muñecas Barbie, los bailes de salón y cantar.

Linda Burks Lohman es una persona retirada del estado de California y ha publicado en *Reader's Digest, Solidarity* y *The Sacramento Bee*. Fue colaboradora para la *Red Hat Society Travel Guide* y pasa tiempo "jugando" con los colaboradores de Red Hat. Ella disfruta hacer labores manuales con cuentas, escribir y a sus cuatro nietos. Su dirección de correo electrónico es: laborelations@yahoo.com.

Gary Luerding es un sargento cabo retirado del ejército y vive en el sur de Oregon con Lynne, su esposa por cuarenta y seis años. Tienen tres hijos, ocho nietos y una bisnieta.

Jeannie Mai es la anfitriona del popular show de maquillaje *How do I look?* de la Style Network y también es corresponsal para *Extra*. Con la influencia de su madre para resaltar entre la multitud, Jeannie disfruta transformar vidas a través del maquillaje y ayudar a la gente a sentirse hermosa del exterior hacia el interior.

Kathy Marotta vive en Atlanta, Georgia con su esposo Mike y su hijo Zachary. Ella recibió su título profesional con mención honorífica en Diseño de interiores por la Florida International University's College of Engineering and Design. Ella disfruta escribir, publicar en su blog, la fotografía y cocinar. Actualmente promociona su primer libro devocional.

Contáctala por favor en: kzmarotta@aol.com o visita su página www.bles-sedbybosnia.blogspot.com.

Barbara Mayer es una hermana benedictina del Mount St. Scholastica, un monasterio en Atchison, KS. Recibió su título de maestría en inglés por la University of Kansas. Barbara es una escritora independiente en Kansas City, y ha publicado poesía en varias revistas literarias y religiosas. Disfruta viajar, leer, cocinar y ayudar a sus estudiantes a escribir.

Kate E. Meadows está terminando una colección de ensayos personales que recuentan su experiencia de crecer en el Wyoming rural. Busca terminar una maestría en Escritura creativa y profesional en la Western Connecticut State University. Vive en Omaha, NE con su esposo y su hijo. Contáctala en: scribbler_kate@yahoo.com.

Brad Meltzer es el autor de *The Book of Fate* considerado por el periódico *New York Times* como el #1 en ventas, así como otras seis novelas de misterio. Su primer libro sobre su vida, *Heroes For My Son*, se publicó recientemente y su nuevo libro de misterio *The Inner Circle* salió en enero de 2010. Pero para poder ver cosas aún más importantes, por favor visita la página: www.BradMeltzer.com. PD: Aún ama Marshall's.

Judy M. Miller vive en el medio oeste con su esposo y cuatro hijos. Tiene un título en antropología y medicina forense. Cuando no escribe, disfruta el tiempo con sus amigos y familia, viajar, y jugar tenis. Por favor escríbele en la dirección: Judy@JudyMMiller.com

Jacquelyn Mitchard es autora de dieciocho libros para adultos, adolescentes y niños, considerados por el *New York Times* como los mejores vendidos, como la selección del Oprah Winfrey Book Club, *The Deep End of the Ocean*. Mitchard vive con su esposo y nueve hijos. Visita a Jacquelyn en internet en la dirección: www.jackiemitchard.com.

Tasha Mitchell vive al noroeste de Georgia con su esposo Heath y su hijo Parker. Es estudiante de tiempo completo en la carrera de enfermería. Disfruta viajar, escribir y pasar tiempo con su familia. Contáctala en: tashakmitchell@yahoo.com.

Kym Gordon Moore es autora de *Diversities of Gifts: Same Spirit*. Es una poeta que ha ganado diversos premios, una escritora independiente sindicalizada y una oradora transformacional. Es cofundadora de la misión: "Favorite Things for a CAUSE" y publicó su más reciente libro en 2010. Visítala en la dirección: www.kymgmoore.com.

Robert S. Nussbaum vive en Nueva Jersey en el mismo pueblo que su madre, quien ahora tiene noventa y dos años. Ellos pasan varios días cada semana recordando viejos tiempos. Los escritos de Robert también aparecen en *Chicken Soup for the Soul: The Golf Book* y frecuentemente publica ensayos en su blog, www.tooearlytocall.com.

Ann O'Farrell es una graduada de maestría por el Trinity College en Dublín. Es autora de dos novelas históricas irlandesas: *Norah's Children* y su secuela *Michael*, además de publicar cuentos cortos en periódicos, revistas y antologías. Ann actualmente trabaja en su tercera novela en su saga irlandesa familiar. Conoce más en www.annofarrell.net.

Rebecca Olker recibió su título profesional en Artes de UC Riverside y su diploma de maestría en Impuestos por la Golden State University. Es una contadora en el corazón de Silicon Valley. Cuando no escribe, disfruta tejer y pasar tiempo con sus seres queridos. Contacta a Rebecca a través de su correo electrónico: Rebecca_Olker@comcast.net.

Penny Orloff era actriz en Los Ángeles cuando una beca Juilliard la llevó a Nueva York. Actualmente es periodista de arte y consejera de vida holística. Anteriormente fue soprano principal en la Ópera de la ciudad de Nueva York y acrtiz de Broadway.. Su vida como actriz queda retratada en su novela *Jewish Thighs on Broadway*. Contáctala en: mailibran@aol.com.

Emily Osburne es autora del libro *Everyday Experts on Marriage* y lleva a cabo talleres sobre el matrimonio para parejas recién casadas en el centro de Atlanta. Ella y su esposo Clay han estado casados por nueve años y son los orgullosos padres de un perezoso Golden Retriever. Conoce más en su sitio electrónico www.emilyosburne.com o a través de su correo electrónico emily@emilyosburne.com.

Saralee Perel es columnista y novelista galardonada; su columna se publica en diversos medios a nivel nacional. Ha tenido el honor de ser colaboradora en varias ocasiones en *Caldo de pollo para el alma*. Saralee invita a que le escribas a su correo electrónico: sperel@saraleeperel.com o a través de su sitio electrónico: www.saraleeperel.com.

Tom Phillips estuvo durante treinta y seis años en las fuerzas armadas. Dirigió a una unidad durante un incidente terrorista, fungió como director del Centro de preparación de personal de la Fuerza Aérea durante la Operación Tormenta del Desierto y también comandó tropas en Bosnia. Juega softbol cuando tiene la oportunidad y es el autor de los libros *A Pilgrim in Unholy Places* y *Battlefields of Nebraska*.

Janine Pickett es una escritora independiente que vive en Anderson, Indiana. Actualmente trabaja escribiendo la biografía de George R. Durgan, un popular alcalde de Lafayette, Indiana. Janine ama pasar tiempo fuera de casa con su familia. Contáctala en: jpatterson@wildblue.net.

Mark Damon Puckett recibió su maestría en escritura creativa en la Universidad de Houston, como también su maestría en inglés y otra en Estudios Afroamericanos de la Bread Loaf School of English en Middlebury College. Él admira y ama a su inteligente madre. Visita su página: www.markdamonpuckett.com.

Jennifer Quasha es editora y escritora independiente. Visita su página de internet www.jenniferquasha.com.

Más de quinientos ensayos, historias y poemas de **Stephen D. Rogers** han aparecido en más de doscientas publicaciones. En su sitio electrónico: stephendrogers.com, se encuentra la lista completa de publicaciones además de información relevante.

Stephen Rusiniak es esposo y padre de dos hijos. Stephen fue detective de la policía y académico especializado en asuntos juveniles y familiares. Ahora comparte sus pensamientos a través de sus escritos y ha aparecido en varias publicaciones, incluida la antología *Chicken Soup for the Father and Son Soul*. Contáctalo a través de su correo electrónico: stephenrusiniak@yahoo.com.

Theresa Sanders considera un honor ser colaboradora frecuente en *Caldo de pollo para el alma*. Es una escritora técnica y consultora con diversos reconocimientos. Vive con su esposo en los suburbios de San Luis y tiene la bendición de cuatro amados niños, dos nueras maravillosas y un dulce próximo yerno.

Shannon Scott es madre de dos hijos de edades de tres y cinco años. Ella tiene la bendición de una gran familia extendida que siempre ha apoyado sus sueños. Trabaja en Atlanta, Georgia como asistente administrativa y pasa su tiempo libre escribiendo y conviviendo con su familia.

Michael Jordan Segal, que desafió todas las probabilidades después de que le dispararan en la cabeza, es esposo, padre, trabajador social, autor independiente (incluido un disco o archivo descargable de doce historias tituladas POSSIBLE) y orador inspiracional. Ha publicado muchas historias en las colecciones de *Caldo de pollo para el alma*. Para contactar a Mike, o para pedir su CD, por favor visita la página: www. InspirationByMike.com.

Ejecutivo de relaciones públicas, **Al Serradell** actualmente vive en Oklahoma City, OK y trabaja como funcionario de cumplimiento legal a cargo de la supervisión de las subvenciones federales. Aunque nació en

Los Ángeles, CA, Al ha completado la transformación Sooner y se considera un "Okie".

Keith Smith, guardabosques retirado, recibió su título profesional en servicios recreativos y de esparcimiento de la University of Maine en Presque Isle en 1982. Actualmente es administrador del Minocqua Winter Park & Nordic Center en Wisconsin. A Keith le gusta andar en bicicleta, salir a caminar, esquiar y tomar buen café. Contáctalo en su correo electrónico: keithsmithbsp64@hotmail.com.

Sandy Smith recibió su título en educación infantil y actualmente trabaja como maestra en una escuela privada. Le ENCANTA ser esposa y madre y cree que escribir es una de las formas más importantes de expresar las emociones del alma. Planea continuar enseñando a jóvenes escritores que también sueñan con descubrir las alegrías de escribir cuentos cortos.

Kathy Smith Solarino se siente muy afortunada de poder compartir sus pensamientos e ideas a través de las palabras. Vive en Nueva Jersey y trabaja para una organización de educación artística sin fines de lucro. Kathy escribió varios artículos e historias para publicaciones locales. Ella espera dedicar más tiempo a la escritura en el futuro.

Joyce Stark vive en el noreste de Escocia y desde que se jubiló del gobierno local, divide su tiempo entre ser turista en Estados Unidos y escribir para periódicos en el Reino Unido y en Estados Unidos. Ella también escribió una colección para niños que actualmente está en revisión para derechos televisivos.

Wayne Summers tiene un diploma en Enseñanza (primaria), un certificado de enseñanza del idioma inglés para adultos (CELTA) y un diploma de orientador. Trabaja como maestro y orientador en Perth, en el oeste de Australia. Le gusta escribir historias de horror y ha publicado varias veces tanto en Estados Unidos como en el Reino Unido. También disfruta de las películas y la playa.

Annmarie B. Tait vive en Conshohocken, PA con su esposo Joe y Sammy el "Yorkie maravilla". Annmarie ha colaborado para las colecciones de *Caldo de pollo para el alma*, *Reminisce Magazine* y *Patchwork Path*. Cuando no escribe, Annmarie disfruta de cocinar además de cantar y grabar canciones populares irlandesas y norteamericanas. Contáctala a través de su correo: irishbloom@aol.com.

Rebecca Lasley Thomas sueña con vivir cerca del mar, pero actualmente vive en Albuquerque con su esposo y su hija con necesidades especiales. Rebecca y su esposo tienen seis hijas y siete maravillosos nietos. Le fascina escribir, leer, hacer jardinería, viajar y estudiar la Biblia. Esta es su primera publicación. Contáctala en su correo electrónico: nodexn@yahoo.com.

Nacido en Bogotá, Colombia, **Samuel Torres** viajó a Estados Unidos en 1998, donde tocó con Arturo Sandoval, Richard Bona, Tito Puente, Lila Downs, Boston Pops, la filarmónica de Los Ángeles, entre otros. Samuel ganó el segundo lugar de la competencia internacional de Jazz Thelonious Monk en 2000. Su segundo disco, "YAOUNDE" salió en 2010. Más información en la página www.samueltorres.com y en www.myspace.com/samueltorresgroup.

Kara Townsend recibió su título profesional en Texas A&M, Corpus Christi en 2006. Ella es actualmente actriz en la ciudad de Nueva York. Le gusta leer, escribir y caminar por la ciudad.

Terrilynne Walker tiene una maestría en liderazgo en la educación y es educadora en el suroeste de Florida. Toda su vida adulta, la señorita Walker ha sido voluntaria activa en un partido político, dirigiendo las campañas y servicios en la oficina del partido. Su familia y su país son sus intereses vitales.

Jane Dunn Wiatrek, una educadora jubilada y su esposo Ben, viven en Poth, Texas. Sus hijos son Grayson, Jared y Cory y tiene una nuera, Cory Rene. Jane es una persona activa en su comunidad y en su iglesia. Le gusta leer, escribir y trabajar en su pequeña granja. Contáctala en su dirección de correo: janedw3@yahoo.com.

Brandy Widner es escritora independiente de contenidos médicos. Ella recibió su título en enfermería en 2002 pero después del nacimiento de su hijo, decidió seguir los pasos de su madre y permaneció en casa para dedicarse por completo a él. Para preguntas sobre esta maravillosa historia favor de contactarla en la dirección: kbwidner@windstream.net.

Gail Wilkinson vive en Illinois donde trabaja como directora de recursos humanos en una compañía de software. A Gail le encanta viajar y escribir. Está interesada en cuentos que preserven y honren las historias familiares. Su novela que escribió en preparatoria sobre la vida de sus abuelos, *Alice and Frosty: An American Journey* fue publicada recientemente por Iowan Books. Contáctala en la dirección: wilkinson.gail@yahoo.com.

Ferida Wolff es autora de diecisiete libros para niños y tres libros de ensayos. Su trabajo aparece en antologías, periódicos y revistas. Es columnista para www.seniorwomen.com y recientemente comenzó un blog de naturaleza: http://feridasbackyard.blogspot.com. Su libro más reciente es *Missed Perceptions: Challenge your Thoughts Change Your Thinking.* Visita su página de internet: www.feridawolff.com.

Ray M. Wong es un devoto esposo y padre. También es escritor independiente y colabora para la columna "Family Matters" en diversos periódicos de Estados Unidos. Completó unas memorias tituladas *Chinese-American: A Mother and Son's Journey Home.* Visita su página electrónica en: www.raywong.info o a través de su correo electrónico: Ray@raywong.info.

Dallas Woodburn es autora de dos colecciones de cuentos, una novela que se publicará próximamente y ochenta artículos que han aparecido en publicaciones como *Family Circle,* GradtoGreat.com, *The Los*

Angeles Times y siete libros de *Caldo de pollo para el alma*. Conoce más sobre su fundación de lectura, una organización sin fines de lucro y su compañía editorial para jóvenes a través de su página: www.writeonbooks.org.

Lucas Youmans es estudiante de secundaria en Calgary, Alberta y disfruta todo tipo de medios artísticos y de entretenimiento. Lucas disfruta escribir poesía y cuentos cortos, dibujar, la fotografía digital y el basquetbol. Él regularmente publica su trabajo en Facebook. Por favor contáctalo en youmans12@hotmail.com.

Conoce a nuestros autores

Jack Canfield es cofundador de la serie *Caldo de pollo para el alma,* que la revista *Time* llamó "el fenómeno editorial de la década". Jack es también coautor de muchos otros libros best-seller.

Jack es el CEO del Canfield Training Group en Santa Bárbara, California y fundador de la Foundation for Self-Esteem en Culver City, California. Ha impartido seminarios de desarrollo personal y profesional sobre los principios del éxito a más de un millón de personas en veintitrés países. Ha hablado ante cientos de miles de personas en más de 1,000 compañías, universidades, conferencias profesionales y convenciones, y lo han visto millones de personas en programas de televisión a nivel nacional.

Jack ha recibido numerosos premios y reconocimientos, entre ellos, tres doctorados *honoris causa* y un Certificado de los Récords Mundiales Guiness por tener siete libros de la colección de *Caldo de pollo para el alma* en la lista de mejores vendidos del *New York Times* el 24 de mayo de 1998.

Puedes contactar a Jack en la página: www.jakcanfield.com.

Mark Victor Hansen es cofundador de *Caldo de pollo para el alma* junto con Jack Canfield. Es orador estelar muy solicitado, autor de best-sellers, y genio de la mercadotecnia. Los poderosos mensajes de Mark sobre posibilidad, oportunidad y acción han producido cambios sustanciales en miles de organizaciones y millones de personas en todo el mundo.

Mark es un escritor prolífico con muchos libros best-sellers, además de la colección de *Caldo de pollo para el alma*. Mark ha tenido una profunda influencia en el campo del potencial humano a través de sus audiolibros, videos y artículos en las áreas del pensamiento profundo, logros de ventas, aumento de la riqueza, éxito editorial y desarrollo profesional y personal. También es fundador de la serie de seminarios MEGA.

Mark ha recibido numerosos premios que distinguen su espíritu emprendedor, corazón filantrópico y agudeza para los negocios. Es un miembro vitalicio de la Horatio Alger Association of Distinguished Americans.

Puedes contactar a Mark a través de la página: www.markvictorhansen.com.

Wendy Walker comenzó a escribir y a editar hace muchos años cuando era ama de casa y cuidaba a sus hijos; ahora es autora de dos novelas: *Four Wives* y *Social Lives*, ambos libros publicados por St. Martin's Press. Recientemente editó el libro *Chicken Soup for the Soul: Power Moms* (2008) y *Chicken Soup for the Soul: Thanks Dad* (2009).

Antes de ser madre, Wendy trabajó como abogada en un despacho privado en Nueva York y Connecticut. También trabajó como abogada sin cobrar honorarios en ACLU. Cuando asistió a la escuela de leyes de Georgetown University, pasó un verano en la Special Prosecutions Division de la oficina del Fiscal de Estados Unidos para el distrito este de Nueva York.

Wendy obtuvo una doble titulación profesional de la Brown University en economía y ciencias políticas. Su primer año lo pasó en la London School of Economics. Después de la graduación, trabajó como analista financiero en el departamento de fusiones y adquisiciones de Goldman, Sachs & Co. en Nueva York.

De niña, Wendy entrenó para las competencias de patinaje artístico en Colorado y Nueva York. Ahora es parte de la junta directiva de patinaje artístico en Harlem, una organización comprometida con el desarrollo de niñas con recursos escasos, y ha apoyado a esta organización desde 1997.

Wendy vive en los suburbios de Connecticut y está ocupada criando a sus tres hijos mientras escribe su tercera novela.

Sobre Joan Lunden

Joan Lunden es una de las mamás más conocidas de Estados Unidos. Como coanfitriona de *Good Morning America* desde hace casi dos décadas, autora de best-sellers, oradora internacional y madre de siete hijos, Joan ha sido una de las principales defensoras de la mujer y la maternidad a lo largo de su carrera. Joan creó una comunidad virtual en su página electrónica JoanLunden.com donde provee información para ayudar a que la vida de las mujeres y las vidas de sus familiares sean más fáciles, felices y saludables. Desde cuidado de la salud y seguridad hasta estilo, JoanLunden.com rápidamente se ha vuelto un sitio básico para mujeres a lo largo del país.

Aspectos destacados de JoanLunden.com:

Joan creó su línea de decoración de interiores, Joan Lunden Home, para ayudar a las mujeres ocupadas modernas a encontrar soluciones sencillas para mantener su hogar hermoso y lleno de estilo. Con una pasión por la decoración de hogares y habiendo viajado por el mundo, conociendo desde pueblos africanos hasta palacios reales, Joan comparte su amor por el diseño mientras consigue que sea fácil lograr estilo. Joan Lunden Home representa el confort, la elegancia y el estilo a precios moderados.

Joan creó Camp Reveille como un paraíso para mujeres de todas las edades donde pueden descansar de sus ajetreadas vidas para cuidar de sí, relajarse, reconsiderar su sentido del juego y llenarse de energía. Estos sitios están diseñados para la mujer moderna y ofrecen una gran cantidad de opciones, tales como actividades tradicionales de acampar, clases de salud y gimnasia y sobre todo, de tiempo muy necesario para convivir con otras mujeres similares.

Joan equilibra de manera admirable su carrera con la maternidad y lo hace transmitiendo el mensaje de que otras mujeres pueden hacer lo mismo. Da conferencias por todo el país y es autora de libros sobre cómo mantener el equilibrio en la vida, cómo permanecer saludable y cómo tener el tiempo para ser la mejor esposa, amiga y mujer profesional; y por supuesto, su prioridad es que seas la madre que puedes llegar a ser.

¡Gracias!

Una vez más, me asombra la profundidad emocional y la sinceridad en estas historias de nuestros colaboradores. No hemos
podido incluir todas las historias, pero cada historia aumenta la
riqueza con la que pudimos explorar la relación entre madre e hija en este
libro. Expreso mi profundo agradecimiento a las miles de personas que
mandaron sus sentidas historias personales. Al compartir sus experiencias y pensamientos, ustedes ayudan a crear el vínculo especial entre la
vasta cantidad de lectores de *Caldo de pollo para el alma*.

Caldo de pollo para el alma: Gracias, mamá fue verdaderamente un esfuerzo colaborativo. La editora Barbara LoMonaco leyó miles de historias
enviadas y realizó la labor imposible de seleccionarlas. La editora asistente D'ette Corona trabajó con los colaboradores para asegurarse de que
cada historia fuera editada correctamente. La editora Amy Newmark guió
el manuscrito con visión perspicaz, opinión experta y diligencia excep-
cional que nos mantuvo a todos en el cronograma. La editora Kristiana
Glavin perfeccionó cada línea con una edición meticulosa. Vaya un gran
agradecimiento para Brian Taylor de Pneuma Books por la maravillosa
portada y diseño.

Bajo la dirección del CEO Bill Rouhana y el presidente Bob Jacobs,
Caldo de pollo para el alma continua conectando a millones de personas
cada año por medio de los temas humanos más relevantes. Es realmente
un privilegio ser parte de este equipo.

WENDY WALKER

Mejorar tu vida cada día

Personas de carne y hueso han compartido historias reales desde hace quince años. Ahora *Caldo de pollo para el alma* ha ido más allá de las librerías para convertirse en un líder mundial en mejoramiento personal. Por medio de libros, películas, DVDs, recursos electrónicos y otras asociaciones, ofrecemos esperanza, valor, inspiración y amor a cientos de millones de personas en todo el mundo. Los escritores de *Caldo de pollo para el alma* y sus lectores pertenecen a una comunidad global única, en la que comparten consejos, apoyo, guía, consuelo y conocimiento.

Las historias de *Caldo de pollo para el alma* han sido traducidas a más de cuarenta idiomas y pueden encontrase en más de cien países del mundo. Cada día, millones de personas leen una historia de *Caldo de pollo para el alma* en un libro, una revista, un periódico o en internet. Al compartir nuestras experiencias de vida a través de estas historias, ofrecemos esperanza, confort e inspiración entre nosotros. Las historias viajan de persona a persona, de país a país, ayudando a mejorar vidas por todas partes.

Comparte con nosotros

Todos tenemos momentos de *Caldo de pollo para el alma* en nuestras vidas. Si quieres compartir tu historia o un poema con millones de personas de todo el mundo, visita la página chickensoup.com y da clic en "Enviar tu historia". Podrás ayudar a otro lector y volverte un autor publicado al mismo tiempo. ¡Algunos de nuestros colaboradores pasados han comenzado carreras como escritores y como oradores desde que publicaron sus historias en nuestros libros!

El volumen de envíos aumenta constantemente; la calidad y cantidad de envíos es fabulosa. Sólo aceptamos envíos de historias a través de nuestra página electrónica. Ya no se aceptan por correo o por fax.

Para comunicarte para algún otro asunto, por favor escribe un correo electrónico a webmaster@chickensoupforthesoul.com o escribe o manda un fax a:

Chicken Soup for the Soul
P.O. Box 700
Cos Cob, CT 06807-0700
Fax: 203-861-7194

Una última nota de tus amigos de *Caldo de pollo para el alma*:

De vez en cuando recibimos manuscritos de libros no solicitados de alguno de nuestros lectores y queremos informarles con todo respeto que no aceptamos manuscritos no solicitados y debemos rechazar los que nos llegan.

Una historia extra para nuestros lectores, tomada del libro *Caldo de pollo para el alma: Mamás poderosas*, una gran lectura para todas ustedes, madres muy ocupadas que hacen malabares con un millón de cosas cada día. Ya sea que trabajen en casa o fuera, todas son mamás poderosas.

Cómo me convertí en autora en la parte posterior de mi minivan

Un día hace no mucho tiempo, fui al jardín de niños de mi hijo a ayudar con una fiesta en el salón. Mientras esperaba con las otras mamás a que comenzara la fiesta, una de ellas me miró con extrañeza y luego me quitó algo del cabello. Era una galleta. Me preguntó por qué tenía una galleta en el pelo y yo suspiré. Entonces le conté: soy madre, también autora. Escribo en el asiento trasero de mi minivan y esta mañana en particular, mientras esperaba a que empezaran las labores para la fiesta, estaba un poco cansada y me quedé dormida en el auto, en la parte trasera donde estaba la galleta. Todo esto sonaba muy absurdo, por supuesto, y supongo que lo era. Pero esto fue parte de una serie de acontecimientos absolutamente sensatos.

> No puedo pedirles a mis hijos que alcancen el sol. Todo lo que puedo hacer es alcanzarlo yo misma.
>
> Joyce Maynard

La historia comenzó hace más de una década cuando fui madre por primera vez en los suburbios de Connecticut. A pesar de mis cuatro años en una universidad de la Ivy League, dos años trabajando en Wall Street y tres años en la facultad de derecho, abandoné mi carrera como abogada a la primera oportunidad para criar a mis hijos. Para mí, fue una decisión sencilla. Podía usar mis talentos, cualesquiera que tuviere, para ayudar a clientes corporativos o aprovecharlos para criar a mis hijos. Había millones de abogados, pero sólo una madre para mi hijo. No se me ocurrió que al dejar la vida que tantos años me costó construir, también dejaba un pedazo de mi corazón tras de mí.

Resultó que me había unido a miles de mujeres profesionales que abandonaron su carrera para dedicarse a ser madres, cuyos talentos se centran ahora en sus hijos. Mi trabajo era mi hijo; mi hijo era mi vida. Mi agenda se volvió un laberinto de grupos para bebés, clases de mamás e hijos, horas de siesta y ejercicios de estimulación cerebral. Había fiestas de cumpleaños infantiles, clases de masajes, ejercicios de Pilates posparto y, por supuesto, una vasta cantidad de grupos de análisis. Al doblar cada esquina, nuevas preocupaciones ocupaban el lugar de mis pequeños logros: "¿Por qué no duerme mi bebé por la noche? ¿Por qué no gatea aún? ¿Su comida es realmente orgánica? ¿Debo prepararla yo misma?" ¡Sí! Y rápidamente llené el congelador de cubos de hielo de col y brócoli. La parte de mí que había abandonado se integró por completo a este nuevo trabajo de ser madre y el perfeccionismo comenzó a eclipsar los pequeños momentos de alegría que eran el propósito fundamental de todo.

Cuando mi bebé cumplió un año, yo estaba profundamente inconforme. Me convertí en un caso de estudio de la obra épica de Betty Friedan *The Femenine Mystique*, y entendía que debía poner un alto. Necesitaba una fuga que trascendiera las muestras de tela y las citas para almorzar. Nunca había pensado en ser escritora. Pero este fue el sueño que descubrí cuando busqué dentro de mí para salvarme de la trampa de una maternidad perfecta. En los siguientes dos años, escribí un poco aquí y allá; paraba y empezaba con náuseas matutinas y de nuevo cuando nació mi segundo hijo. Escribía a la hora que estaba la niñera, a la hora de la siesta y durante otros minutos robados de la vida de ser madre. Cuando me comprometí con el sueño, también me convertí en una persona más eficiente para encontrar el tiempo que necesitaba dedicarle. Cuando mi hijo de tres años comenzó a ir al kínder, decidí evitar el largo viaje de regreso a casa y en su lugar, trabajar en algún otro lado.

Durante el primer día de este nuevo plan, me tragué mis sentimientos de culpa, dejé a mi bebé con la niñera, dejé a mi hijo mayor en la escuela y me fui a Starbucks, la meca de las madres de un suburbio y casa de mi café tostado oscuro favorito. Compré café y me senté en la parte trasera del establecimiento. Entonces saqué mi computadora y algunas notas. Después de tomar un trago de café, le ordené a mi cerebro que se concentrara. *Concéntrate*. Una banda de rock alternativo tocaba en el fondo. *Concéntrate*. Una mujer que conocí en el grupo de juegos se acercó a conversar. *Concéntrate*. Los dos *baristas* hablaban sobre sus perforaciones corporales. Esto NO era trabajar y el tiempo pasaba; el preciado tiempo que pagaba con culpabilidad maternal y dinero contante y sonante. Guardé mis cosas con frustración y regresé a mi automóvil. Pero en lugar de subirme al asiento del conductor, abrí la puerta de atrás y me metí en la parte trasera. Moví los asientos infantiles, me senté y comencé a teclear. ¡Qué genial! Nadie podía verme a través de los vidrios polarizados. Estaba todo en silencio y no había nada que hacer después de tirar al piso las migajas de galletas; nada más que escribir.

Esta se volvió mi nueva oficina. La llenaba de mantas cuando hacía frío. Compré otra pila para la computadora y un aparato para calentar café. Escribí y escribí, sin contarle a nadie por miedo a que el menor desaliento me hiciera desistir de mi propósito. Cuando la náusea matutina era demasiado para mí, dejaba de escribir. Cuando pasaba, desempolvaba mi computadora. Entonces llegó el tercer bebé y otra interrupción. Pero la necesidad persistía, por lo que comencé de nuevo. A lo largo de estos años, tuve que hacer pequeñas concesiones para conseguir más tiempo. Dejé el gimnasio y me puse mi traje deportivo para correr con mis hijos. Rechacé toda invitación social cuando no podía ir con mis hijos. Cada minuto de la escuela o que estaban con la niñera lo dedicaba a escribir en la parte trasera de la minivan afuera del kínder, la YMCA, o atrás de Starbucks. Mi vida tomó un ritmo frenético, pero estaba feliz.

Terminé mi primera novela, *Four Wives*, cuando mi hijo menor tenía casi dos años. Es una historia sobre las mujeres, las decisiones que tomamos y las vidas que forjamos en los mundos inherentemente conflictivos del trabajo, el matrimonio y la maternidad. Lo escribí porque estos eran los asuntos que me preocupaban y que tantas mujeres que conocía habían vivido. Irónicamente, escribir sobre este conflicto me dio mi propia convicción personal.

Four Wives fue publicado en la primavera de 2008 y así inicié una carrera que realmente encaja con mi vida como madre y ama de casa. Mis días se convirtieron en piezas de un rompecabezas: horneando pastelillos a las 6:00 de la mañana, llevando a los niños aquí y allá, recogiendo juguetes, preparando la cena y escribiendo entre estas actividades. Me estoy asentando en una realidad que alguna vez fue un sueño descabellado que nació de un conflicto interno y que se hizo realidad en la parte trasera de mi camioneta.

Precisamente este año, me instalé en un escritorio en mi hogar. Todos mis hijos están ya en la escuela, por lo que tengo tiempo para trabajar
por las mañanas. Es un extraño lujo no tener que preocuparse por la pila
de la computadora, por el calor o por encontrar un baño. Sin embargo,
hay ocasiones en las que no puedo avanzar, cuando mis deberes en la
casa me reclaman o mis pensamientos se paralizan y entonces vuelvo a
estacionarme frente a Starbucks y trabajo acurrucada entre las migajas de
galletas. Algunas veces la mejor parte de un sueño es el camino que lleva
a su culminación.

Wendy Walker

Esta obra se imprimió y encuadernó
en el mes de abril de 2018,
en los talleres de Impregráfica Digital, S.A. de C.V.
Calle España 385, Col. San Nicolás Tolentino,
C.P. 09850, Iztapalapa, Ciudad de México.